经典精益管理译丛

设计未来

——福特、丰田及其他世界顶级企业的创新和转型之道

Designing the Future
How Ford, Toyota, and other world-class organizations use lean product development to drive innovation and transform their business

(美) 詹姆斯·M.摩根（James M. Morgan） 著
杰弗瑞·K.莱克（Jeffrey K. Liker）

张炯煜　李志芳　洪郁修　译
李兆华　审

机械工业出版社

过去几十年，精益注重的是持续改善产品与服务，但很少关注精益产品是如何被"创造"出来的。精益产品与流程开发是企业降低运营成本、提高生产效率、增加利润与市场份额的关键，可以将整个企业融合在一起为产品服务，创建以客户为中心的协作文化，从而形成竞争优势。在精益产品与流程开发期间做出的决策会在很大程度上决定企业未来几年的运营成本和产品质量。因此，精益产品与流程开发是设计未来的关键环节。

本书汇集了来自福特、马自达、门罗创新、卡特彼勒、索拉透平、GE家电、密歇根大学医学院、赫曼米勒、TechnipFMC、本田、博世和巴西航空工业等公司精益产品与流程开发的宝贵经验，强调了联结客户与让整个企业聚焦于能解决客户痛点的精益产品，介绍了精益产品研发成功的关键——精确掌握客户，阐述了精益产品与流程开发的实践、工具与方法。书中内容源自丰田的精益产品与流程开发，是经过验证、可持续学习的起点，超越了以往精益生产所强调的质量、交付时间，回归了精益、客户价值的原点。

本书内容不仅对汽车行业有效，而且对其他已经尝试过的行业都有效，可助力企业中高层管理者进行决策。对精益产品与流程开发人员、精益实践与推动者，本书也有很高的参考价值。

推荐序
Foreword

也许是因为丰田的开发设计不如运营工厂容易被观察与学习，且各公司也将开发设计视为机密，所以长久以来，开发设计并未被广泛讨论，甚至被忽略了。本书恰好弥补了精益企业中被忽略的这一块拼图——开发设计。

藤本隆宏先生首次系统地向外界介绍了丰田的开发，并比较了其与传统开发之间的差异。密西根大学艾伦·沃德先生则是在日本和美国的丰田就丰田的开发实务做了现场、第一手的观察与研究，并以其研究结论为基础，于 2007 出版了操作性很强的《精益产品和流程开发》[1]（*Lean Product and Process Development*）一书。

本书的两位作者詹姆斯·M.摩根和杰弗瑞·K.莱克曾于 2006 年出版了《丰田产品开发体系》[2]（*The Toyota Product Development System*）一书。书中阐明大部分人将改善活动主要集中在当前的工厂运营上，以提高制造部门的效率为目的。坦率地说，我们对此有点困惑。当然，降低运营成本，改善产品和服务的交付方式具有重要价值，然而，在产品与流程的开发阶段，这些是有更多机会来改善的。新产品的成功可以增加收入、利润和市场份额，并给组织的认知带来光环效应。在产品与流程开发期间做出的决策在很大程度上决定了企业未来几年的运营成本和产品质量。除了直接的商业利益之外，产品与流程开发是将整个企业融合在一起的独特机会，可以让企业中所有人都能参与到产品或核心服务的开发中来。通过将整个组织整合到一起为产品服务，可以创建以客户为中心的协作文化，从而形成竞争优势。这就是为什么我们将产品与流程开发视为设计未来的关键环节。

近年来这两位作者有机会领导企业，提供建议，并向许多具有前瞻性思维的公司学习，这些公司已将精益产品与流程开发应用于其开发运营。据

---

[1] 《精益产品和流程开发》，由机械工业出版社 2011 年翻译出版。
[2] 《丰田产品开发体系》，由中国财政经济出版社 2008 年翻译出版。

此，他们从福特、马自达、门罗创新、卡特彼勒、索拉透平、GE家电、密歇根大学医学院、赫曼米勒、TechnipFMC、本田、博世和巴西航空工业等公司获得了宝贵的经验教训。不同行业、不同公司之间有不同的实践，需要我们回到根本的"首要原则"才可能在不同环境中发挥作用。虽然这需要大量的试验和学习，但它带来了最激动人心的消息——精益产品与流程开发不仅在汽车行业有效，而且在其他已经尝试过的行业都有效。这项工作改变了他们的公司以及他们对精益产品与流程开发的看法，并促成本书的出版以分享这些故事。

本书强调以下两点：

1. 联结客户

精益产品与流程开发的成功取决于为每个客户所交付的具体和实际的价值。要实现这一目标，必须从深入了解客户和产品被使用的场景开始，需要对客户发自内心的理解。只有在现场、在客户实际使用产品的地点观察客户才能获得这种理解。除了观察之外，还要有针对性的试验、多方案的工程以及开发早期的快速学习周期，才能使理解得以增强。

2. 让整个企业聚焦于能解决顾客痛点的产品

精益产品与流程开发有许多独特和有力的实践、工具和方法，它是一个系统。成功的精益产品与流程开发依赖于多个相互依赖的元素，这些元素相互作用构建出复杂的整体。只有通过了解、解决组织的人员、社会系统及其流程、工具和技术系统存在的问题，并理解所有职能的工作方式，才能获得最佳结果。更重要的是，这个系统是动态的，它必须有效地对内部和外部环境的变化做出反应。精益产品与流程开发直接解决了这些元素中存在的每一个问题，并且还允许创建可发展和改进的"活的开发系统"。

1990年出版的《改变世界的机器——精益生产之道》[一]（*The Machine That Changed the World：The Story of Lean Production*）是詹姆斯·P.沃麦克与丹尼尔·T.琼斯、丹尼尔·鲁斯根据1985年麻省理工学院的国际汽车计划项目（IMVP）撰写而成的。1996年，詹姆斯·P.沃麦克与丹尼尔·T.琼斯又出版了《精益思想》[二]（*Lean Thinking：Banish Waste and Create Wealth in Your Corporation*）一书，补充了上一本书中关于实务内容的不足。同年詹姆斯·P.沃麦克创办了精益企业研究院，不只是思考，还将精益实践于企业。

[一] 《改变世界的机器——精益生产之道》，由机械工业出版社2015年翻译出版。
[二] 《精益思想》，由机械工业出版社2008年翻译出版。

推荐序
Foreword

　　回顾精益企业的发展,不得不溯源丰田汽车。如詹姆斯·P.沃麦克所言,虽然丰田还不是完美的企业,但它自1950年开始发展丰田生产方式,以满足顾客的需求为前提,并将之扩展至包括供应链在内的整个企业,迄今70年,已成为后来者的典范。源自丰田的精益产品与流程开发是经过验证、可持续学习的起点,期待本书能给更多的企业以启发。

精益企业中国资深顾问
上海优也信息科技有限公司专家顾问
李兆华

Designing the Future

序
Foreword

在我的职业生涯中，我有幸为真正重要的事业做出贡献，帮助创造出色的产品，并与优秀的人才一起服务。在波音公司工作期间⊖，我有机会参与了公司所有商用飞机的设计，并领导了改变游戏规则的波音777飞机的开发，波音公司、麦道公司和罗克韦尔公司的整合，以及在波音商用飞机与欧洲政府补贴的空中客车公司的竞争中扭转乾坤。随着我的职位从工程师上升到总工程师，再到高级管理人员，我越来越清楚地认识到，具有可持续竞争优势的关键是出色的产品和优秀的人才。如果我们没有做到这一点，那么其他的一切都不重要了。与波音团队及外部企业一起设计和建造杰出的飞机是我的热情所在，因此，离开我生活了超过37年的家——波音公司，并于2006年担任福特⊜的总裁兼首席执行官，是一个非常困难的决定。但我意识到，我再次有机会为另一家美国乃至全球标志性公司的振兴做出贡献，并对许多人的生活产生积极影响。

福特的情况其实比表面上看起来还糟糕。2006年亏损170亿美元，20年来股价持续下跌，供应商破产以及迫在眉睫的大衰退，这些都是显而易见的问题。在公司内部，我发现产品组合缺乏竞争力，品牌组合混乱，这些都在蚕食着公司的生命力。更糟糕的是，地区之间的争斗和职能部门各自为政阻碍了公司制订统一的计划来向正确的方向迈进。但即便如此，我也知道成功之路将取决于人才。福特并不缺乏才华横溢、勤奋工作的人才，它需要的是一个计划，一种让所有优秀的人才极致聚焦努力的方法。

我在波音工作期间，就一直在使用和优化我的"团队合作管理体系"，我相信这对福特也会是有效的。该管理体系的原则和实践不仅提供了监督和决策制度，而且还规范了以尊重、包容和负责任为重点的领导行为。它使我

⊖ 波音公司，也称波音。
⊜ 福特汽车公司，也称福特公司或福特。

能够将整个企业聚焦在一个单一的计划上，并创造出一种协作、透明和负责任的环境与文化，使福特公司的员工和福特公司的所有利益相关者能够共同努力，蓬勃发展，并取得卓越成就。

吉姆⊖是我在这段时间里熟知的一个人，他是我们努力革新产品，提升产品开发能力的重要高级领导者。这项工作使我们能够创造出业界领先的产品，它们受到客户青睐，并愿意购买，这也是我们福特振兴计划的核心。即使在最困难的时期，我们仍继续投资我们的产品，培养我们的员工，因为单一的热销产品并不能创造一个成功的企业。一个成功的企业应该能够持续地提供优质产品，并为所有利益相关者（你的员工、客户、经销商、工会和社区）实现盈利的增长。

在本书中，吉姆和莱克利用其丰富的知识和经验，提供了在任何组织中构建此能力的蓝图。对于想要创造持久价值的领导者来说，这本书是必读的，因为他们不仅要打造一款伟大的产品，还要构建持续创造优质产品的系统。作者提供了理论基础和实例，表明了伟大的公司是如何每天运用这些理念和方法来改造他们的组织，为他们的员工、客户和社区创造更美好的未来的。

现在我有幸作为谷歌、梅奥诊所和 Carbon 3D 的董事会成员，为更多标志性组织服务。虽然行业可能不同，但管理和领导力的基本工作原则是相同的，依然是以人为本，尊重和欣赏他们的才能和贡献。没有什么比有才华的人齐心协力，通过运用全面的战略和不懈的实施计划来实现令人信服的愿景更有力量。我认为，要实现这一目标最好的方式莫过于我们团队合作的原则和实践。我们所有工作的目标是为客户创造具有空前价值的产品和服务，并为所有利益相关者带来利润增长，这是所有企业的宗旨。而阅读这本书是实现这一目标的关键的第一步，但不要止步于此，行动起来，让这些理念在你的组织中付诸实施。

祝你们好运，祝你们在这条路上取得最大的成功和乐趣，但最重要的是，希望你们有机会为真正重要的事情做出贡献。

艾伦·R.穆拉利

⊖ 吉姆，詹姆斯·M.摩根的昵称。

自序
A Personal Note

> 取其精华，去其糟粕，融会贯通。
> ——李小龙

苏格拉底曾说："当你认为自己一无所知的时候，才能意识到真知的存在。"我想我正处于这样的状态。经过近40年的工作，我在产品开发领域或围绕产品开发担任过众多不同的角色，我唯一确定的是还有很多东西需要学习。

我有幸与一些优秀的人合作，并生活在所谓的"有趣的时代"中，所以有很多东西可以分享，但这并未道出我为什么要再写一本书的原因。我写这本书是出于对多年来帮助过我的许多人的深刻而强烈的义务感，是我的一个小小的回馈方式，我想向他们分享我的经验，他们也许经历过类似的情况，但不一定有我那么幸运可以遇到很好的导师。我特别受到导师艾伦的启发，他总是这么说："服务就是生活。"

正是本着这种精神，我写了这本书，供你取其精华，去其糟粕，或应用到你认为合适的地方。祝你阅读顺利，并掌握对你而言最重要的知识。

詹姆斯·M. 摩根
于密歇根州特拉弗斯城欧米森半岛

Designing the Future

致谢
Acknowledgments

在本书的编写过程中我们得到了很多人的帮助，并且也从他们身上学到了很多东西，我们对此心怀感激。我们想列出所有人，但是帮助过我们的人太多了，无法一一列出，在此我们由衷地表示感谢。我们还要感谢一些直接为本书提供帮助的人，事实上，如果没有他们，我们无法完成这本书。

首先我们要感谢艾伦·R.穆拉利先生的指导和反馈，他花大量时间和我们讨论这个项目，真的令人难忘！他是吉姆在福特最重要的导师之一，并一直是他的朋友和知己。

这个项目是一个试验，是麦格劳-希尔、精益企业研究院（LEI）和我们之间的第一次三方合作，这是对我们巨大的支持。除了麦格劳-希尔的诺亚·施瓦茨伯格出色的编辑协助之外，我们还得到了LEI创始人詹姆斯·沃麦克和LEI主席约翰·舒克的帮助。几十年来，约翰一直在教我们丰田方式，他是丰田汽车公司⊖的总经理助理，是杰夫⊜在丰田的启蒙老师。后来，他离开丰田加入密歇根大学，成为我们两人的导师，分享他对丰田历史、哲学和方法的深刻认识。当吉姆和约翰在LEI一起工作时，吉姆继续向他学习。约翰阅读了本书的每一章，提出了宝贵的编辑建议和具有挑战性的问题。正如我们所料，詹姆斯·沃麦克提供了高质量的反馈，并提出了一些问题和建议。

还有两位编辑蒂姆·奥格登和乔治·坦尼茨对本书进行了研读、编辑，并给予了反馈。乔治逐章和我们一起探讨、改写，将我们普通的语言变成了一个可读性强的故事。我们感谢这些帮助我们完善本书的编辑。

玛丽·摩根女士、安迪·霍克先生和查理·贝克先生也阅读了书稿的早期版本，并提供了直接反馈，事实证明，他们的见解对本书非常有价值。玛

⊖ 丰田汽车公司，也称丰田。
⊜ 杰夫，杰弗瑞·K.莱克的昵称。

丽是吉姆的妻子，在通用汽车公司工作，担任工程经理和精益教练，她不仅提供了宝贵的意见，而且还帮助有序地组织这个项目，她和其他人一样，对本书的完成做出了贡献。

感谢吉姆在福特的朋友和同事们，他们分享了别人难以理解的经历，教给他更多知识的不仅仅是产品开发人员，还有 Joe Sammut 先生、Dave Pericak 先生、Terry Henning 先生、Derrick Kuzak 博士、Joe Hinrichs 先生、John Fleming 先生、Jesse Jou 先生、John Davis 先生、Eric Frevik 先生、Hiro Sugiura 先生、Randy Frank 先生、Susan DeSandre 女士、Art Hyde 先生、George Bernwanger 先生、Scott Tobin 先生、Marcy Fisher 女士、Frank DelAsandro 先生、Jennifer Palsgrove 女士、Debra Keller 女士、Bruno Barthelemy 博士、Matt DeMars 先生、Bob Trecapelli 先生、Jeri Ford 女士、Steve Crosby 先生，等等。

吉姆和 TDM 一起成长：从制造小型原型到进行大型工程，再发展至冲压加工，再到建构资源（build resource），直至最终被福特收购。感谢吉姆的 TDM 的精益伙伴们，吉姆从他们身上学到很多，这些伙伴包括 John Lowery 先生、Steve Guido 先生、Ned Oliver 先生、Bill Anglin 先生、Steve Mortens 先生、Tim Jagoda 先生、Scott Baker 先生、Bill Roberts 先生、Bill Morrison 先生、Gerry Potvin 先生，等等。

丰田又一次成为我们卓越的合作伙伴和老师。当我们要求回到丰田针对本书了解最新的产品开发实践时，丰田团队慷慨地表示同意，他们安排了我们要求的所有采访和实地考察。他们在采访中花了很多时间进行教学和回答问题，为我们提供用车，陪我们去现场走访。我们多次访问了位于安娜堡的丰田技术中心，并采访了所有的美国总工程师。我们两次访问日本，向那里的人员详细询问了有关丰田新全球架构（TNGA）的问题。我们了解了丰田的混合动力车、电动汽车和氢燃料电池汽车的发展情况。丰田人非常好客，也很有趣。我们非常感谢他们给予我们的时间、便利和关注。

丰田全球传播部的 Niimi Maki 先生是我们的主要联系人，他反应迅速，耐心细致，总是及时友好地帮助我们，非常感谢他将近三年的支持。

多年来，我们从许多丰田朋友那里学到了很多东西，无法一一列举。尽管如此，我们过去几年在丰田对该项目的研究仍需要我们特别感谢以下人员的大力支持：

普锐斯（Prius）开发

Toyoshima Kouji（总工程师）

Sugano Shinsuke（项目经理）

Sawanobori Osamu（经理助理）

Kaneko Shoichi（项目总经理）

TNGA 开发

Asakura Kazuhiko（总经理）

Masuda Kentaro（集团经理）

Morimoto Kiyohito（执行总经理）

Ono Masashige（总经理）

Kamiya Motoo（项目总经理）

Yoneda Keiichi（项目总经理）

Mirai 生产线

Ishimaru Hirokazu（LFA 工厂经理，元町工厂）

Kutsuki Yasuhiro（部门总经理，元町工厂）

Minami Takao（项目经理）

Mirai 开发

Tanaka Yoshikazu（总工程师）

Kisaki Mikio（首席专业工程师）

氢气协会推广

Kawai Taiyou（项目总经理）

雷克萨斯（Lexus）国际

Sawa Yoshihiro（执行官）

C-HR 开发

Koba Hiroyuki（项目总经理）

生产工程

Muta Hirofumi（高级管理人员）

Ishikawa Tatsuya（执行总经理）

Niimi Toshio（总经理）

Kitadai Tadashi（集团经理）

Inoue Shinichi

制造（Kamigo 发动机工厂）

Kawai Mitsuru（执行副总裁）

Saito Tomihisa（总经理）

Tsuchiya Hisashi（部门总经理）

生产工程（车身生技部，堤工厂）

Yoshida Harutsugu（总经理）

Obata Tetsuya（部门总经理）

公共事务

Hayakawa Shigeru（高级管理人员）

Hashimoto Hiroshi（总经理）

Sakai Ryo（部门总经理）

Koganei Katsuhiko（集团经理）

Ogawa Takashi

Nomura Rika

Yamaoka Masahiro（总经理）

Jean-Yves Jault（集团经理）

Kakuta Riho

Brian Lyons（全球通信集团经理）

美国丰田技术中心

Monte Kaehr（Camry 总工程师）

Randy Stephens（Avalon 首席工程师）

Greg Bernas（Highlander 首席工程师）

Mike Sweers（Tundra 总工程师）

Andy Lund（Sienna 总工程师）

Don Federico（车辆评估总经理）

Katsumata Masato（全球 Camry 总工程师）

Nakao Seija（总裁）

在本书的写作过程中，有一个人不仅接受采访，还给我们提供了指导和帮助，他就是丰田总工程师 Randy Stephens。

我们在本书中写了很多案例，其中的人物是我们多年来一起工作和学习的朋友和同事。对于我们的学习伙伴公司，他们与我们一起挑战、试验和坚持，能与你们合作是我们的荣幸，感谢你们分享来之不易的学习成果，能够认识你们，我们真的很幸运：

- 米勒公司：Matt Long 先生、Beau Seaver 先生、Jeff Faber 先生、John Aldrich 先生、Tom Niergarth 先生、John Miller 先生、Linda Milanowski 女士、Ted Larned 先生和 Scott Bacon 先生

- TechnipFMC 公司：Paulo Couto 先生、David McFarlane 先生、Mike Tierney 先

生，Alan Labes 先生，John Calder 先生和 Kerry Stout 先生
- 席林机器人公司：Tyler Schilling 先生，Andy Houk 先生，Scott Fulenwider 先生，Valerie Cole 女士，Garry Everett 先生，David Furmidge 先生和 Hannah Waldenberger 女士
- 密歇根大学医学院：Jack Billi 博士，Steven Bernstein 博士，Larry Marentette 博士，Paul Paliani 先生，Jean Lakin 女士和 Jeanne Kin 女士
- GE 家电：Kevin Nolan 先生，Sam DuPlessis 先生，Al Hamad 先生，Marcia Brey 女士，Derrick Little 先生，Daryl Williams 先生和 Kyran Hoff 女士
- 巴西航空工业公司：Manoel Santos 先生，Waldir Conçalves 先生和 Humberto Pereira 先生
- 索拉透平公司：Howard Kinkade 先生，William Watkins 先生和 Mike Fitzpatrick 先生
- 博世公司：Sean Garrett 先生，Robert Mullett 先生，Karen Mills 女士，Mark Heinz 先生和 Mark Sellers 先生
- 精益企业研究院：John Drogosz 博士，Katrina Appell 博士，Eric Ethington 先生，Matt Zayko 先生，José Ferro 博士和 Boaz Tamir 博士
- 门罗创新公司：Rich Sheridan 先生

Designing the Future

目录
Contents

推荐序

序

自序

致谢

引言——卓越产品开发,促进竞争与繁荣 / 001

  参考文献 / 010

福特的历史转折——福特如何将大胆的战略与卓越的产品 - 流程联结起来 / 011

  参考文献 / 028

第1章 开发正确的产品 / 029

  1.1 前期负载 / 030
  1.2 努力深入了解 / 032
    1.2.1 到现场观察 / 032
    1.2.2 沉浸于提供情感式顾客体验 / 033
    1.2.3 像人类学家般思考 / 037
  1.3 产生潜在的解决方案 / 037
    1.3.1 汇整人物画像 / 038
    1.3.2 设计评估 / 039
    1.3.3 数据让你自由 / 040
    1.3.4 制造(Monozukuri)创新 / 040

1.3.5 从多个替代方案开始，并进行融合 / 041
1.4 从试验中学习 / 043
　　1.4.1 目标精度原型 / 043
　　1.4.2 在 FirstBuild 通过试验测试产品概念 / 049
1.5 从概念书到同步与号召 / 053
　　1.5.1 汇整 / 054
　　1.5.2 同步 / 055
　　1.5.3 号召 / 056
1.6 总结 / 058
1.7 展望未来 / 059
1.8 你的反思 / 059
　　1.8.1 创造愿景 / 059
　　1.8.2 你目前的状况 / 060
　　1.8.3 开始行动 / 060
参考文献 / 061

第 2 章　快速而精准地交付 / 063

2.1 卓越执行 / 063
2.2 精益开发流程 / 065
2.3 使用里程碑改善流动与增进学习 / 066
　　2.3.1 赫曼米勒投入精益产品与流程开发 / 066
　　2.3.2 将严格的官僚制度作为里程碑的问题 / 068
　　2.3.3 里程碑的目的 / 069
　　2.3.4 创造有用的里程碑 / 070
　　2.3.5 里程碑的评核 / 071
　　2.3.6 领先指标 / 071
　　2.3.7 商品开发计划 / 072
2.4 创造可获利的价值流 / 072
　　2.4.1 完工前兼容性检查 / 073
　　2.4.2 跨职能并行工作以加快上市速度 / 074
2.5 将流程结合在一起——大部屋系统 / 075
　　2.5.1 大部屋的起源 / 075
　　2.5.2 大部屋的原则 / 077

2.5.3 大部屋在席林机器人的应用 / 079
2.5.4 索拉透平（Solar Turbines）借由工作流程的视觉化管理以缩短交付时间 / 083
2.6 从死记硬背到增值的常规 / 086
2.7 展望未来 / 086
2.8 你的反思 / 087
2.8.1 创造愿景 / 087
2.8.2 你目前的状况 / 088
2.8.3 采取行动 / 088
参考文献 / 088

第3章 固定与灵活——精益产品开发的阴和阳 / 089

3.1 在开发策略中创造平衡 / 089
3.2 设计标准 / 091
3.2.1 平台 / 091
3.2.2 设计规则和规格 / 092
3.2.3 标准架构 / 093
3.3 制造流程标准 / 095
3.3.1 标准组装流程 / 096
3.3.2 冲压的流程驱动产品设计 / 097
3.3.3 降低复杂性 / 098
3.4 将全部整合在一起——丰田的新全球架构 / 099
3.4.1 振兴平台 / 101
3.4.2 共享零件/通用化策略 / 103
3.4.3 动力系统的简化和优化 / 104
3.4.4 新的开发哲学 / 104
3.5 拥抱紧张关系 / 105
3.6 展望未来 / 106
3.7 你的反思 / 106
3.7.1 创造愿景 / 106
3.7.2 你目前的状况 / 107
3.7.3 采取行动 / 107
参考文献 / 107

第4章 打造高绩效团队与培养团队成员 / 109

4.1 产品开发的卓越性——靠人驱动 / 109
4.2 雇用合适的人 / 110
4.3 培养人才 / 112
    4.3.1 丰田的人才培养 / 112
    4.3.2 在自动化环境中学习TPS基础知识 / 113
    4.3.3 丰田高龄员工改善和传递知识 / 115
    4.3.4 在职业生涯中培养丰田工程师 / 117
    4.3.5 丰田工程师课程 / 118
    4.3.6 用设计评审来培养人才 / 121
    4.3.7 创建支持人才培养的框架 / 121
4.4 让员工成为一个团队 / 124
4.5 挑战人 / 126
4.6 组织团队 / 127
    4.6.1 丰田结构 / 127
    4.6.2 福特的组织之旅 / 127
4.7 创造产品是企业活动 / 128
    4.7.1 产品开发中的制造专业知识 / 128
    4.7.2 产品开发中制造技术的演变 / 133
4.8 扩展的企业——产品开发中的供应商 / 134
4.9 吉姆：成为高绩效团队的一员 / 136
4.10 展望未来 / 138
4.11 你的反思 / 139
    4.11.1 创造愿景 / 139
    4.11.2 你目前的状况 / 139
    4.11.3 采取行动 / 140
参考文献 / 140

第5章 引领发展 / 141

5.1 为什么领导力在开发中很重要 / 141
5.2 伟大的领导力始于谦逊 / 142
5.3 领导力的特征 / 143

5.3.1 这是关于团队的 / 143
   5.3.2 建立一个团结一致和专注的团队 / 144
   5.3.3 拥有它 / 146
   5.3.4 做决定——找到方法 / 147
   5.3.5 情绪复原力 / 149
   5.3.6 真实性 / 150
   5.3.7 个人健康管理 / 150
  5.4 产品开发中的领导力角色 / 151
   5.4.1 高级领导者 / 151
   5.4.2 职能卓越中心 / 153
   5.4.3 总工程师——引领为客户创造新价值 / 154
  5.5 创建管理系统（LB×OS = MS） / 158
   5.5.1 运营系统及其特点 / 159
   5.5.2 一个聚焦的系统 / 159
   5.5.3 突出异常情况的系统，以便快速响应 / 160
  5.6 有关适应性的问题 / 162
  5.7 展望未来 / 162
  5.8 你的反思 / 163
   5.8.1 创造愿景 / 163
   5.8.2 你目前的状况 / 163
   5.8.3 采取行动 / 164
  参考文献 / 164

第6章 作为学习型组织创造和应用知识 / 165

  6.1 学习挑战 / 165
  6.2 支持学习的文化 / 168
   6.2.1 学习型领导者 / 168
   6.2.2 问题、问题和更多问题 / 168
   6.2.3 试验文化 / 169
   6.2.4 将学习融入工作中 / 170
  6.3 学习机会 / 170
   6.3.1 设计评审 / 170
   6.3.2 领导力学习周期 / 172

6.4 培养人们科学地、系统地思考和行动 / 174
6.5 知识库的技术把关者 / 177
  6.5.1 知识库 / 178
  6.5.2 技术把关者的角色 / 179
6.6 清晰明了的沟通促进协作和知识转移 / 180
  6.6.1 A3 协作 / 180
  6.6.2 权衡曲线 / 183
  6.6.3 反思以汲取经验 / 183
  6.6.4 将其融入工作 / 184
6.7 总结 / 186
6.8 展望未来 / 186
6.9 你的反思 / 186
  6.9.1 创造愿景 / 186
  6.9.2 你目前的状况 / 186
  6.9.3 采取行动 / 187
参考文献 / 187

第 7 章 追求完美的产品 / 189

7.1 追求卓越的激情 / 190
7.2 顾客定义价值 / 191
7.3 顾客驱动设计 / 192
  7.3.1 苹果对设计的承诺 / 193
  7.3.2 丰田章男对卓越设计的激情 / 194
  7.3.3 福特赋能工程设计 / 195
  7.3.4 制作工艺 / 195
  7.3.5 独具特色的产品 / 196
  7.3.6 福特制造出工艺精湛的车身 / 197
7.4 可靠性 / 200
  7.4.1 丰田的可靠性 / 200
  7.4.2 福特新模式——质量矩阵 / 203
7.5 可持续设计 / 203
7.6 高效设计——获得优雅的解决方案 / 204
7.7 高效的产品设计——海底 2.0 项目 / 206

7.8　展望未来　/　212

7.9　你的反思　/　212

 7.9.1　创造愿景　/　212

 7.9.2　你目前的状况　/　213

 7.9.3　采取行动　/　213

参考文献　/　213

第8章　战略+执行以设计未来——特斯拉和丰田的比较　/　217

8.1　航向运输的未来　/　217

8.2　丰田是一个颠覆者吗?　/　220

8.3　比较特斯拉和丰田的战略愿景和运营理念　/　223

 8.3.1　以战略为导向　/　223

 8.3.2　特斯拉的颠覆者愿景　/　224

 8.3.3　丰田的平衡愿景　/　227

8.4　普锐斯:开始为21世纪做准备　/　232

 8.4.1　20世纪的21世纪愿景　/　233

 8.4.2　为长期成功创造基石的迭代学习　/　234

 8.4.3　突破性计划的渐进方法的好处　/　236

8.5　氢气:铺平前进的道路　/　238

 8.5.1　Mirai在日文中是"未来"的意思　/　238

 8.5.2　设计Mirai　/　239

 8.5.3　氢能源社会与基础设施　/　240

 8.5.4　挑战仍在继续　/　241

8.6　展望未来　/　242

8.7　你的反思　/　243

 8.7.1　创造愿景　/　243

 8.7.2　你目前的状况　/　243

 8.7.3　采取行动　/　244

参考文献　/　244

第9章　设计你的未来——革新你的产品和流程开发能力　/　247

9.1　建立在变革管理基础上　/　247

9.2 领导参与的起始水平 / 248
    9.2.1 自高层管理而下 / 248
    9.2.2 从中层管理向上及横向覆盖 / 250
    9.2.3 从工作层面向上 / 250

9.3 LPPD 转型的案例 / 252
    9.3.1 索拉透平公司的故事 / 252
    9.3.2 临床流程是密歇根医学的产品 / 256
    9.3.3 在巴西航空工业公司准时飞行 / 264
    9.3.4 产品是建筑物：建筑业中 LPPD 的应用 / 269

9.4 我们从产品主导的转型中学到了什么 / 270
    9.4.1 当自上而下与自下而上相遇时，能量就会释放出来 / 270
    9.4.2 从你能获得最高级别的领导支持开始，但别期待更高的 / 271

9.5 一个产品主导转型的新兴协作模式 / 274
    9.5.1 开发一个学习伙伴模型 / 275
    9.5.2 战略 A3 探索可能的伙伴关系 / 275
    9.5.3 组织转型是一个设计问题 / 275
    9.5.4 还有一件事 / 278

9.6 变革的政治、社会和心理层面 / 278
    9.6.1 作为政治系统的组织 / 278
    9.6.2 作为社会系统的组织 / 279
    9.6.3 作为有个人需求系统的组织 / 280

9.7 这是一个创造你的未来的旅程 / 280

9.8 你的反思 / 281
    9.8.1 创造愿景 / 281
    9.8.2 初步规划 / 282
    9.8.3 采取行动 / 282

参考文献 / 282

引言

——卓越产品开发，促进竞争与繁荣

预测未来的最佳方法是创造未来。

——彼得·德鲁克

设计未来

"疯狂而伟大"的产品可以彻底改变行业，甚至创造一个行业，想想苹果的 iPod 和 iPhone、谷歌的搜索引擎、Facebook 最初的交友软件或亚马逊的产品实现服务。这些由富有远见的天才领导的极具成功的初创企业都是始于一种新的想法，并体现在新产品中，最终使其创始人成为亿万富翁。看起来就像是一个好主意被孵化出来，一个行业就神奇地发生转变了。

然后再来看其他的情况。

获得媒体极大关注的革命性产品只是产品开发中的冰山一角。绝大多数新产品和服务都是在以前的主题上的创新，这些主题鲜被关注，但对创建它们的公司或其客户来说同样重要。好消息是，有一种"非常棒的"方法可以通过采用精益产品和流程开发（LPPD）的原则来创造它们。

这些原则正在航空航天、医疗保健、办公家具和机器人等行业的相关企业中得到应用和验证。这些早期采纳上述原则的企业的共同特点是他们拒绝接受现状，并了解稳定的超越竞争对手的新产品和服务流仍然是实现可持续增长的最可靠途径。这些企业知道预测未来的最佳方法是创造未来，并认识到最好的方法就是重新设计自己的产品开发体系，以便能够持续设计出最好的产品。虽然全新的初创企业可能不能按时交付产品，也可能发布有缺陷的产品，但成熟的企业却不能如此。他们需要以一种可靠的方式来生产下一个伟大的产品或服务，从而继续创造收入并发展业务，以确保其员工、客户和社区拥有美好的未来。

在本书中，我们旨在进入开发的"黑匣子"，以帮助你以可承受的成本、快速、精准、高质量地实现你的产品和服务梦想。为此，我们不只泛泛地谈"如何创新",而是深入挖掘LPPD先驱者取得卓越成果的具体实践经验,我们想展示的是任何组织如何能够以稳定的步伐创造和提供优质的产品和服务,以取得突破和进步,从而使企业不断更新迭代。只是要提醒大家的是:"成功没有魔法,只有通过许多人满怀热情地共同努力,才能完成伟大的事情。"

建立设计未来的能力

如果你愿意为创造伟大的产品付出努力,而不是为瞬间的灵感去赌博,那么这本书适合你;如果你愿意走一条艰苦的道路,需要更多的自律、不断学习和改进,而不是靠运气,那么这本书适合你。如果你准备这样做,我们所知道的保持卓越的最好方法是有条不紊地、有意识地提高你的能力,一次又一次地创造优秀的产品和服务。

本书提供了一种实际的做法,通过新产品和服务来创造你的未来。这些新产品和服务超出你的客户的期望,满足需求,按时交付,这将为你的客户带来快乐。诀窍就是让有技能、有才华的人一起坚持不懈地合作,共同努力,完成看似不可能的事情,然后再做一次。如果一些"非常成功的初创企业"采用这个体系,也许它们的产品从一开始就不会有那么多漏洞,它们的客户会更满意。

精益开发:持续创新的引擎

"精益"的概念最初是在畅销书《改变世界的机器》中引入的,精益生产以更少的资源做得更多:以更少的库存、更短的交付时间、更小的空间、更少的人工,按照客户订购的数量,按时交付最优质的产品。丰田是这种新的制造范式的主要典范,其他汽车公司也尽量采用这种新的制造方法,因为它的好处实在太多了。其他行业的企业也很快跟进,毕竟谁不想付出更少,收获更多呢?

多数阅读过《改变世界的机器》的人主要关注卓越运营和丰田生产系统,然而书中有一个有关精益产品开发的重要章节,来自藤本隆宏和他在哈佛大学的学位论文主任金·克拉克的研究,他们在后续出版的一本书中更详细地介绍了日本汽车公司如何以更少的工程师工时、更少的材料成本生产出更高质量的产品。而且由于这些公司花费了更少的人力、时间和金钱来开发新产品,他们就可以更频繁地更新他们的产品。他们的产品设计也与他们的精益生产系统很好地结合在一起,因此他们的工厂能迅速地推出新产品，而且很少出现因质量问题和设计更改带来的灾难（也就是埃隆·马斯克（Elon Musk）在特斯拉（Tesla）的 Model 3 发布时谈到的"生产地狱"问题）。

金·克拉克和藤本隆宏记录的有关精益产品开发的一些关键特征有：
- 对所面对的客户有清晰的了解，并在开发过程的每个阶段都以客户为中心。
- 总工程师是一个独立有能力的个体，他是整个开发项目的架构师，从确定客户需求到概念设计，到生产准备和发布，由总工程师负起全部责任。
- 同时进行产品和流程设计，既加快了开发进程，又使质量建设相对容易且高效。
- 训练有素的工程专家对部件和系统有深刻的了解，且具有高度的团队合作精神。
- 与关键供应商紧密整合，与团队合作设计产品和流程。

几乎在哈佛大学开展这项工作的同时，密歇根大学也开展了一系列研究，使我们更深入地了解丰田的具体做法和工具。除了我们自己的工作，我们的同事艾伦·沃德和德沃德·索贝克的研究和书籍也为我们对丰田产品开发的理解做出了重大贡献，实际上，是艾伦创造了"精益产品和流程开发"这个别扭但又颇具描述性的术语。

基于我们在密歇根大学的研究，我们在 2006 年出版了《丰田产品开发体系》一书，这本书用 13 个原则的形式提供了更多细节，以定义丰田的精益开发。该模型由人员，流程和工具组成，我们认为精益开发是一个系统，意味着不能只挑选其中一部分，而是需要建立一个由人员、流程和工具组成的集成系统，以获得像丰田一样的卓越成果。

我们的持续学习

在我们完成《丰田产品开发体系》一书之后，我们仍旧在不断地学习。一方面我们继续向丰田学习，另一方面我们也从许多不同行业的广泛经验中学习。在丰田以外，我们的学习来自于我们与众多公司的合作。对于吉姆而言，我们的学习来自于他 2004 至 2014 年作为工程主管在福特以产品主导的转型中的个人经历，所有这些都为我们提供了实例，我们将在本书中引用。通过这些经验，我们充实了前书中的模型，并且对非丰田的转型过程有了很多了解。

有一件事我们非常确信：复制丰田不是正确的方法，复制粘贴并没有用！精益转型是试验、学习以及建立自己的系统和文化的过程。但是，从丰田、福特和众多其他公司那里得来的想法将对你的转型有帮助，因为这些公司是向精益产品和流程开发转型的成功案例。

本书分享了自《丰田产品开发体系》一书完成以来我们所学到的东西。我们发现了更多的工具和方法，但也许更重要的是，我们学到很多关于引领以产品为中心的重大革新，以及如何推动真正的持续改进和创新文化。我们很高兴能与你分享我们的模型、故事和经验，以期对你有所帮助。

启发改变

大部分人将改善活动主要集中在当前的运营上，主要是在制造和减少劳动力方面。坦率地说，我们对此有点困惑。当然，降低运营成本、改善产品和服务的交付方式具有重要价值，然而，在产品和流程的开发阶段，这样做的机会要多得多。成功的新产品可以增加收入、利润和市场份额，并产生光环效应。在产品和流程开发期间做出的决策将在很大程度上决定未来几年的运营成本和产品质量。除了直接的商业利益之外，产品和流程开发是将企业融合在一起的独特机会，你的产品或核心服务为企业中所有人所共有。通过将整个组织整合到一起为产品服务，你可以创建一种以客户为中心的协作文化，从而形成竞争优势。这就是为什么我们将产品和流程开发视为设计你的未来的机会。

幸运的是，许多公司，经常受到精益生产的启发，决定向上游发展，寻找更多的好处。自《丰田产品开发体系》出版以来的十多年中，我们有机会领导、建议和学习许多具有前瞻性思维的公司，这些公司已将 LPPD 应用于其开发运营。通过这项工作，我们从福特、马自达、门罗创新、卡特彼勒、索拉透平、GE 家电、密歇根大学医学院、赫曼米勒、TechnipFMC（德希尼布福默诗）、本田、博世和巴西航空工业等公司获得了宝贵的经验教训。在不同行业的众多企业中开展工作，需要我们回归基本面，回到"首要原则"，以便在每种环境中都能有效地工作。虽然这需要大量的试验和学习，但却带来了最激动人心的消息：精益产品和流程开发不仅在汽车领域有效，而且在所有已经尝试过的行业都有效。我们在本书中分享了这些故事，我们对这些公司怀有深深的感激之情，这项工作既改变了公司，也改变了我们对 LPPD 的看法。

通过这项工作，我们改变了多个行业的开发能力，我们对高性能产品开发系统提出了自己的看法，并对改变组织的开发能力所需的条件有了更好的理解。在我们的《丰田产品开发体系》一书中，我们描述和对比了丰田体系与传统的产品开发思想，当时我们在改造组织或将此模式适用不同行业方面的经验还很有限。

精益产品与流程开发模型

LPPD 系统有许多独特和强大的实践、工具和方法，我们将在本书中讨论。需要理解的最关键的一点是 LPPD 确实是一个体系，成功的产品和流程开发能力依赖于多个相互依赖的元素，这些元素相互作用，形成一个复杂的整体。通过了解和解决组织的人员、社会系统及其流程、工具和技术系统的问题，来理解和影响所有职能的工作方式，才能获得最佳结果。更重要的是，这个系统是动态的，它必须有效地对内部和外部环境的变化做出反应。我们的 LPPD 方法直接解决了这些元素中的每一个，并且还允许创建可发展和改进的"活的开发系统"。下面是模型和章节指南的快照。

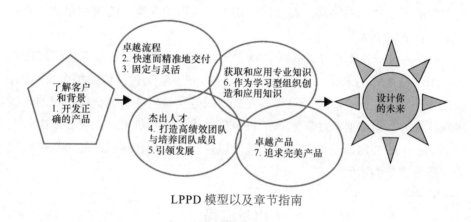

LPPD 模型以及章节指南

了解客户和背景

第 1 章　开发正确的产品
它始终为客户创造价值。

产品和流程开发的成功取决于为每个客户交付的实际具体价值。要实现这一目标，你必须深入了解客户在现场如何使用你的产品，要想真正理解客户，只有在现场（客户使用产品的实际地点）观察客户才能做到。除了观察以外，这种理解还要经针对性的试验，反复的验证，多次修正，最终使这种理解更加准确和深入。在第 1 章中，我们将分享公司用于深入了解客户，消除其他关键知识差距，调整团队，并显著提高开发成功机会的技术和工具。

卓越流程

第2章 快速而精准地交付

使用透明的、协作的和有节奏的并行工程以在开发流程中创建流动。

老式的产品开发瀑布模型早在20世纪80年代就受到广泛批评，精益产品和流程开发向我们展示了如何创建更加集成和并行的流程。产品专家、制造系统专家、专注于其组件的供应商，甚至最终产品的生产人员，都是从项目的最早阶段开始协作的。精益开发流程利用对工作实际完成方式的深入理解，来识别关键的相互依赖关系，以实现有效的跨职能工作集成和高度并行。保持流程紧凑和正常进展，让想法、测试以及原型设计从一个阶段顺利地流动到另一个阶段，是一项艰巨的任务，需要高水平的能力、透明度和所有专业的各个层面的协作。然而这一切都是值得的，实现的速度和精准度是一个显著的竞争优势。

各自为政开发新产品的传统方法，无法为你客户提供最大价值或让你的组织创造更好的未来。为此，你必须检查并影响交付价值的整个价值流，从概念开发、工程、制造、销售、安装到服务只是构成价值交付系统的一些步骤，此外，组织必须使特定产品符合其总体目标和价值。在第2章中，我们展示了一些公司所使用的工具、技术以及一些公司在执行产品项目中如何进行强力变革的示例。

卓越流程

第3章 固定与灵活——精益产品开发的阴和阳

将不同产品的共同点标准化以实现高质量和低成本，
并为工程师腾出时间创新，使产品独具风格。

这听起来很矛盾，实际上是一体两面。LPPD显示，产品开发的阴阳和谐整合会带来创造力和效率。在西方，我们倾向于将差异视为对立，两者只选其一，例如要不标准化设计要不创新。东方哲学经常将对立面视为和谐，而产生新的和美好的东西。任何一位学习丰田生产系统的人都听厌了"没有标准就没有改善"的话，这意味着"标准化让我们已知的最好变得清晰，我们将在此基础上通过改善创建一个新的和更好的标准"（持续改进）。

例如，丰田在开发现有型号的下一个新版本时的经验法则，是保持大约 70% 的相同性，并专注于改变产品的差异化，为客户提供更多价值。客户能看到从未见过的许多车辆部件，同时使用迄今为止最好的合理的设计标准，这样可以在产品差异性上发挥最大创造力。它还可加快设计过程，保持质量，减少昂贵的工具更换，并支持在同一工厂的混合车型生产。在第 3 章中，我们拿几个公司举例说明如何保持这种平衡。

杰出人才
第 4 章　打造高绩效团队与培养团队成员
高绩效团队和团队成员是可持续开发系统的核心。

人是好的产品开发系统中唯一最重要的元素，他们为你的系统注入并持续地供应技能、能量和创造力，是他们学习和成长的能力使系统得以发展和改进。这对丰田的领导者来说非常重要，他们刻意地去同时发展人员和开发产品。在 LPPD 公司，人才发展不是交给人力资源的额外活动，它必须融入他们每天的工作中。在第 4 章中，我们分享了成功公司如何雇用、发展和赋能团队的案例。

杰出人才
第 5 章　引领发展
人们需要强大的领导力和强大的客户视角。

在我们的《丰田产品开发体系》一书中，我们写了关于丰田总工程师的角色，这仍然是很多公司最感兴趣和认为理所当然的主题之一。也许老前辈们可以回想到曾有人担任过这个角色，但随着时间的推移，这已经转变为项目经理的角色。许多组织拥有某种类型的技术主管，加上一个强大的管理日程和预算的项目经理，而市场营销则当作客户的声音，但我们认为，将领导角色分解成碎片的效果并不如拥有一个强大的总工程师，他要对整个业务负责，具有技术能力并对每个产品的客户有深刻理解，总工程师将企业联系在一起，就像管弦乐队的指挥一样。

然而，总工程师不是一个孤岛，不可能光靠自己而成功，总工程师强烈依赖于整个企业中不同角色的领导者。LPPD 系统要求从首席执行官到各职能领导者的所有领导者，都要专注于使总工程师和产品成功。有效的运营系统与正确的领导行为相结合，创造了将所有这些结合在一起，并始终如一地提供优质产品所需的管理系统。在第 5 章中，我们讨论了在产品开发中领导者的各种角色，以及建立强大的管理系统的重要性。

获取和应用专业知识

第 6 章 作为学习型组织创造和应用知识
学习型组织可以创造并应用知识，以便在其产品和服务中创造新价值。

现代工程组织拥有强大的计算机系统来获取知识，许多人创建了"知识图书"（实体的和虚拟的）和不同类型的检查清单，以帮助知识的获取和传播，这是因为大多数开发组织都将学习视为一个工具问题，他们希望了解那些最新技术或工具，来提高他们学习和应用知识的能力。但是，我们发现新工具不是必要的，而组织文化问题才是核心所在。那些害怕承认问题，低估或不理解学习，将学习视为额外活动的人，是有效组织学习的主要障碍。真正的学习型组织会寻找问题，快速回应以遏制问题，然后深入反思，防止再犯。分享问题和解决方案能获得个人技术诀窍并将其转化为组织知识。虽然工具和技术很有用，但将重心放在人的学习方面往往会带来最大的好处。在第 6 章中，我们讨论了创建学习型组织的社会和技术要素。

卓越产品

第 7 章 追求完美的产品
以工匠精神，不断改进为每位客户创造真正价值的方式。

即使做到了所有这些，也不能保证产品的卓越性，实际产品的设计和交付都需要高质量地执行。这是什么意思呢？首先，也是最重要的是，它意味着该产品为客户提供真正的价值，但是这个价值可以以多种形式呈现。款式、可用性、可靠性、工艺和设计效率都直接影响产品的质量和竞争力。苹果、丰田和福特等公司越来越多地将设计、工艺和制造卓越性无缝整合到一个工艺属性中，这不仅使他们的产品差异化，而且是他们产品卓越理念的核心，工艺属性不仅仅是一套技术标准。最好的产品要与客户建立情感联系，这听起来很深奥，但它可以很简单。产品的易用性和可靠性好，并且每次用得顺手的产品通常能产生最强烈的情感联系。在第 7 章中，我们将分享提高设计、可靠性和设计效率的实践。

将概念转化为行动

当然,光是阅读本书对你的组织没有任何帮助,你必须做点什么。在每章的最后,我们给出问题供你反思并提出一些挑战,帮助你以自己的方式让你的组织向前进步。在最后一章中,我们将讨论我们 LPPD 转型的经验,提供在各行各业中遵循不同转型路径的组织的示例,并展示一个新兴的产品主导转型的模型。

本书的目的

通过本书,我们的目标是指导、激励、挑战你并为你提供可操作的方法和工具,以便快速、高效、高质量地将好的产品创意推向市场。更重要的是,我们希望帮助你构建强大且可持续的产品和流程开发系统,而不仅仅是一个成功的产品项目。但精益产品和流程开发不像是软件更新,只需点击下菜单即可更新系统,你需要承诺变革并做出有益于变革的辛勤工作。

事实上,辛勤、坚韧和承诺是我们所有转型故事的共同特征。这一点在福特首席执行官艾伦・R. 穆拉利(Alan R.Mulally)的历史性产品主导型转型中更为明显。在向你详细介绍 LPPD 之前,在下一章中,我们将概述福特在其产品转型方面取得的历史性成功以及公司的命运,许多工具和方法将在后面详细介绍。在本书里我们不一定将福特作为卓越精益的全球标杆,与大多数汽车制造商一样,福特正在未来的自动驾驶汽车、共享汽车和电动汽车(EV)领域艰苦奋斗,并且还在不断发展。然而,福特的故事将为讨论 LPPD 的行动奠定基础,并在本书的后续章节中就类似的旅程分享其他组织的故事。

从概念到行动

我们不知道在每一章里什么对你最重要,因此,我们决定不罗列"关键要点",而由读者自己来思考。我们经常发现,虽然人们在阅读,但并没有深入思考真正含义,因此,在每章结尾,我们要求你对所读内容及其与你的组织有何关系进行反思。从第 1 章开始,我们采用下面的标准格式进行反思。

1. 创造愿景

我们将总结本章建议的 LPPD 愿景,愿景是长期的,如 5~10 年或更长时间。轮到你了:什么是有道理的,你会如何修改你组织的愿景?

2. 你现在的状况

你的组织与愿景关系如何？如果是触手可及，那么愿景就不够雄心勃勃了，回到1。如果答案是"我们已经开始在这些领域做工作，仍有很大的差距，但我们在其他领域做得很好"，那你就应该为了这个愿景努力工作。

3. 采取行动

你现在第一步准备做什么？我们不希望你读了一章，马上进行重大的组织转型，再回过头来阅读另一章……但采取一些行动将有助于消化吸收本章的内容并让你迈出第一步，毕竟第一步往往是最难的，你可能不是最高负责人，但在你的影响力范围内你能做些什么？可以召集一组同事，请他们阅读本章并讨论可能的行动，也可尝试初步实施本章中的一个或多个概念，还可以草拟一个粗略的有关你正在进行或即将开始的开发项目的计划。

你目前的状况

这是引言，我们还没有详细介绍任何指导原则，但仍然值得反思你的组织的优点和缺点来开启这个旅程，我们建议思考以下内容：

1）你的组织是否将正确的资源集中在对未来会产生影响的产品和服务的开发上？

2）你的领导者是否认为你们的产品和服务的开发能力必须不断地改进？

3）你的领导者是否深入思考你们的未来、组织的战略以及可以让客户眼前一亮的新产品和服务的类型？

4）你的领导者是否对人有应有的尊重，并投资于培育各级人才？

采取行动

1）花时间了解组织中影响产品和流程开发优先级的网络。

2）获取组织战略，并研究它是否具有产品和服务的清晰未来愿景。

3）反思本章中的 LPPD 原则，并衡量你的组织做得如何。

参考文献

1. Joann Muller, "Musk Thinks Tesla Will School Toyota on Lean Manufacturing; Fixing Model 3 Launch Would Be a Start," *Forbes*, February 16, 2018.
2. Kim Clark and Takahiro Fujimoto, *Product Development Performance: Strategy, Organization, and Management in the World Auto Industry*, Cambridge, MA: Harvard Business School Press, 1991.

福特的历史转折

——福特如何将大胆的战略与卓越的产品-流程联结起来

当我到福特时，我发现问题不像我想的那么糟糕，而是更糟糕。

——艾伦·R. 穆拉利，福特前总裁兼首席执行官

开场白

产品开发能真正改变企业吗？人们通常会从故事中学到最好的东西，所以我们会以一个相当惊人的故事作为开头，福特的故事将为本书其余部分所讲的精益开发模型提供背景和预览。我们从结论开始，产品主导的转型到底是什么样的？我们并没有将福特作为精益企业的完美典范，相反，我们也许只是分享从美国历史上最伟大的商业转型之一——一个标志性的全球公司的戏剧性的产品主导转型中获得的宝贵经验。

我们中的一位——吉姆，有幸在这段最有趣时期作为福特的一分子，有两年时间他是创立全球产品开发系统（GPDS）的领导者之一，其后八年他是车身和冲压工程的全球总监，他比前总裁兼首席执行官艾伦·R. 穆拉利更早些加入福特。与此同时，我们中的另一位，杰夫，一直在外部研究福特。我们将这些不同的优势观点结合起来，努力为你提供新产品开发的有力范例，你可以从中获取洞察力和灵感。福特的转型有助于说明我们的许多原则，我们将在本书中更详细地研究这些原则，现在先看看这个转型故事。

寻找合适的领导者

2009年4月30日，克莱斯勒申请破产保护，2009年6月1日，通用汽车紧随其后。福特会步其后尘吗？令许多人惊讶的是，同样处于彻底崩溃边缘的福特决定勇敢面对自己的深度金融危机，并在没有法院保护或纳税人支持的情况下接受挑战。这三家公司都有许多标志性车型，为客户创造了许多珍贵的回忆，然而，这些公司已无法提供客户想要的产品。这与早期福特作为汽车行业引领者所展示的非凡产品创新力相去甚远。

设计未来 DESIGNING THE FUTURE
——福特、丰田及其他世界顶级企业的创新和转型之道

1925 年，亨利·福特在《星期六晚报》上刊登了一则精彩的广告，他阐述了公司所致力的愿景，部分内容如下："我们坚信，让所有人在高速公路上驾驶不是难事。"福特只想着能让所有人上高速公路。福特获得巨大成功的 T 型车（Model T）背后简单而强大的理念就是让汽车平民化，这款经过多人艰苦努力做出来的突破性产品，是集改变游戏规则的设计、制造和供应链管理创新于一体的体现。

大多数人都认为福特的装配线创新是他对工业最重要的贡献。我们认为，正是亨利推动他独特而振奋人心的产品愿景，改变了大多数人的生活方式，并催生了世界上最重要的产业之一。

通过不断致力于产品改进和提高效率，福特持续推进"让汽车平民化"这一独特的产品主张。1912 年，T 型车零售价约为 525 美元，到 1925 年亨利播出的广告中同样的车只需要 265 美元，亨利的公司也因多年来无与伦比的盈利增长而获得了丰厚的回报，凭借 T 型车获得了全球市场份额的 54%，令人难以置信的是，T 型车在其生命周期里一共卖出了 1500 万辆。

通过对这一革命性产品的不懈努力，亨利改变了世界，使福特远远领先竞争对手，成为业绩优秀的汽车巨头。亨利从车库低调地开始，直到成为"一个世界上空前的、最伟大的工业组织"（广告语）。

向全人类开放高速公路

来源：https://media.ford.com/content/fordmedia/fna/us/en/features/opening-the-high-ways.html#

福特的历史转折
—— 福特如何将大胆的战略与卓越的产品-流程联结起来

但艾伦·R.穆拉利于 2006 年 9 月 5 日加入时看到的公司完全不是这个样子。在那个星期二,当他驶入位于密歇根州迪尔伯恩的全球总部高管车库时,他即将加入一家深陷困境的公司,福特不再是一个通过革命性产品改变世界的公司,或可以通过金融的激励而拥有大量消费者的公司。艾伦非常清楚地看到了这一点,因为他看到高管的停车位里停满了捷豹、路虎和沃尔沃,这些都是福特买来的豪华车品牌,甚至福特的领导人都没有驾驶福特汽车。对于像艾伦这样的长期做产品的人来说,这有点令人不安,也看出了这家曾经标志性的美国公司的潜在问题。有一件事是肯定的,福特可能有很多问题,但最严重的就是产品问题。

事实上,由于其几乎没有具有竞争力的产品,福特在 2006 年亏损达到创纪录的 170 亿美元,持续十多年市场份额下滑,面临关键供应商的破产,并失去员工士气,股价继续急剧下跌,最终触及每股 1.01 美元,总市值仅为 55 亿美元(与稍好点的科技创业公司相当),获垃圾债券信用评级。

好消息是,在内部艾伦发现一些不错的职能和区域组织,他们有很多非常有才华的人,然而,他们就像个独立公司,只专注于自己对公司的改善计划,坏消息是这造成了混乱并出现抢夺关键资源与能量的情况。更糟糕的是,他还发现品牌混乱,每个品牌都有一个缺乏竞争力的产品组合,少有消费者青睐。

美国将进入大萧条以来最严重的金融危机,加上这些"自我创伤",福特的前景是可怕的。事实上,这是美国汽车业前所未有的时期,在此期间,通用汽车和克莱斯勒都失败了,失去自主性,还拖垮了许多主要供应商。很显然,福特的问题确实比艾伦之前想象的还要糟糕得多,事实上,围绕汽车行业的普遍看法是,福特陷入了高速死亡螺旋,公司需要的是救命的稻草。

不知道福特问题从何时开始,但早在 20 世纪 90 年代末就有一些明显的迹象。

到 2000 年,福特出现组织定位危机,福特的执行领导者希望公司不只是汽车公司,而是成为通用电气这样的公司。于是高管决定广泛分散业务,分散领导的关注和能量,他们挪用了重要的产品投资,以便开始在不同领域的巨额投资狂潮,从垃圾场到赫兹汽车租赁汽车再到捷豹汽车,继而,他们被迫采取"快速跟随"产品策略,导致新产品的推出几乎很难与行业保持同步。

他们剥离了内部关键的技术能力,将基本设计任务外包给相互对立的供应商,以获得尽可能低的价格。高级领导层还让内部跨组织相互竞争,为局部优化而牺牲了合作,还采用了通用电气的零和绩效评估系统,强制分级,实行末位淘汰,他们制造了一种有害的内部竞争。

福特已成为"宫廷阴谋"和超级行政霸权的危险环境。但最糟糕的可能是,福特放弃了其创始人早期的产品和客户价值重点,过度支持股东价值的增长。结果是可以预测的,当底层出现问题时,福特采取了大公司常做出的反应,就是通过裁员来伤筋动骨地削减成本。

仅在2002年,福特就裁减了2万多人,并宣布关闭5座工厂,减员持续到第二年,愈演愈烈,最终影响公司的每个角落。裁员和削减成本加剧了内部冲突,并扼杀了用于产品的投资。

亨利的曾孙威廉·克莱(比尔)福特,最终夺回公司的控制权,他认识到这次无论怎么削减成本,都不足以挽救公司,所以在2006年,他竭尽全力招募了一位成功扭转了另一家巨大的标志性美国公司(波音)颓势的领导者。比尔福特将艾伦看成是公司生存的唯一途径,艾伦并不是几位候选人中最好的,但他是唯一的,比尔福特不遗余力地去找这样一个人。

福特团队非常执着,在多次面谈后艾伦终于同意加入公司。当福特领导人分享现有车型和新产品原型时,艾伦对福特缺乏有竞争力的新产品的怀疑得到了证实。事实上,产品状况甚至比他想象的还要糟糕。很明显,虽然他需要继续削减成本,但更重要的是筹集资金并让全球福特团队共同努力创造客户真正喜欢的产品。

如果福特问题的解决方案是创造能为客户提供卓越价值、具有竞争力的产品,那么公司将需要很多资金。因此,他和首席财务官克莱尔前往华尔街,后来艾伦将其称之为"历史上最大的房屋改善贷款"。2006年11月,他们赶在大萧条之前共筹集了约240亿美元,投入产品项目,大萧条之后导致资本萎缩再想找到资本几乎不可能。他们用整个公司做抵押,包括那个蓝色椭圆形标志。

在艾伦到来之前,前一任领导层疯狂收购,几乎所有的资本投入的回报都远远低于行业平均水平,付出了极大代价。福特的大部分制造工厂和设备都很陈旧,工程技术和设施已经过时,营销支出大幅减少,许多其他需求也没有得到资金支持。从某种意义上说,将资本平均分配给所有这些需求是"容易做的事情",但艾伦认为这只会推迟福特不可避免的死亡。福特需要改变其开发产品的方式并彻底改造其全球产品组合,因此大部分资金都专门用于新产品开发。这一大胆的决定说明了艾伦作为领导者的勇气,以及他非常肯定做出优秀产品是这一转变的核心。"我们必须创造出客户认可其价值并乐于购买的产品"成为艾伦号召团队的武器。

然而，完成以产品为中心的革命需要的不仅仅是金钱，艾伦必须找到将分布很广的企业联合起来充分发挥其能力的办法。因此艾伦的下一步是制定一项战略，通过他的"一个福特"蓝图将各外围的企业聚集在一起。该计划清楚地表明了福特及其外围企业必须成为一个团结一致的团队，以提高竞争力并"为所有人带来收益的增长"。

为了实现这个大胆的计划，他需要一种与福特全体员工建立联结的方式。尽管福特目前遇到困难，但他知道福特员工为公司的传统感到自豪，他相信他们有能力重塑那些令人兴奋的辉煌。就在那时，艾伦发现了1925年登在"星期六晚报"的广告，广告不仅传递了福特的传统，而且还传达了一种强大的使命，即以引人注目、包容性、以产品为中心的方式提供差异化的、客户定义的价值。更重要的是，这正是福特辉煌历史缩影，也是将他与这些沮丧但才华横溢的福特团队联结并重新焕发活力的完美方式。

在获得资本并为全球团队注入活力之后，他将愿景植根于快速创造出引人注目的产品，艾伦试图更深入地了解福特目前境地的根因，尽管这样做面临巨大压力，但他知道他首先必须了解缺乏产品背后的原因，以及福特糟糕表现背后的根本问题。

从深入了解当前的实际情况开始

福特的转型必须从对其现状（无论是尖锐的还是长期的问题）进行全面、深入细致的观察与分析开始，艾伦承诺亲自领导这项工作，审视越深，就发现福特的处境越糟糕。艾伦早年的所见所闻一定令人沮丧，但他仍然很有哲理地说福特是一个充满机遇的环境，如果福特遇到了这些麻烦还一切都运转良好的话，他将会更加担心。

宏观层面的理解

艾伦现在仍然自豪地说他是丰田的学生，在波音期间，他作为企业高管去丰田学习，他学到了很多，并持续地当个精益学生。所以他知道为了要了解真相，必须亲自到源头（到现场）去看、去听、去感受真正发生了什么。他召开全员大会，访问装配工厂，参加设计会议，并和公司的主要人员进行了一对一的会谈。事实上，吉姆与艾伦正是从这时开始有了联系，他收到艾伦的短信要求他过来谈谈。艾伦在波音公司与知名的精益教练詹姆斯·沃麦克一起工作，当艾伦加入福特时，从沃麦克那里已经了解到吉姆的背景。他们第一次见面就有种相见恨晚的感觉，而随后又进行了更多单独的讨论，艾伦在随后的七年一直坚定不移地支持吉姆团队的工作。

艾伦并不是仅停留在福特内部，他还与汽车经销商和主要供应商举行了会议，这些供应商是外围企业的重要合作伙伴。他在福特的能见度、参与度和透明的沟通水平是史无前例的，这正是他想要的，也是福特需要的。

艾伦还着手了解这个行业以及福特在其中的地位，令他惊讶的是，他发现福特几乎没有竞争对手的车辆可供使用，并除了专业车辆测评人员之外很少有人能够接触这些车辆，而这些测评人向高层领导提供了"政治上正确"的报告，换句话说，领导们听到有关福特产品与竞品的对比情况，几乎总是福特最好。艾伦想驾驶竞争对手的车辆，并希望他的领导团队能够驾驶它们，而且最重要的是，他希望产品工程师能够驾驶它们。因此，他指导产品开发小组要准备好竞争对手的车队。

他广泛搜集各方面对福特的评价，包括访问 J.D.Powers、汽车研究中心、汽车安全组织、当地报纸和各种金融机构等第三方行业组织，他甚至找了经验丰富的汽车新闻记者。在这些访问中，他带着福特的主要领导人聆听、反思，并且不回避那些客观的批评。

但最重要的是，他知道他需要更好地了解客户（在第 1 章 "开发正确的产品"中进一步讨论），特别是他想要得到未经过滤的客户反馈。因此，他花了几天时间在经销商处，销售汽车并直接与客户交谈，直接了解他们在购买时考虑的因素。他还定期对过去 90 天内购买福特汽车的客户进行突击拜访，以听取他们对福特及福特产品的看法。

他沉浸在现场亲历亲为的行为非常有效，并获得了准确的第一手资料，无论大小，都为他计划的每一步提供了参考。不过，成功的转型需要在整个公司的各个层面进行这种类型的调研工作。

从宏观到微观层面的转型

一位英雄，单枪匹马闯入福特，发现了问题，并一手拯救了福特。但是拯救福特的不止依靠这位英雄，不管他有多优秀，这个转型故事的真正功臣是整个军团。艾伦当然对找出福特的问题所在，并制定正确目标，激励全体员工为之努力起到了决定作用，然而，拯救公司的大部分实际工作都发生在战壕中，处于微观层面，这些行动来自公司数千名敬业的男男女女，他们的名字可能不会出现在商业媒体上，但他们的贡献对福特的成功至关重要。接下来，我们将描述转型故事中的一部分：一个车身和冲压工程组织的转型经验。

微观层面的理解

吉姆所在的车身和冲压工程（B & SE）组织，是福特内部几个全球性工程组织之一（其他还有电气、底盘等）。B & SE 负责整个福特公司的产品工程、工艺开发、工具、测试（包括安全性），还负责完成车身结构、覆盖件和外部系统（例如灯、格栅、玻璃、装饰）及所有相关性能属性的发布。从本质上讲，B & SE 团队负责除了车轮以外，客户可以在车辆外部看到的一切。团队成员涵盖了各种工程学科，以及工具制造者、机械师和技师，分布在美国迪尔伯恩、德国科隆、巴西巴伊亚、墨西哥城、中国南京和澳大利亚墨尔本。

这是一个独特的组织。福特在历史上与大多数公司一样，车身一直是产品开发组织的一部分，而冲压工程和工具则是制造业的一部分。但是，产品开发和制造之间的沟通和协作被打破了，他们的互动更像是一系列小冲突而不是合作。德里克·库扎克和乔·辛瑞克斯（当时的全球制造业执行副总裁）意识到他们没有时间去协调这些非常不同的文化，他做出了大胆的决定，将他们组合成一个单一的组织，并让吉姆领导它。吉姆起初对这一举动持怀疑态度，然而，因为他拥有一支才华横溢、敬业且非常直言不讳的团队，他很快就成了这个战略的热情信徒。

像艾伦一样，吉姆和他的团队也需要深刻理解他们当前的现实，他们为实现这一目标而实施的许多实践被证明是非常有价值的，并且他们将这些最初的状态评估的有效学习工具变成了常规工作节奏的一部分。

B & SE 领导团队举行了非正式的跨级会议，他们跳过了管理层，直接与组织各级工程师交谈，这些会议带来了坦诚的讨论、有关工程师所面临的问题以及对现状改善的想法。除了跨级会议外，他们还在世界各地举办了"全员"会议，以便从工程师、技术人员和经理那里获得直接反馈，并面对面地分享"一个福特"的产品驱动战略。一开始讨论有时是情绪化的，但建立坦诚对话很重要，诚实有助于建立信任。

每周的设计和质量评审常常离开孤立的会议室而去工厂车间、经销商、供应商和测试跑道处举行。"走出去观察"使得理解和共同努力渗入到日常工作，这大大提高了相互理解、团队合作程度和绩效。

B & SE 团队成员也开始与产品开发流程的上下游合作伙伴会面，他们与装配厂、冲压厂、原型车间和工具车间的操作员、技术人员和主管进行了交谈，他们目睹了他们的设计所带来的困难，并讨论了如何使它们变得更好。这为在整个价值流中如何完成工作提供了宝贵的见解,确定了需要协调的特定领域,并帮助团队了解如何改善其整体绩效和最终产品。

他们驾驶艾伦带来的竞争对手的车辆,并举行团队设计"巡演",在这一过程中,他们将福特汽车和对手的竞品车辆并排放置,并仔细梳理差异;整个团队参观汽车展,并评估当前和未来的车型。

B & SE 团队还直接从客户那里了解他们对产品质量的看法,由客户用自己的语言来评论他们在福特产品上发现的问题。相对简单易懂的评论直接分配给质量领导或经理,根据情况制订对策,审查和更新标准,并与团队分享调研结果。如果无法完全理解评论,工程师即前往该地点并通过当地经销商与客户直接交谈,更全面地了解具体问题并设计有效的对策。此外,工程团队与经销商及其机械师合作,通过优化设计来降低维修成本,以进行更有效的维修。

工程师和管理人员参加了野马(Mustang)(车展、赛道赛事等)和F150(越野赛事和其他体育赛事)等产品的客户活动,亲自研究客户如何使用车辆并获得直接反馈(无论如何,工程师通常都是这些活动的热心参与者)。他们与客户交谈,研究竞争产品,并回来与更广泛的团队分享他们的见解并制订战略。

B & SE 还举办了一系列详细的标杆测试活动,他们通过拆解和学习竞争对手的子系统和组件来研究福特和竞争对手的产品,这些活动由主要供应商、制造部门和产品开发组成的团队密切合作,为如何给客户提供更高价值提供广泛的视角。

携手共创"惠及所有人的盈利增长"

公司的目标听起来非常简单却难以实现:"致力于成为一家精益的全球企业,打造世界上最好的轿车和卡车,为所有人创造有利的增长。"但有一件事是肯定的,福特人是完成这项艰巨任务的关键人物,艾伦和他的执行团队需要利用这种能力。话虽这么说,如果要拯救他们所爱的公司,他们必须找到一种全新的团队合作方式。

宏观层面的共创

当艾伦加入福特时,福特里里外外的人都在等高层领导团队被全部换掉,这难道不是一个好的转型故事总会发生的事情吗?但也不尽然。尽管大家期望艾伦能够重新洗牌并带来自己的团队,但他保留了领导小组大部分成员，只有两个例外：一个是史蒂夫·汉普，福特的办公室主任同时也是比尔·福特的姐夫，另一个是马克·舒尔茨。艾伦觉得史蒂夫在他和他的团队之间创造了一个不必要的额外层级，马克自己选择离开。虽然艾伦没有换掉高级领导人，但他确实做了一些改组，确保合适的人在合适的位置，并能与其他人一起合作。

1. 组建团队

找到对的团队是高级领导者创造成功环境的主要活动，艾伦以非常有条不紊和深思熟虑的方式解决了这个问题。他选择了经验丰富、注重结果，并知道如何建立团队的领导者。为了实现以产品为主导的转型，他必须为全球产品开发副总裁这个高管职位找对人，他选择了德里克·库扎克。

虽然福特的产品在很大程度上遭遇了很多竞争，但福特在相对较小的欧洲市场却有一个亮点。作为福特欧洲业务产品开发副总裁，德里克让动能美学设计驱动产品振兴，这些产品具有最佳性能，成功地超越了欧洲竞争对手。他早些时候在日本马自达担任领导，已经对 LPPD 有了深刻的理解，德里克内敛、坚定、不张扬，他在技术上很敏锐，对福特未来的产品及产品开发机构都有明确的愿景。几十年来，福特第一次真正拥有一个全球领先的产品开发领导者。

2. 一个团队，一个计划，一个目标

艾伦迅速采取行动让组织聚焦。他的"一个福特"的运动不仅仅是口袋里的一张卡。从第一天起，艾伦就与他的高级管理团队一起发展了以产品主导的振兴计划来统一整个企业。他发起成立全球职能组织，以更好地利用全球的能力；他剥离了一些品牌（例如沃尔沃、捷豹、路虎）以提高领导力的聚焦；并通过有效的战略部署流程和不懈的沟通，努力让每个员工参与计划。他还实施了强大的"团队合作管理系统"，为"一个福特"计划注入了活力，更好地利用人才，改变文化，推动了企业整体向前发展。

3. 创建领导力节奏

艾伦管理系统的核心是他的商业计划审查（BPR）例会制度，这是他为了统一他的领导团队并在整个企业中设置工作重点而做的第一件事。每周四，艾伦召集所有职能部门和地区领导人一起审查商业环境、计划进展情况以及关键目标的状况，会上仅仅审查从上一周起发现的新问题和变化。该活动成为管理的"节拍器"，推动整个组织的管理活动，有规律的节奏是关键。艾伦打趣道："这个过程最重要的是我们下周还聚在一起，我知道届时你会取得进步。"

4. 很高兴让自己负责任

当艾伦第一次参加 BPR 例会时，他很高兴地看到他的高级管理团队热切地坐在那张大大的圆形桃心木桌子旁边。然而，他还注意到，房间周围的椅子上挤满了他以前没见过的人，这些人拿着笔记本计算机、活页夹和书籍。他问他们为什么在这，有人告诉他说他们可以提供执行官可能需要的一些参考数据或其他信息。艾伦说他非常肯定这些人有更重要的事情可做，除非一些高管不知道他们自己的业务发生了什么。后来的例会上再也没有出现支持人员。

5. 你无法管理不知道的事情

BPR 例会暴露出来的下一个主要组织问题是"福特没有问题，一个都没有"，艾伦惊呆了。尽管福特正在亏损数十亿美元，公司股价正直线跌落，市场份额持续下滑，在 BPR 例会上展示的所有报告都表明公司运转一切良好。经过几周的讨论，发现福特的真正问题是害怕承认问题甚至不敢获得帮助。在过去，指出问题的人经常在公司内受压制。艾伦从他在波音的经历中学到的是公司需要透明度并允许公开讨论问题。高层领导团队需要一定程度的透明度，可能几十年来在福特的高层领导间就没有坦诚。艾伦指出团队的问题并明确了他的期望。

最后，美洲区总裁马克·菲尔德提出了一个车辆发布时遇到的严重问题，所有人的目光都集中在艾伦身上，屏住呼吸，他们都在想这下马克完了。而艾伦开始鼓掌，然后在房间里走了一圈，询问谁可以帮助解决这个问题。这个故事像野火一样快速传遍了整个组织，许多老福特人对他们可以提出问题并获得帮助仍持有怀疑。然而，随着时间的推移和领导始终如一的支持，发现问题成了大多数组织的普遍做法。艾伦不断提醒组织，我们可能有一个问题，但"你"不是问题，"你"是解决方案的一部分。

6. 走向全球

在加入福特之前，艾伦以为福特是一家全球公司，但他很快意识到，这只不过是不同区域的公司的集合，只是碰巧用了相同的名片。除了实施 BPR 之外，他还迅速将组织（产品开发、制造、营销等）全球化，并为每个组织确定了单一的全球领导者。这一举措对于福特利用其全球人才基础及其规模至关重要（对第 3 章 "固定与灵活"中讨论的标准化和平台战略也至关重要）。

7. 产品开发组织

福特过去曾尝试过众多产品开发组织结构，公司最终确定使用矩阵组织结构，利用强大的职能组织进行深度学习，但将注意力集中在总工程师（CE）及其产品项目上（在第 4 章"建立高效团队，培养团队成员"中进一步讨论）。职能团队关注培养优秀人才，而 CE 则关注开发优秀产品。CE 决定产品要开发成什么样，而职能团队则研究如何实现这一愿景，通过 CE 将各职能部门拉到一起。矩阵组织在不同组织中看起来都类似，而最大的区别是组织的软性能力，在福特，职能团队认为他们的工作就是让项目成功，这是他们的判断标准。这种以产品为核心的矩阵支持方式渗透到整个组织，决定了日常行为、决策以及奖励的方式。这种矩阵组织的合作水平在旧的职能组织中非常罕见。

微观层面的共创

1. 车身和冲压工程：通过产品聚焦来统一全球组织

我们已经讨论了 B & SE 组织的独特结构。起初，全球化增加了一层使组织变复杂，而将这个多元化的全球工程团队团结在一起的关键是对产品的不懈关注。工程是专业性很高的领域，工程师很容易陷入他们自己专业细节中，而忽略了他们对整个产品的贡献。这种情况发生了改变，团队必须重新架构组织的目的，并且技术娴熟的工程师和技术人员必须围绕创建最佳产品作为目标，而不仅是优先完成其本专业职能的工作。设计工作室成为直接客户，而不是敌人，这意味着从只给出不可行理由和否决有趣的设计功能的下游工程思路，转向到跨职能部门合作，去交付福特历史上最引人注目的设计。这意味着与车辆总工程师合作，了解并实现特定产品的愿景。以这种方式工作很困难，而且经常引起争议。但它的回报也是旧的工作方式无可企及的。随着人们开始对自己的产品感到自豪，它在各职能组织之间建立了牢固的联系。下面举一个跨职能团队如何处理新的 Fusion 汽车的例子。

总工程师对全新 Fusion 汽车的目标之一是为中型轿车类型车创造令人激动的造型。这是设计工作室的主要任务。特别让人头疼的挑战是沿着整个车辆外部延伸的特性线（一个尖锐的折痕），线路的清晰度和连续性至关重要。这种新的造型线为制造带来了严峻的技术考验，在过去肯定会被拒绝，因为这是不可行的。然而，冲压工程重新设计了模具以使其恰到好处，并与工作室设计师一起，审查了制造冲压模具车间中的早期涂漆面板（迪尔伯恩工具和模具 Dearborn Tool and Die），经过长期摸索，这个团队终于让每个细节都做得恰到好处。这不仅是设计师第一次进入工厂，有几个人甚至没有意识到福特还有这样一个工具车间。Fusion 汽车继续重新定义中型汽车造型并被广泛复制。

2. 外围企业：配对和修复供应商关系

产品和流程开发并不止于公司内部，在汽车行业，与大多数行业一样，供应商在开发新产品方面发挥着关键作用，到 2007 年，福特在年度供应商 OEM 关系调查中排名倒数第一。供应商最不喜欢与福特合作，福特数十年来与供应商长期的对抗关系，缺少计划数量，不尊重供应商的技术和能力，导致了一种不健康的对立关系。更糟糕的是，供应商经常对如何与福特合作感到困惑，诸如工程和采购部门提供不同的信息，让供应商沮丧并导致巨大浪费。工程师们专注于突破性的技术创新，而采购却则只关注成本。

工程和采购领导人会面讨论可能的对策，他们提出了一种创新的配对流程，根据每个组织专业人员的专长进行配对，首先将全球工程总监与全球采购总监进行配对，然后自上而下地将每个组织中每个职能的领导者相互配对。配对伙伴对交付项目负责，制订长期战略，并实现削减年度成本的目标，他们还用同一声音与供应商交流。总监级的配对共同组织每周一次的配对会议，配对的领导团队负责解决项目成本问题和供应商绩效问题，并制订了每种商品的业务计划。

配对策略不仅改善了福特与供应商的关系，在年度美国汽车制造商调查中将公司从最后一名提升到第一名，同时也让福特通过在技术和商业方面的工作降低了成本，以及提高了供应商绩效，这对于工程和采购来说都是一个巨大的教育过程。我们将在第 4 章进一步讨论配对流程。

3. 在 B & SE 中创造更有效的管理节奏

人们对艾伦的 BPR 给予了极大的关注，这是理所当然的。然而，若只停留在组织的最高层，则只能看到冰山一角。系统不能仅限于一小撮最高级管理人员，它应贯穿整个企业，从艾伦到高级副总裁，到总监，到总工程师，再到公司和世界各地的经理和工程师。他们有相同的计划，聚焦于一致的优先级，并使用相同的标准模板和相互依赖的指标，最重要的是，他们在 B & SE 团队中保持同样水平的透明度和坦诚。他们组织了一个 B & SE 大部屋（obeya），在墙上他们贴满了每周要审查的项目重要数据以及每周达成的情况（在第 1 章和第 2 章中进一步讨论）。他们还与其他关键机制紧密结合起来，例如设计评审、开发里程碑审查和配对会议，他们创建了一个强大的、有节奏的管理系统，使 B & SE 团队能够推动业务的发展。

4. 同时创建优秀的产品和团队

全球工程组织认识到需要加倍努力发展技术卓越性，以前的领导制度更重视个人"创业精神",远远超过对技术能力的重视,甚至将许多关键技术任务外包。工程师们还认为,获得晋升的最快方式是在竞逐管理职位中换工作。外包思维加上工程师的职涯策略以及较大的组织变化,导致许多重要领域严重缺乏技术能力。

在某些情况下,工程部必须从外部雇用所需技能的人才,但很明显,这不是一个长期的解决方案。各个工程学科领导者与其人力资源合作伙伴密切合作,为每个工程学科开发出技能获取模型,他们指派技术导师定期与团队成员会面,他们甚至做得更深入,阻止那些试图通过任意变更职务而想获得升职的工程师。虽然这似乎是一种阻挠工程师的策略,但却为大多数努力掌握其技术专业的人带来新的希望。

创建单一的有竞争力的全球开发流程,以成为全球竞争组织

如前所述,福特在不同地区的产品不仅有所不同,而且其产品开发流程也是如此。地理上的产品相互独立以及全球缺乏共同的开发流程,使福特没有真正利用其全球规模来和最佳的竞争对手竞争。因此,建立一个有竞争力的全球开发流程的急迫程度排在首位。

创建全球产品开发流程的宏观层面

福特产品开发系统(FPDS)最初试图成为一个全球系统,不幸的是,它在每个地区发生了非常不同的演变。它在任何一个地区都不是很有效,并最终变得臃肿和官僚且令人迷惑,连项目团队理解起来都费劲,更不用说用它来导向了。结果是错过了里程碑,工程晚期出现变更,沮丧的开发团队以及延期和充斥问题的发布。

FPDS的弱点是由创造它的过程及其背后的思维方式所造成的。在努力提高福特产品开发绩效的过程中,各个幕僚团队制订了许多严格的规则,以及对这些规则进行的审计计划。他们建立了一个里程碑模型,因为它似乎是一种有效的控制方式(第2章"快速而精准地交付"中提供了更好的里程碑和设计评审方法),团队需要通过里程碑评审(一些公司称为关卡),公司小组可以定义审核标准以强制执行。多年来,负责FPDS的各个团队重复地将"最佳实践"放到里程碑评审中,以至于为了通过里程碑甚至理解里程碑要求,工作就变得非常复杂和繁重。虽然意图是好的,但复杂性使问题难以识别而一直被隐藏,往往要到晚期才被发现。

福特决定彻底重新设计开发系统,从一张干净的白纸开始,目标是创建

一个真正的全球产品开发系统。几个月后,吉姆组建了一支强大的跨职能团队,他就产品开发的每个主要职能,从思想开明的人以及有先进系统经验的人那里寻找意见领袖(如其中两名成员曾到日本多年进行马自达项目的工作),但最重要的是,每个人都是特定学科的专家,并了解开发新车必备的条件。

团队的第一步是共同学习,并建立一个共同的愿景,了解流程需要成为什么样子。GPDS 团队访问并评估了所有福特品牌,从沃尔沃到捷豹,从地区到全球。当时福特拥有马自达的大量股份,因此能够详细对标马自达的流程。该团队还会见了许多第三方产品开发专家,并研究了多个行业的产品开发,以充分了解产品开发中可能的技巧。团队最终选择了马自达的精益开发流程作为 GPDS 的基础,同时整合了沃尔沃虚拟系列等最佳实践。福特修改了沃尔沃方法,并与主要技术供应商合作,开发了一套高度定制的虚拟现实和以实物为本的设计工具,来支持端到端的流程。

车辆的整体开发系统被分为新车上市所需的主要"工作流":车身开发,电子电气开发,底盘开发,原型设计,车辆测试,制造工程和发布。

参与流程开发的领导者成为"工作流"的领导者,他们要为他们本专业领域开发 LPPD 流程,并获得他们本职能部门的承诺。团队组织了一个可视化会议室(大部屋),以便跨职能部门能分享工作流和鼓励合作(大部屋将在第 1 章开始讨论,是"快速而精准开发"的关键)。大部屋使团队能够在墙上直观地安排过程,让团队专注于关键问题,在问题变得严重之前预测到问题,并更好地整合其工作。墙上贴满了工作流所组织的对标信息,随着墙壁上充满了信息,团队成员对福特和马自达之间的巨大差距感到惊讶并有点沮丧,但他们也知道了该把精力放在哪些问题上。

大部屋最初的目的是帮助团队可视化流程,并帮助开发全球产品开发系统,但它也有一些意想不到的好处。GPDS 大部屋也成了福特领导者最喜欢去的地方,他们想知道产品开发的进展情况。有差距则马上被清楚地展示出来,并能立即制订对策,个别工作流领导者就他们正在进行的工作进行讨论。在这个房间里发生了许多严峻的辩论,处理了许多棘手的问题,虽然不一定每个人都达成一致,但所有人都积极地参与其中。它也是后来用于管理实际开发项目以及全球职能组织的大部屋模型。

在开展主流产品开发项目的同时,在各个领域也花了不少时间小规模地试点这些想法。通过对"正在进行中"项目的试验,团队了解了哪些有效,哪些无效,并相应地对 GPDS 进行了调整。这些先导试点的结果,有助于展示未来所将进行的变革过程，同时也向组织传播改变正在发生的信号。

创建全球产品开发流程的微观层面

建立企业级 GPDS 流程是必要的，但这远远不足以改变实际开发项目的运行方式。为了支持 GPDS 的交付要求，每个职能组织都必须完成更详细的工作。为支持更苛刻的交付周期，成本目标和质量要求，对新能力需要有一条显著的学习曲线（这里所使用的方法成为其他公司的成功方法的基础，将在第 9 章"设计你的未来"中讨论）。

作为起点，每个职能部门都必须制订计划，以实现成本、质量和时间目标。每个职能都需要了解其起点，因此每个工作团队都会创建他那一部分产品和流程开发流程的详细当前状态价值流图，这些通常是为期三天的活动，团队使用便利贴和大量绘图纸来绘制典型的产品开发项目中的关键流程步骤和信息流。他们还对来自世界各地（汽车行业内外）的工程、原型设计和模具操作进行详细对标，通过差距分析找到改进机会。

由于 B & SE 团队找到了很多机会，因此他们使用优先级图对其进行优先排序，并着手更深入地理解问题，这就需要制订对策并与同事讨论。他们利用这个机会教给团队创建 A3 问题解决报告的精益实践：一份 A3 大小纸张的单页报告，报告仅包括理解流程所需的关键点，A3 报告最后总会有时间限制的实施计划。让团队成员强制使用 A3 报告的原因是使他们的思维清晰，并能够与其他团体进行沟通。A3 由创建它的牵头人维护，以获得利益相关者的意见和共识。

绘制价值流图练习的一个典型的好处，是防止工程小组或个别工程师因过早、还未成熟就完成并冻结他们的设计，而后因设计问题导致大量返工浪费。工程师常常会选择一个设计概念，详细分析设计，并生成详细的 CAD 模型，但后来却发现设计与界面子系统的设计或现有的制造能力不兼容。因此，该团队采用了一种称为完工前兼容性检查（CbC）的原则来对抗这种趋势，这是在过早冻结设计之前从多个角度考虑产品的方法（这将在第 2 章中详细讨论）。在设计前端增加的额外工作的结果，是可以消除下游的大量浪费和加快上市速度。

团队和供应商非常开放地分享了 GPDS 要求和最佳实践，他们还坚持不要求供应商做任何他们不能做或不该做的事。这一原则促成了福特内部工具和模具车间的转型，详见第 4 章。虽然少数供应商自行选择离开福特业务，但大多数人都重视这样的机会以及用所学到的知识来帮助他们改进自己的流程，这种合作加强了供应商与福特的关系。

结果：福特的未来状态

回顾穆拉利时代，我们可以看到福特的转型结果是令人印象深刻的。一些作者甚至称其为"美国商业史上最大的企业转型之一"。然而，有许多外部分析师错误地将福特的成功单独归功于穆拉利的战略决策，他们没有意识到这是一个由产品主导的振兴，需要组织各个层面人员的承诺。结果是，转型仅成了美国的标志性案例，福特回归为一个蓬勃发展具有全球竞争力的公司。例如，福特是2017《财富》杂志全球最受赞誉公司名单中排名最高的北美汽车公司。

结果：宏观层面

1. 开发能力

到2010年，GPDS流程已经帮助减少了50%的后期工程变更，减少了超过25%的项目交付时间，降低了60%的总开发成本。并且该流程推动开发了大量福特历史上最令人激动和最受赞誉的产品。

福特的平台工程能力的提升也对这个结果有贡献，例如，福特将车辆平台数量从2005年的27个减少到2014年的12个，2016年减少到9个，它们同时支持更多的单个产品品牌，并显著改进每个产品的效率和性能属性。

2. 财务业绩

财务业绩显著：

- 利润从2006年的170亿美元亏损增长到2013年的86亿美元。
- 毛利率从2006年的2%上升到2013年的13%。
- 平均每位员工的销售额从2006年的533743美元增长到2013年的811656美元。
- 股票价格从2006年艾伦加入之前的6.65美元上涨到2013年12月的17.00美元。
- 福特的信用评级从2006年的垃圾级别变为2013年的投资级别。

也许最重要的是，福特的每辆车的利润（交易价格指标）从每辆车的损失变为仅次于丰田的第二名，比通用汽车每辆车的利润高出66%。

结果：微观层面

1. 精益实践的结果在微观层面同样令人印象深刻

- 工具设计和工程交付周期缩短了50%。

- 每个模具的工具成本降低了 55%。
- 内部工具和模具质量问题减少了 80%。
- 工程生产率提高 20%。
- 冲压材料利用率提高了 10%。

2. 产品质量和工艺得到改善

- 车身工艺（贴合度和光洁度）和感知质量大幅提升。
- 每千个车身外观零件的维修需求减少了 53%。
- "出错的地方"（TGWs）减少了 30% 以上。

3. 这些微小但重要的品质因素也提升了福特客户满意度

- 福特获得了国家公路运输安全协会对汽车制造商安全评级最高的五星评级。
- 2013 年，Fusion 汽车凭借白车身/闭合装置卓越的设计和制造获得了汽车卓越奖，并且是一个五星级的顶级安全选择
- B & SE 团队交付了 2015 款野马和 2015 全铝 F150 等级别领先产品。
- 福特车身外观团队凭借强大的供应商合作伙伴关系赢得了首屈一指的汽车供应商贡献奖。

除了这些成就之外，在差不多同一时间，福特的一项调查表明 B & SE 员工满意度指数提高了 26%。实施业务和工程实践不仅带来了更好的产品和更高的效率，它们也让福特 B & SE 成了一个更好的工作场所。

展望未来

福特鼓舞人心的故事展示了以产品为中心转型的潜力，它还表明，这种革新不仅仅是简单地规定了一套照搬硬套官僚规则的结果，这是一项艰巨而复杂的工作，需要努力的工作和严格的纪律，并使整个企业参与进来，但这是值得的。

虽然取得结果的大小可能不同，但我们相信，即使没有破产的威胁，任何行业的任何公司都可以完成福特所实现的产品主导型转型。我们在本书中包含了来自各行各业的许多其他组织的示例。

任何以产品为主导的转型都必须首先对组织的当前状态进行坚定的检查，它从深入了解客户和产品开始。在第 1 章中，我们将分享几个实践 LPPD 的组织实现这一目标的案例。

你的反思

我们将在下面的章节中开始我们有关反思和采取行动的标准模板，从第1章开始，但任何好的案例研究都值得反思：

1. 列出福特案例中关于成功的产品主导转型的3~5个要点。
2. 你是否有像艾伦·R.穆拉利这样的首席执行官，对产品开发充满热情，并且能够建立一支成功的团队？
3. 如果没有，谁是能够领导向卓越产品开发转型的最高级别的高管？
4. 你已经开始采取哪些类型的举措来提高产品流程开发的卓越性，这些举措主要是为了官僚系统，让事情变得更难，还是支持卓越的产品开发？

参考文献

1. Bryce G. Hoffman, *American Icon: Alan Mulally and the Fight to Save Ford Motor Company*, Crown Business, New York, 2012.
2. Bill Vlasic, "Choosing Its Own Path Ford Stayed Independent," *New York Times*, April 8, 2009.
3. Gerhard Geyer, *Ford Motor Company: The Greatest Corporate Turnaround in U.S. Business History*, Create Space Independent Publications, June 2011.
4. "The World's Most Admired Companies for 2017," *Fortune*, February 16, 2017.
5. Hoffman, *American Icon*.
6. *Ford Annual Reports*.
7. https://marketrealist.com/2016/03/fords-product-mix-reflected-gross-earnings-margins.
8. Gale Business Insights: Global.
9. http://shareholder.ford.com/stock-information/historical-stock-price.
10. https://malmc.org/documents/2014Presentations/LaborAffairsRoleinRestructuringFordMotorCo-MartinMulloy.pdf.
11. Michael Wayland, *Detroit News*, February 22, 2015.
12. Ibid.
13. http://www.fabricatingandmetalworking.com/2013/06/schuler-incorporated-wins-2013-automotive-news-pace-award/.

第1章 开发正确的产品

> 最没用的事就是有效率地做根本不应该做的事。
>
> ——彼得·德鲁克

> 这就是顾客花钱让我们为这些细节操心的原因,所以他们很轻松又愉快地使用我们的计算机。我们应该很擅长此事,这并不意味着我们不会倾听顾客的声音,但当他们从未见过类似的产品时,他们很难表达想要什么。
>
> ——史蒂夫·乔布斯,苹果创始人

截至目前,诸如此类的产品清单已众所周知:福特 Edsel、庞蒂克 Aztek、新可口可乐、水晶百事、惠普 TouchPad、苹果 Newton,以及微软 Zune(我们甚至可以再持续列举)。产品造成的灾难导致了数十亿美元与无数小时的人力浪费,产品的销量不仅极差,某些个案更造成品牌严重的损害,需耗费多年力气才能够复原。

上述的例子虽已年代久远,在今日高科技与信息密集的环境底下,企业对顾客已有极为深入的了解,离谱的错误应不可能会再发生,对吧?嗯,也许还是有一点可能性:

- 三星的 Galaxy Note 7 手机因电池瑕疵引发爆燃事件,导致三星大规模召回产品,最后造成23亿美元损失。
- 2014年亚马逊的 Fire Phone 手机售价从199美元下跌至0.99美元,但依然造成1.7亿美元损失。此手机在2015年停产。

- 2013年谷歌眼镜（Google Glass）非常酷炫，但仅少数人想佩戴智能眼镜。
- 2013年露露乐檬的运动长裤Astro Pants过于薄透，几乎透明可被看穿，从而导致部分产品被召回。
- 2013年汉堡王的健康薯条Satisfries比普通薯条的热量低，粉丝也少。
- 2013年谷歌的Nexus Q，是一台过于昂贵的球形媒体播放器，这个产品在几乎要出货的时候被决定停产。
- 2014年耐克的运动手环FuelBand无法在百家争鸣的健身装置市场中和对手竞争。
- 政府项目，如：F35联合攻击战斗机或是杰拉德·福特号航空母舰（尽管成本超出原有预算数亿美元且延宕多年），这些项目仍无法接近预期的结果。

上述这些仅是备受关注的商业上的失败。市面上仍有数千个我们从未听说过的失败产品。

事实上，多数新的产品鲜少符合期待（虽然不一定会失败），即便资深的行政主管对新产品投入前所未有的关注。根据一份麦肯锡公司（McKinsey & Co.）的调查，全球84%的行政主管认为创新对公司的成长极为重要，而令人震惊的是，94%的主管对于他们组织的创新表现感到不满意。

这是如何发生的呢？我们把更多的资源与注意力投入在创新上，也取得了前所未有的丰富的客户信息来制订复杂的销售与市场策略。

然而，产品还是很少符合预期。我们认为更多的信息、更多的复杂性，以及更多的资源，并不代表更好的表现，就某种程度而言，其实是不足的。我们的经验显示，多数的组织并未投入足够的时间真正且深入地了解他们的顾客，也没有在产品细节开发之前，花费足够的时间了解关键知识。

1.1　前期负载

我们采用《丰田产品开发体系》一书中的一个原则："前期负载"，丰田将此流程的第一步称为"检讨（kentou）"或"研究阶段"。为了撰写这本书，我们研究了一些公司，我们发现丰田的名字从众多公司中脱颖而出的原因在于丰田花费大量的时间深入研究顾客，以及其使用每一个产品的情境。调查是一段非常紧张的时期，它由资深工程师组成的一个小型已具备相当知识的团队所领导，这个团队在整合出最终的设计前，会广泛地搜集信息，并发展多种可能的设计。

"研究阶段"在详细的工程设计前会问一些基础问题，例如：

- 这个产品试图解决什么问题？
- 哪些特征是最为关键或重要的？
- 这个产品将如何为顾客创造独特的价值？
- 这个产品将大概在什么场景下运作？
- 这个产品将如何超越我们的竞争者在下一个循环中所可能会创造的东西？
- 我们的知识缺口和明显的风险是哪些？
- 我们计划如何执行？

我们认为研究阶段是丰田产品开发体系中最重要的部分。毕竟开发出错误的产品，是最糟糕形式的浪费，它将浪费整个公司许多产品开发的时间、金钱与人力。

丰田每一个产品开发的前端核心，是一位负责任的领导人，称为总工程师（Chief Engineer，CE）。我们在《丰田产品开发体系》一书中分享了许多故事，关于总工程师如何带领团队深入了解客户，以及如何开发产品愿景来为客户创造独特的价值。在丰田有一个著名的故事，是塞纳（Sienna）多功能小型两厢车的总工程师亲自驾驶丰田现有的车型穿越美国、墨西哥、加拿大的各个州（省）。他研究了家得宝（Home Depot）外的顾客，看他们如何努力地将复合板塞进稍显狭窄的后车门。此外，当他驾驶着那辆备受瞩目的汽车横越北美大平原时，他亲身经历了大风的呼啸。他观察到长途旅行中每个乘客都会需要杯架，也见证了吸引儿童注意力的重要性。丰田多功能小型两厢车在美国的销量落后于本田奥德赛（Odyssey），然而，这样的下滑却刺激了丰田的许多创新，最终开发出超越奥德赛销量的车款。

对许多公司而言，工程师针对销售与市场人员提出的设计概念来开发产品，这些设计概念来自于销售与市场人员仔细检查大量数据，并试图了解顾客的需求。在丰田，销售与市场人员则服务他们最重要的顾客——总工程师，数据固然重要，但总工程师也希望可以借由直接观察，亲自体验顾客和产品的互动。在丰田，总工程师了解技术和可行性，体会顾客感受，了解驱动成本的因素，并能为产品发展描绘愿景。

我们也分享丰田发展早期草图或检讨图（kentouzu）的做法。大体上，这些图是手绘草稿，工程团队在研究阶段时利用它们来攫取、交流各种设计提案。工程团队成员同时也参与简单的快速制作原型和试验，以帮助团队了解项目中高风险的地方。

上述所有工作的重点，是在大量的人力与财务资源投入产品之前，在早期产品开发阶段就先找出/填补团队会遇到的关键知识缺口。

尽管团队找到了新产品或服务的可能性，但仍有许多未知。研究阶段的目的，就是让团队成员可以充分了解顾客、环境和产品，同时了解他们可能会遇到的风险与挑战。产品开发前端的努力将为团队打好基础，以制订创造成功产品的计划。但这不代表团队将拥有所有问题的解答——事实上一点也不！在开发过程中，团队将持续地学习，这意味着团队将至少有一个强而有力的概念，了解他们的产品将如何成功地为顾客创造特殊价值，与创造这个价值的合理性高的开发计划。

从我们先前的研究开始，我们有机会与众多产业的公司合作，因此让我们得以在我们已知的事情上面建立与完善我们在研究阶段填补关键知识缺口的想法。我们从成功的公司在新产品开发计划前期所采取的行动中，得出四大项活动：

1）努力于深入了解
2）生成潜在方案
3）通过试验学习
4）在执行之前汇整、同步与号召人员。

1.2 努力深入了解

在新产品或服务开发的早期阶段，我们有一个简单的建议：不要假设你了解全局。努力深入了解你的新产品要成为什么样子。如同开头的引言中，乔布斯所观察到的，你要超越顾客期待的需求，比顾客更了解他们所需，以及了解如何去填满那些尚未被满足的需求。而"现场"，即顾客所处的位置，是最棒的观察领域。将你自身融入顾客的环境，以便获得产品或是服务如何创造最佳的顾客体验的关键性的见解，了解产品或是服务如何最有效地解决顾客的问题，或者如何比竞争对手更能提供完成顾客任务的解决方案。

1.2.1 到现场观察

当查尔斯（查理）·贝克（Charles/Charlie Baker）被指派为本田第一位负责全面改款的美籍总工程师（又称"大型项目领导人"）时，他被送到日本训练。查理原本预期他将花费时间在公司的技术中心，学习最新的系统与技术来设计开发新车款。然而，事实与预期不同，一位资深的总工程师被指派为查理的导师，带着查理离开技术中心到东京。当他们走在东京的街头时，这位导师请查理描述他所见的事物。查理开始描述触目所及的车辆与特征。导师说"不，不，你看到了'什么'？不要告诉我任何关于汽车的事情。"查理最后才搞懂导师所说，开始描述街上的人们以及他们如何应对交通、如何欣赏某些汽车，以及如何上下车。查理学习到如何观察对顾客真正重要的事情。查理的导师接着鼓励他将视野放到车子之外，真正研究顾客以及他们生活中的不同面向，了解他们的价值观与选择为何，以及如何善用这些观察帮助创造引人注目的产品。查理认为"重点在于了解人——你的顾客，以及他们的价值观与选择，其他的事情都是旁枝末节。"

"到源头的现场观察"是经典且简洁的精益建议，但它在产品开发中的重要性不亚于工厂车间。不要只依赖市场报告或是焦点团体摘要。亲自到现场观察、了解顾客的需求以及产品被使用的场景。

"到现场观察"并非走马观花式地做笔记，要加强你的观察技巧，以及和你所遇到的人事物互动。到现场观察也不是单纯地向顾客询问他们想要什么——了解需求不是消费者的工作，是你的工作。因此，请将自己沉浸在顾客的世界中。

亲身体验的经验非常强大，它蕴含着无限的创新潜力，使你能开发出与众不同的产品，并为客户创造独特的价值。在我们的《丰田产品开发体系》一书中，我们描述了丰田塞纳多功能小型两厢车的总工程师如何运用"到现场观察"的策略，以了解产品如何解决顾客问题，或帮助顾客完成任务。但当你的产品目标是要传达情感经验时又该怎么做呢？

1.2.2 沉浸于提供情感式顾客体验

威利·戴维森（Willie Davidson），哈雷·戴维森（Harley Davidson）的前资深副总裁与首席外观设计长，曾经说过"造型跟随机能，但是造型与机能皆与情感相通。"不可否认的是，情感联结在顾客购买决策与产品体验中扮演重要的角色。然而，要获得这个难以捉摸的特质——就像完成不可能的任务——对很多产品而言，已被证实是相当困难的。

福特野马的设计全部都和情感联结有关。顾客购买野马并没有逻辑性的理由，市面上有更多合理的交通工具供顾客选择。拥有和驾驶福特野马是顾客要的体验，但却无法言喻且难以量化。例如：拥有野马对顾客来说，是个人主义在全世界可被看见的宣言。因此，你将如何着手了解顾客期待从野马获得的情感体验与个人认同呢？我们虽然没有一个有步骤可循的方程序可供参考，但我们相信，戴夫·伯里亚克（Dave Pericak）在深度了解顾客，打造引人注目的愿景，以及成功创造出2015年野马的经验中，有许多值得学习之处。

当伯里亚克刚开始接任野马总工程师角色，并负责开发下一代车款的时候，野马在销量上远远落后位居第一的科迈罗（Camaro），且已经连续五年败给雪佛兰（Chevrolet）的产品。野马很明显地和它的顾客群体失去了情感联结，而伯里亚克必须找到方法重新建立这个丧失的联结。

伯里亚克表示："野马的追随者就像偶像崇拜一般，对野马有着宗教般的狂热，如果有什么地方没有做好，他们会马上察觉，而且他们会毫不犹豫地让你知道。"现在，遍布世界各地有超过250个野马俱乐部，成员十分严肃地对待拥有野马这件事。然而，野马已失去它过往的"魔力"，顾客毫无疑问地让福特知道了这一点。

伯里亚克自从有记忆以来都是一位"野马人"。他拥有过、修复过数辆野马，甚至坐在野马里向他的太太求婚。事实上，野马是他加入福特的一个原因之一，他和野马一起生活，也和野马一起呼吸。尽管伯里亚克和野马一起成长，但他了解到他需要花费时间深入研究与思考野马跟顾客之间的情感联结。他需要知道野马是哪里出了差错，使核心客群对它丧失信心。他需要到现场观察并和所有类型顾客对话。

他开始参与全国的野马活动，聆听野马在家族中传承数代的所有热情洋溢的故事，以及野马如何与车主的生命交织在一起的故事。他研究"人"，从顾客使用牙刷来清理爱车，体会到车主对野马的骄傲与热情。当发动机发出低吼声时，伯里亚克和车主一同开怀大笑。伯里亚克看到人们身上的野马刺青，他发现那是野马的发动机舱盖上精心制作的喷漆图案，且几乎是独一无二的艺术品。伯里亚克见证了方向盘后面那些顾客的转变。

从这些观察中，伯里亚克开始了解野马对这群人的意义。野马是顾客表达自我的一种方式，顾客借由野马展现他们的肌肉和个性。伯里亚克知道，下一代野马的每一个细节，都必须和这原始的情绪表达有关。此外，伯里亚克也了解到任何不会提升顾客表达自我的设计，都不属于野马，因此，他会通过以下问题持续挑战产品开发团队的决定：产品是否能表达独特个性？看起来是否强壮？是否够大胆和前卫？是否能表达野马的精神？因此，当任何产品开发团队的决定无法对以上问题说是的时候，就必须被舍弃。

伯里亚克更做了一些在这类型跑车上很少会做的事：他与女性团体会谈。戴夫认为野马在过去忽略了女性作为客户与意见领袖的角色，而这是一个巨大的错误。他想从女性的视角了解，为何有些跑车能让女性共鸣，有些却让她们感到被冒犯。在一次讨论结束后，伯里亚克试图总结他所听到的女性们的意见："所以你们的意思是你们喜欢坏男孩，但不喜欢混蛋。"她们在大笑完之后回答道："完全正确！"

借由这些讨论，戴夫体会到如果车辆的外形较为凶悍好斗，将无法让女性产生共鸣。但如果它看起来较为迷人，带点大胆、强壮与自信的元素，将吸引女性的注意。这些谈话对新一代野马的外形设计有着相当大的影响。伯里亚克与他的团队会检视设计概念并问："这个设计凶悍吗？还是自信与强壮呢？"他与团队经常在野马造型设计审查前期让许多相同的女性来参与，这些交流从根本上改变了整个专案的设计语言。

伯里亚克与他的小团队开始仔细检视每一个他们所学习到的信息，尝试了解野马是如何失去它的魅力的，更重要的是，如何找回过去的"魔力"。根据团队共同的经验和学习，很清楚地，他们认为，野马必须更加强壮、独特与大胆。在此同时，开发人员亦相当谨慎，避免创造出看起来会惹怒人或是卡通化的外形。它必须显眼，展现出野马衷于根源的真实精神，而非假装成它不是的东西。它必须同时挑战界限，并成为车主表达自我的来源。它的每一个细节都必须非常的"野马"。

很明显地，重建野马的情感体验，必须从艺术的造型设计开始。伯里亚克必须把这件事做对才行，于是，他前往野马首席设计师克马尔·库里克（Kemal Curic）的办公室，他们从头到尾看一遍概念草图与比例模型。他们选择底特律市中心的乔·刘易斯拳头纪念碑（Joe Lewis Fist Monument），以它作为无畏、勇气和力量的象征，并体现在野马的设计中，这个象征代表着 1965 年问世的斗士和原始野马的独立开创性。来自伯里亚克、库里克和团队数百个决策的细节，成功将野马的这种体验传递给顾客。

我们分享以下计划中的三个决策：

1. 设计正确的外观

在外观设计中，能刻画出潜在力量的部分，很大地来自于野马后轮上方的"车尾"。它让野马看起来已准备就绪，随时可向前狂奔，强壮的车尾线条是必要的设计提示，也就是后轮上方汽车后段四分之一的区域。设计团队尝试了无数的版本才找出使它恰到好处的设计。

当然，外观并不是销售汽车的唯一元素，设计必须可制造。不幸的是，有些外观很棒，但却无法制造。野马后段四分之一的表板设计，让冲压极具挑战性。伯里亚克并不愿意妥协，他直接向车体与冲压团队求助。过去车体团队可能会因为不可行而对设计投下否决票。但为了实践这关键的设计特性，一组小团队被指派共同开发若干重大创新的冲压工序，团队最后终于让野马在静态中依然具备动感。

2. 在关键的客户特征上绝不妥协

伯里亚克明白顺序闪烁式后方向灯是野马设计 DNA 中代表性的一部分。伯里亚克表示："在外头可能是一片漆黑的情况下，一旦你开启方向灯，你会马上知道这是一辆野马"。当时的问题在于采用这种方向灯会让该项目超出预算 20 美元，伯里亚克也承受着把此设计从项目中移除的巨大压力。

如同伯里亚克所担心的，资深领导层最后指示把顺序闪烁式后方向灯移除。他拒绝，并且说："你有权利把我从这个位置拔掉，但是你把我放在这个位置是有原因的。我代表的正是客户，而我明白这些尾灯的重要性，我是不会把它们移除的。"在一阵尴尬的沉默后，领导层开口说："好，可以保留这些车灯，但在下一次会议前，你欠我 20 美元。"于是，伯里亚克与吉姆的车体团队以及其他工程团队，从其他地方弥补超过的成本预算，而实现了这个方向灯。为了完成对的事，伯里亚克愿意赌上自己的工作（我们将在第 5 章探讨这类关于领导力的勇气）。

3. 在汽车的功能中传递感情

坐在野马中按下起动按钮，感受到发动机低沉的隆隆声了吗？现在踩下油门，它的低吼加速了你的脉搏，让你全身起鸡皮疙瘩，这正是汽车的强劲性能给人的感受，既纯净又简单。野马的发动机声可以给人这样的感受并非意外，那是伯里亚克与动力系统团队调校了超过五十种排气系统才达成这样的声音，发动机声浪是野马体验的一部分。这让我们联想到已经注册成专利的哈雷发动机声。

伯里亚克指出："它必须是一个召唤你的设计——一个你必须拥有的产品。一个百分之百展现的野马，它也不会尝试变成其他任何东西。那是一种联结史蒂夫·麦奎因（Steve McQueen）的《浑身是胆布利特》标志性肌肉车和乔·刘易斯拳头纪念碑的情感经验。"

伯里亚克生活于野马文化，也呼吸着野马文化，他深刻了解顾客以及什么是对顾客重要的元素。凭借着这些知识，他战斗，推展，并扛起产品的全责，他努力搏斗对抗管理层的压力，不轻易妥协，甚至不惜赌上自己的工作。这与借由品质机能展开、市场调查，或是焦点团体的数据等工具来传达顾客声音的方式大相径庭。数据与这些工具固然有帮助，但它们无法取代深度了解、愿景、与领导力。

伯里亚克的努力带来巨大的回报，野马在 2015 年的销售量较前一年进步 49%，同时：

- 野马在 2015 年胜过科迈罗销量 37%。
- 截至撰写本书之时，野马销量持续超越科迈罗和道奇挑战者（Challenger）。
- 在撰写本书之时，野马依然是世界最畅销的跑车。
- 野马在"梦想之车"排行榜中位居第一，领先特斯拉 Model S 一名，胜过科迈罗五名。

野马是一个成功的故事，但有时你所要创造的顾客体验不一定来自金属与玻璃。有时候它来自比特和字节。你如何在软件世界运用"到现场观察"的手段以达到相同的理解与制造最佳的顾客体验呢？

1.2.3　像人类学家般思考

门罗创新（Menlo Innovations）是一家拥有使命感的小型客制化软件公司，他们希望"终结世界上与科技有关的人类苦难"。为了达成此目标，门罗创新必须"改变所有"过去开发软件的方法，因此他们发展出高科技人类学、配对编程软件开发方法和开放与合作的工作环境。

在门罗深入了解顾客的任务由高科技人类学家（High-Tech Anthropologist，HTA）执行（两个人为一组），他们会一起拜访顾客，并有条理地研究环境与使用产品的顾客。高科技人类学家专注在实际使用产品的终端顾客，而非发包项目给他们的客户（一般是 IT 部门人员）。他们在产品被使用的工作环境，也就是现场中，花费数天的时间观察与访问目标用户，以了解产品所处场景下的效能。高科技人类学家仔细观察顾客在使用时遇到问题的地方，并称之为"痛点"，而这些"痛点"提供了产品改善的绝佳机会。

同理心是担任高科技人类学家这个角色必须具备的条件。他们会捕捉潜在顾客访谈中关键的信息来绘制"心智图"，图像式地展示用户对现有状态和期待的未来状态的想法。在实际工作场所做这件事情非常重要，正如首席执行官理查德·谢里丹（Richard Sheridan）所言："设计是讲究场景情境的，我们必须在原始的环境中研究用户。"下一步，他们必须把所得到的新知识转化成特定的设计方案。

1.3　产生潜在的解决方案

在门罗创新，高科技人类学家要做的不只是发掘顾客的需求，这些人类学家代表顾客的意见，贯穿整个开发计划。在与用户初步访谈之后，产品开发从高科技人类学家厘清问题并找到未来愿景开始。这个简短的手写摘要描述着高科技人类学家想要完成的目标。他们与顾客分享这份尽管难以制作但却简明易懂的摘要文件，以确认顾客对门罗创新想尝试完成的事情有一明确且共通的了解。高科技人类学家的同理心工作正确吗？这个共享早期手写摘要的合作过程，让高科技人类学家的想法和顾客以及其他门罗创新团队成员的想法一致。

当取得共识后，主责项目的高科技人类学家们将召集其他高科技人类学家一同进行头脑风暴。他们在这个快速思考的阶段，会尽量从不同角度切入，产出各种针对顾客界面的解决方案的快速草图。在产出快速草图之后，一位人类学家将进行简报，主责项目的人类学家整理各种草图，讨论，并发展出更聚焦的解决方案，这时候团队会利用根据访谈结果绘制的心智图，厘清与沟通客制化产品的想法与愿景（见图1.1）。

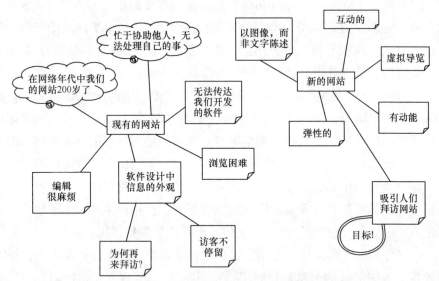

图1.1　根据访谈结果绘制的心智图，传达设计时必须考虑的重点（网页设计范例）

1.3.1　汇整人物画像

基于观察、创意生成和评估结果，两位高科技人类学家创造了10~30个"人物画像（买家人格特质）"。每一个人物画像代表着一群潜在目标用户的详细综合故事，它可以被呈现在手写的卡片上，有着虚构的名字和照片，这些卡片将会被贴到像是标靶般的人物画像地图上。之后有趣的部分开始了，高科技人类学家会挑战委托这个项目的客户，请他们选一个关键的人物画像作为目标用户。这中间会有许多讨论与辩论，但客户最终仍必须选出一个目标人物画像。

这件事既辛苦又累人，高科技人类学家强迫客户从群体中选出一个关键人物画像，但人类学家可以通过这过程，专注在一个特定的顾客（通过虚构的姓名来和男性族群的他或女性族群的她来做相关联结）上进行开发工作。这个人物画像会被粘贴在项目目标的中心点（项目目标的意象描述对团队而言是非常具有启发意义的，它传达着团队的目标，但随着新信息/知识的加入，它也保持调整的弹性，例如：将一个功能去除或是缩减以达到更快的出货日期）。

此外，高科技人类学家也会请项目的客户选择两个次要的人物画像，将它们贴在目标的外圈。高科技人类学家坚持这个关键的优先顺序，因为，"如果你想要创造一个适合每一个人使用的产品，那么这个产品是必然无法如愿完全地符合每一个人的需求的，而且终将被市场所淘汰。"

1.3.2　设计评估

开发过程的下一步，是高科技人类学家根据所有的研究以及和客户的对话，创造出以简单手绘、低仿真度的荧幕原型来表现产品的愿景。高科技人类学家会在符合人物画像目标的顾客现场环境中，分享这些原型（用来表达目标用户的需求），他们会在整理用户反馈之后快速做修正改变，这正是"更快地犯错"哲学，以及在产品开发中充分发挥快速试验精神的时刻。高科技人类学家不会期待一次就击中目标的中心，他们会借由发展出多种不同的潜在设计，创造出最适合目标用户的可能的产品。

大部分门罗的项目需要和终端用户进行三或四次主要的设计评估，期间亦包含无数次小幅度的审评。在一个典型的设计评估中，高科技人类学家会在终端用户所熟悉的工作/生活环境中展示原型界面，但几乎不对用户情境做解释，而是请用户完成目标任务。高科技人类学家会记录用户在审评中所做或所说的一切。如果界面形态不够直觉，高科技人类学家会向用户询问哪些地方必须改变。他们经常利用不同的原型来评估不同设计中的各种属性，制作详尽的笔记后，从这些经验中获得结论。

上述关于软件规划的动作，都在还没撰写任何程序码之前发生。软件原型的截图会被转换成故事卡片（或索引卡片），每张图片只描述一个产品特征。配对的软件工程师会估算完成每张卡片的程序编成时间。随后客户便开始玩规划游戏，找出他们想要包含于工作项目的故事卡片和希望的每周工作小时数。每张卡片的费用计算方法，是将编程时间乘二后（因为是配对的工程师）再乘上每日工资。客户在这时候还在规划阶段，可以通过加入或是移除卡片，以便在维持预算的情况下，排列产品特征的优先开发顺序。

最后，在执行阶段时，客户"玩过"的故事卡片会被用来界定每周的专案进度。被"玩过"的卡片是每周的优先工作，而客户也同时会授权未来一周的工作量。这些卡片会视觉化地被钉在墙上的"工作授权板"，作为程序设计师的每日工作排程。客户每周都会前来进行实务的设计审评，那同时也会产出下一个周要玩的卡片。学习的循环或PDCA（规划、执行、检查与行动）是每周持续的，由高科技人类学家所代表的用户的声音来引导。在这样的做法下，不意外的是门罗创新的产品鲜少需要修订，且经常达到接近百分之百的顾客满意度。

1.3.3 数据让你自由

一直到此刻，我们都不断强调直接观察的重要性。那市场调查呢？大量的量化数据呢？请不要忽略数据，它们非常的有用。了解人口统计以及项目如何和竞争产品比较，都是很有价值的。

我们视大规模数据为必要的输入，但仅拥有数据是不够的。数据可以帮忙找出流行趋势、中心趋势的倾向和各式不同的需求。将数据制作成视觉化的图表是非常重要的。现今可取得的数据量是前所未见，有时候甚至太多，然而，信息的判读/解释才是决定价值的关键。

在《丰田模式》（*The Toyota Way*）一书中，叙述了第一部雷克萨斯（Lexus）汽车的总工程师如何有效地运用不同数据的有趣故事。这位总工程师，铃木一郎（Suzuki Ichiro），他将市场研究当作一个场景，亲自访谈焦点族群中竞争品牌的车主们。他找到奔驰、宝马、沃尔沃、捷豹与凯迪拉克车主的偏好模式，他将这些信息绘制出权衡曲线。这些竞争者不约而同地在其中一个面上表现强势，例如精致的外观，在另一个面上却表现较弱，例如空气动力表现。于是他设定了一个"不妥协"的条件，如同时兼备外观与空气动力表现。

这些设计挑战引领出许多重要的革新，让第一台雷克萨斯汽车在美国推出的第一年就成为最畅销的豪华汽车。

1.3.4 制造（Monozukuri）创新

Monozukuri的字面意思是"制造有价值的物品"，mono即有价值的实体，zukuri即制造，但它有着更深刻的意义，它代表着工匠的热情——把东西做得特别好的卓越的、有创新性的、有自豪感的，以及自然流露的精神。吉姆从与马自达工作的经验中，了解到制造精神能让跨职能团队一起合作，以便将更高的价值传递给顾客。这是发展创新想法以支持新产品开发项目极为有效的方式。

小规模的跨职能团队通常位在造物流程的核心——成员一般来自产品工艺、制造、采购与关键供应商领域。这些团队皆面对重新思考如何创造汽车子系统价值的挑战。起点就是针对当下的状态着手研究，也就是针对现有的汽车进行研究。在马自达中，那是一个专注学习与创新交流的论坛，团队们可以研究公司内部以及外部竞争对手既有车型的目标子系统。团队们从不同功能的角度"拆解"、研究、比较不同版本的子系统，借以发掘出最优质的设计与制造策略，以最低的预算达到最佳的表现。

这些团队最初各自独立运作，一旦团队完全了解现有最佳方案，便会提出新的、更好的方式来设计和执行子系统。你可以说这是一种竞争式的标杆分析法，但这种合作的模式比我们一般看到的单一部门纯粹进行技术性的标杆分析还要更具创造力。

参与者同时通过拆解各种系统与理解其他团队的观点来学习，他们接着可以着手准备运用整体，包括产品设计所有步骤的价值流观点，来产生新颖、创新的想法，以改善交付给顾客的总体价值。

各跨功能团队所负责的子系统的零件、草图与想法，会安装在Karakuri简单联动装置（机构）板上，不同团队之间会彼此观摩，分享，并给予反馈。产出的成果会向个别项目团队提案，未来可能整合到下一代的产品中。上述的构想可为汽车品质、属性表现和成本带来极大的改善。事实上团队中的职能性成员也同时参与多个项目，这建立了一个有效的方式来共享不同项目之间的学习，并在适合的地方采用通用化的方案。

近日在与许多公司推动"制造活动"时，我们会鼓励他们拓展学习的视野，并纳入不同事业类型的范例来思考学习。制造活动最后呈现出来的草图、图表和原型，会由项目团队对照产品的标准（绩效、成本、供应链等）进行评估，再从所有概念中挑选出其中一个子集合，进行更高仿真度的测试与试验。

1.3.5 从多个替代方案开始，并进行融合

概念上，前期负载指的是产生多个替代方案后，从设计的多个方面进行

融合的过程。我们的朋友兼同事，艾伦·瓦德（Allen Ward）称之为"多方案并行工程"，他观察到丰田是汽车业中最擅长此道的公司。在《第二个丰田矛盾：如何延迟决策可以更快地制造更好的车》一文中，瓦德与共同作者认为，这个产品开发的矛盾和及时化生产所形成的矛盾出乎意料的雷同：减少持有库存，却可以造就更可靠、准时的出货。

传统的开发方法是基于单点式的，即快速地收敛在一个解决方法后，再从不同角度来迭代，最后让它可行，例如：尝试让产品达到某一功能之后，再修正让它容易生产（见图1.2）。这种产品开发的方式，从各个角度来检视它的成果，通常得到的都是次佳的解决方案，对顾客而言也是如此，此种方式开发的产品通常不太有新意，且需花费较多的时间和成本。

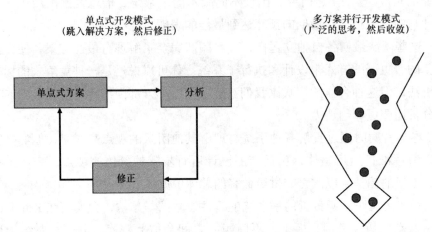

图 1.2　单点式开发模式与多方案并行开发模式

这样的产品开发做法也经常导致许多重复工作。例如新车款的所有重新设计证实，各式新功能因为其设计无法有效地和其他部门的零件/工作契合（例如制造端发现设计和现有制造方式不契合），导致许多设计被退回。这样的开发方式，其流程经常遭到不同部门的否决，而非像戴夫·伯里亚克（Dave Pericak）和冲压团队那般紧密流畅地合作，一同将野马与众不同的复杂设计付诸实现。

多方案并行开发模式的一个讽刺的地方，是它需要在产品开发前期耗费更多的时间与精力，延迟做出决策的时刻，但从各个角度而言（也包含顾客的角度），它可以更快地产出更好的设计。当限制较少以及尚未投入大量资本的时候，谨慎地在各种方案中探索解答的空间，也让跨功能团队深入地了解顾客的需求、使用的场景，以及设计将如何和制造程序磨合（见图

1.2）。在这个开发的早期阶段中没有所有问题的解答，那要如何减少方案的数量或做出必要的决定呢？答案是做试验。

1.4 从试验中学习

在产品开发前期的不同阶段里，不同的人会有各种有趣的想法，他们经常会认为自己的想法是最棒的，这通常导致了许多有趣的争辩。辩论是一件好事，但是即使最激烈的辩论也不一定可以找出最佳的替代方案。虽然多元的专业团队间的诚实辩论是产品开发中重要的一环，但辩论能前进的范围有限。

与其停留在口头的论述，最棒的工程师会像科学家般思考，倾向于立即行动，测试各个想法的优点与缺点。你的知识是有限的，预测未来的能力更是不完美，因此更好的方式是自问："我们如何验证这个想法？"

迈克·鲁斯（Mike Rother）在《丰田套路》（*Toyota Kata*）中，提出了一种与我们在这里讨论的步骤极为相似的科学思考模型，它通过实践套路（kata）来建立科学思维（将在本书第 6 章深入讨论）。在这个套路的中心，是快速的 PDCA 循环，借以一步一步学习面对挑战的方式。总工程师提出的愿景的挑战是清晰而且巨大的，然而，达成愿景的方式是模糊的，它需要一个迭代的学习过程以面向一连串鲁斯称为目标条件的更短程目标。不幸的是，根据神经科学的研究显示，人们并不是天生就会进行科学思考的。在我们的大脑中，面对挑战时产生的内在压力会让我们做出假设（assumptions），并且在深入了解各种解决方案之前，直接跳到解决方案。单点式思维似乎较为自然，多方案式思维则需要异于寻常的耐心。如诺贝尔奖得主丹尼尔·卡尼曼（Daniel Kahneman）所言，我们更是自然的"快思者"而非"慢想者"。"改善套路（improvement kata）"是让学习者练习慢慢思考，直到它习惯成自然。而快速制作原型是迭代学习的好工具。

1.4.1 目标精度原型

在产品开发中测试原型的想法也许可以追溯到历史上第一个轮胎被安装固定到平台上然后推动的时候。随着时间的过去，由于成本高、手续烦琐，以及复杂性高与费时，"制作原型"逐渐丧失其学习的目的。在许多公司里，由特定部门的专家来制作、测试精致的原型。他们非常善于制造原型，但是并不理解它们被创造的原因，或者要从原型中学习什么。因此，许多公司认为实体原型是奢侈且难以负担的，可能的话，尽量以计算机模型与模拟代替。

仿真原型在简化测试流程上很有帮助，但在开发过程中完全剔除实体原型通常是个坏主意。制作实体原型的目的在于学习，有助于弥补在性能、设计界面、可制造性，甚至是安全方面的关键知识的缺口。实体原型能被触摸、研究和分享，效果非常好——它运用了你的所有的感官。简单的实体原型绝对可以加速学习并强化团队合作。

仿真原型看似吸引人的原因之一，在于它相较于实体原型能省下时间与成本。我们理解复杂的实体原型昂贵且耗费时间，更需要极为专门的技术人员来打造，它的制作往往会将工程师和开发人员从研发过程中抽离，结果是大幅度降低它在学习方面的潜力。若我们不完全剔除实体原型的话，让我们一起来从原型中学习更多的东西，弄清楚如何制作更快速、更便宜的原型。

我们认为，在产品开发项目的其中一个阶段里，公司应该用有创意的方式去制作最低精度的原型，并从中学习必要的知识。过于复杂、精致的原型是另一个单点式设计模式的范例：你迅速地收敛在最佳的解决方案，且制作像实际产品般复杂的原型，但你不知道要特别从原型中想学习什么，同时，团队并不确定需要什么知识、要测试什么、如何进行测试，因此团队成员通过制作昂贵的类似的产品复制品来补偿这些不确定性。在这个时点，团队会误以为己将设计解决方案内建于原型当中，且只有发生严重的问题时，才会让他们变动设计方案。为了避免步入这样的陷阱，应将原型纳入多方案设计模式的收敛过程中，并深入思考它的目的，提出以下问题：在这个设计的时间点上，你想要测试的产品的特定假设是什么？测试假设最简单、最便宜且最快的方法又是什么？这时候你便开始像个科学家一样思考。事实上，在科学家的实验室里，鲜少以近似最终销售产品的原型进行测试。

1. 席林机器人（Schilling Robotics）与原型

席林机器人创办人，泰勒·席林（Tyler Schilling），多年来提倡低精度原型的重要性。席林公司制造极为复杂的远端操作载具（remotely operated vehicles，ROVs），能够在水平面下4000m处的深海执行各种艰难和精准的任务。席林机器人的远端操作载具取得巨大的成功，市占率超过40%，而且仍在快速成长中。席林机器人的机械手臂，可能是公司中难度最高且最重要的产品，它的市占率超过了95%。

然而，席林观察到一个令人担忧的趋势，他发现近年来工程师要求制造昂贵的高精度原型来测试他们的想法。与其要求工程师们采用计算机模型，并放弃实体原型，他用一个简单的问题来挑战工程师与项目领导人："如果明天早上有一颗陨石就要撞上地球，而且所有的文明将被夷平，除非你今天就能够建构出这个原型，你将如何制作这个原型？"于是，工程师很快地遗忘了商品目录、机械加工厂和外包。他们转向躺在仓库中的金属、配件、扣件、焊枪、小块木材和热熔胶枪。"事实上，我发现工程师们几乎每次都可以在很短的时间内创造出功能性的原型以帮助解决问题。"

尽管有些人认为这种原型非常"丑陋"，但席林解释："立即获得知识（与其花费四到六周的时间制作精美的原型）将比拥有精美的原型更有价值，我们之后将会把它做得漂亮。"

2. 制作阿特拉斯传动装置手臂（Atlas Actuator Arm）原型

斯科特·弗兰韦德（Scott Fulenwider）是在席林工作 12 年的老员工，已多次使用务实的"极简主义"方法，他相信这个做法不仅可以加速学习，更帮助工程师深度学习。席林公司在产品开发的某些层面，也会善用整套精密、先进的计算机辅助设计（CAD）和模拟工具来进行开发。然而，经验表示这务实的极简主义方法在产品开发的其他层面不一定有同样好的帮助，例如，设计方便人类进行维护的信道，或是设计富有弹性的产品零件（如管子、线路）。

在开发名为阿特拉斯的产品时，弗兰韦德和他的团队所面临的挑战是设计和制造出比现有任何产品更有力、精度更高且更具灵活性的传动手臂装置。弗兰韦德知道在待解决的技术问题中，"俯仰-偏摆关节"是最困难的问题之一，它需要最后三个关节相互联动，且仍然可以达到所需要的力量。这些关节需要使用线性传动器来转动它们，而这些液压传动器需要电路通过手臂的中间来提供动力。设计的挑战是如何将这些管线围绕在传动器和其他机构之间，而且保证在任何状况下都不会纠缠在一起。

弗兰韦德记得，有一次正要离开一个设计审查会议时，当时正在审查 CAD 设计，尽管会议已结束，当下的他心中也感到自己"搞定了！"但他还是不禁地想知道为什么公司里最聪明的工程师威利·克拉森（Willie Klassen）会在团队对话中对设计提出质疑？由于弗兰韦德十分看重克拉森的经验，他决定着手测试自己的假设。

当时席林的假设性的陨石故事言犹在耳，弗兰韦德前往原型工坊区域，着手制作低精密度的模型来证实他的设计。他将设计的一些荧幕截图印出来，依照截图的内容在木材上描绘出设计，锯下来，黏合，锁在一起，做出粗略的手臂关键组件，他当下就发现这些手臂组件的设计并不可行。于是弗兰韦德马上联络团队成员，一同研究问题所在。他们持续思考不同的替代方案，立即手工做出原型，并逐步增加原型的精确度，使其更能代表真实系统的操作情境。在不到三周的时间内，弗兰韦德与团队即能想出符合，甚至超越所有需求的设计。

如果开发过程中没有这些简单、东拼西凑的原型，设计问题将在开发晚期才会被发现。时间的压力将严重地限制设计的选项，团队有可能因而妥协于更大、更笨重、更昂贵的手臂设计，来达到所需要的强度，而且操作准确度更低。

设计团队通过制作简单的原型来探索可能的解决方案，可以促进创意，并提供更好的设计。

3. 简易原型制作在席林软件开发的应用

席林机器人也将目标精度原型（targeted-fidelity prototype）的准则应用到软件开发与用户界面上。在一个名为双子座（Gemini）的项目中，席林公司将自己的简易模型制作模式结合门罗创新的高科技人类学家流程（HTA process）来进行开发。

现行的远端操作的用户界面复杂，需要富有经验的操作员，而这类人才要价不菲且难以寻觅。于是席林的软件项目领导人瓦莱丽·柯尔（Valerie Cole）和顾客关系的加里·埃弗雷特（Garry Everett）共同组成高科技人类学家团队，他们决心改变现状。他们的目标是让双子座远端操作的控制界面对用户而言能够完全地符合直觉，因此让较少经验的操作员可以在较短时间内成为精练的专家。

"当我注视着现有的用户界面时，它们复杂到让我无法思考。"柯尔表示，"这些界面由工程师设计，他们认为需要让操作员充分掌控每一条信息"，这导致公司收到各式各样界面过于复杂的抱怨，就算是资深的操作员也有相同的问题。柯尔与埃弗雷特面临着艰巨的任务。

身为软件开发的老手，柯尔十分熟悉人物画像流程和故事板的做法。然而，席林机器人所采用的步骤需要花费漫长的前置时间编写大量的程序，以产出最低限度的可用产品。这样巨大的软件编写时间的投入，让工程师即便在用户界面中发现问题，也不太愿意做出大的改变，工程师更可能直接编写附加的程序来解决问题，但这又会增加现有软件的复杂性。

柯尔和同事们尝试寻找不同的方法来解决这个困境，当他们听闻门罗创新以手绘不同用户界面，直接与潜在用户合作后取得反馈，快速、简单地更新以整合出解决方案的做法后非常有兴趣。柯尔解释："我们看到精益教练与我们的硬件部门合作,通过多方案设计、低精度原型取得出色的成果。所以我们认为门罗创新的做法将赋予我们把同样的思维应用到软件世界的机会。"

首先,团队成员着手找出他们的目标人物画像。由于他们正在尝试迥异于自身产业的产品开发方法,因此人物画像的发展至关重要。他们花费大量时间和公司内外部有经验的人士开会,他们到现场观察不同的人所扮演的角色,他们也耗费许多时间辩论、更新、更换与修正他们的目标,甚至向门罗创新的专家们寻求协助。

最终,他们选定"切特"作为人物画像目标的中心,切特是一个在产业中工作过数年,年轻,聪明,有一点自傲,非常熟悉电视游戏机与智能型手机的年轻人。他们的次要目标是"汉克","汉克"是"切特"的主管。"汉克"较为资深,拥有出色的才能,亦善于带领后辈,但是"汉克"不会轻易分享他的知识,好让他的才能保持稀缺性以增加他的必要性,"汉克"不是新版用户界面的目标用户。

团队接着开始头脑风暴,希望开发出极易上手的用户界面,他们手绘了数百张可能的界面设计。最后,他们选出三个设计套件(一系列的用户界面)以进行用户测试:

"手把手"套件,昵称"保姆",引领用户一步一步走过每个流程。

"不知道即不必处理"套件,不显示任何现在不需要的信息。

"控制狂"套件,此版本类似于他们传统实务的做法,但没有目前实务中使用的界面复杂,仍提供给操作者许多反馈。

随后,团队带着这三个设计套件前去用户端进行试用。团队遇到的唯一问题是他们无法找到"切特",因为大多数的"切特"都在现场工作。事实上,被项目客户点名来评审设计的受测者比较接近"汉克"(主管),而不是"切特"(实际用户)。柯尔与埃弗雷特同意尝试和可接触到的汉克们进行设计评审,因为他们是唯一有空的人。然而,这是一个巨大的错误。

在其中一轮测试中,柯尔扮演"中央处理器"的角色,他会根据参与者的输入,抽换纸张版本的用户界面,而埃弗雷特从旁详细记录。随着测试的进行,一位参与者感到挫折与生气,因为当他使用界面遇到难关时,柯尔并不会告诉他怎么做,由于这位参与者已习惯掌握所有的答案,对此情形他感到非常的不自在。事实上,在柯尔与埃弗雷特费尽力气和参与者们合作的过程中,他们发现,如果没有正确的参与者,人物画像定位将无法成功地发挥作用。因此,他们向客户详细解释他们所想要找的参与者类型之后,好不容易在办公室中找到一个执勤任务被取消，正在办公室闲待着的人员。他完美地符合了"切特"的特征，的确，他就是"切特"。从那个时刻开始，他们找来更多"切特"，项目对柯尔与埃弗雷特而言，学习变快，如潮水般涌向他们。

在与用户合作的过程中，柯尔和埃弗雷特对某些发现感到惊讶，例如，团队设计的"保姆"套件会以"精灵"模式一步步地带领用户走过流程，当用户到了一个地方，画面下方会有一条提示路径显示进程，设计团队对这样的设计特别感到自豪，然而，却没有一个用户注意到这个特色。在另一个套件设计中，用户界面被分为两半，让用户可以在专注于一半荧幕时，将另外一半缩小，设计师在荧幕的中央放上许多大箭头，但却没有人明白箭头的作用，有些人甚至没注意到箭头的存在。

当柯尔与埃弗雷特回到席林机器人，他们激动地召集团队，分享他们的学习结果。他们在每个特定的设计功能旁贴上便条纸，上面写着从试验得来的反馈，如"这个按钮从未被使用"，或是在成功的功能旁贴上笑脸。团队从所得的信息进行研究，寻找其中的模式（pattern），以发展下一轮可测试的假设。团队将获得的假设整理成"假设矩阵"（见图 1.3）以协助他们找到关键知识，并整合至下一轮套件的设计，接着，团队将进一步讨论新的设计。

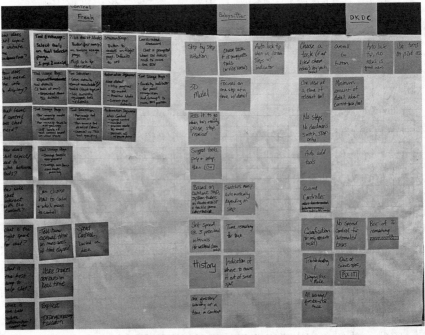

图 1.3　假设矩阵

在下一轮的用户测试中，柯尔与埃弗雷特更新了设计套件并提升了原型的精度，他们加入了一个影片，也改进了纸笔界面的操作。团队中硬件部门成员开发了一些会动的传动装置手臂原型，柯尔与埃弗雷特计划在后面的测试中，把这些工作的手臂影片和新的设计套件整合，以更好地展现用户体验，并再次改善他们的设计。

席林机器人的经验证明，低精度原型、多方案设计，以及直接和用户合作，三种模式组合在一起可以在产品开发过程中成功省下许多时间与金钱，并且创造出色的用户界面，而席林公司亦准备将此经验制定成他们软件开发项目的标准。

这里的重点当然不在于把产品原型简化成纸板、木头与纸张。重点在于跳脱团队中无谓的争论，找到最有效率、最简单的方式来验证想法或解决问题，并付诸实际。令人惊讶的是，就算是极为复杂的产品，找到答案所需的精度、成本与时间，也可能比你想象的低。

1.4.2　在 FirstBuild 通过试验测试产品概念

我们已看到，在产品开发项目早期阶段，通过目标精度原型能解决棘手问题、有助于测试假设以及优化设计。但是，如果你所面对的挑战是想了解全新的科技是否可行呢？埃里克·莱斯（Eric Ries）在他的《精益创业》（*The Lean Startup*）一书中推广创造最小化可行产品（Minimum Viable Product，MVP）的理念。我们听过许多公司多年来已进行了许多类似的概念测试，但莱斯鼓励公司更进一步，把概念进行最终的测试，观察用户是否愿意为这些产品掏出钱包。

尽管《精益创业》一书的社群将焦点主要放在小型新创公司的软件应用，GE 家电（现为海尔集团所有）的执行官，凯文·诺兰（Kevin Nolan），决定将此书的概念应用到相对复杂的消费性硬件产品上。他想要一个快速、低成本的方法，对 GE 家电的产品概念进行最终测试。除此之外，他想要吸引更广大的社群来激发新的产品概念。

如同所有杰出的精益实践者一样，诺兰开始厘清其所要解决的问题。GE 家电在新技术的"成功率"处于产业的平均位置，但比某些新进入产业的竞争者低。诺兰想要找到提升新技术成功率的方法。于是他对全世界的公司进行标杆分析，并执行无数次内部试验，他决定改变 GE 家电传统的技术开发流程。他不再闭门造车地秘密开发产品，他想找到将创新与用户更直接地联结在一起的方法，即在开放的环境中共同研发新技术，让速度变成他的竞争优势。而这就使"FirstBuild"诞生。

"FirstBuild"位于肯塔基州路易斯维尔大学（University of Louisville）旁，是一座占地 3200m² 的设计/工程空间以及微型工厂，距离 GE 家电园区约 13km，此园区每年制造数百万计的家电用品。"FirstBuild"具备各种小规模的制造能力，如：木材、金属板材、塑胶等材料的激光切割、锻造、焊接、冲压、3D 打印，甚至有一条随时可用的生产线。这个工作空间也有安装了 CAD 的计算机、手动/电子白板、各式手工具、各种原材料，以及一系列的打印机。在玻璃围绕的工作空间之外，是示范区与新产品展示区，在这里任何人都可对新产品进行检验与测试。但是，这些仅是这个设施能力的冰山一角。

一进入"FirstBuild"，可以明显地感受到流动其间的创意能量。当你看过去，人们在检视所展示的新产品，许多小组围绕在产品原型、白板和产品渲染图旁，"FirstBuild"员工在设计空间的大型木桌工作，同时创作者与艺术家戴着护目镜四散在工坊各处，操作着各种高科技或传统的工具，其他人对装配流程进行详细评估。

吉姆有机会与"FirstBuild"的团队合作，诺兰向他解释道："我们鼓励想法的互相撞击。"工程师利用上班与私人的时间与学生、大学教职员、路人一同研究简单与复杂的科技，他们同时得到一群专业技术人员的关注、指引与协助。正是"FirstBuild"的能量与热忱，让诺兰竭尽工作所能来保护它。"这个地方是由热情所驱动的，我们爱它，也愿意付出一切捍卫它。这是我见过第一个让人们愿意在下班之后继续投入自己项目的地方。"

当然，创新能量不一定能转换为产品的成功。GE 家电征求也接受线上/线下广大社群的意见，但这些想法都需要接受快速且真实的验证。"FirstBuild"的领导层对于市场研究抱持高度怀疑，更不用说会重视市场意见。他们坚信真正产品的考验来自于人们是否愿意为产品掏出钱包。这通常会让认为自己有下一个"好想法"的工程师与设计师感到不安。有时候"FirstBuild"的团队会通过线上众筹来测试想法，这并不是为了得到开发产品的现金，而是借此测试想法的可行性。经过线上众筹成功测试想法之后，员工便会开始制造少量"够好"的概念产品，放到线上销售与"FirstBuild"的新品展示区。这个做法可能会导致技术的成功和失败，但员工获益良多。

其中一个成功的故事是"可嚼式冰块"。这个想法已经存在于 GE 家电一段时间，但没有团队对它有兴趣。团队领导人认为这是一个永远无法销售的愚蠢想法。因此，可嚼式冰块从未在 GE 家电传统的开发系统中获得青睐。"FirstBuild"的其中一个团队拾起这个想法，在 Indiegogo 上众筹资金，并开发出料理台与冰箱两种版本。可嚼式冰块受到广泛的欢迎，而且赚进数百万元的利润。

当可嚼式冰块的团队成员分析销售数据时，他们发现主要的销售额来自美国西南方，尤其是德州。反观东北部仅有少量的销量。有趣的是，先前拒绝可嚼式冰块项目的团队领导皆来自美国东北部。

"FirstBuild"另外一个成功的例子，是家用比萨烤箱。这些是高端、高利润的专业烤箱，在传统的开发系统中，需要大量的投资与制造成本。这些限制让这个概念绝不可能在 GE 家电的内部落地，然而，"FirstBuild"的广大社群回应了这个概念，且快速的概念产品销售证明此种烤箱有着非常热情的用户群。于是"FirstBuild"团队着手研究设计与制造流程成本，他们在"FirstBuild"的微型工厂中，以独特的能力，制造了少量、高度客制化产品，让 GE 家电以传统开发不可能做到的方式，完成这款极为成功且高利润的产品。

"FirstBuild"确保新颖想法在内部流动的一个方式，是从软件社群借用黑客松（编程马拉松）的概念。黑客松源自于程序员聚在一起编写程序代码，他们试图骇入既有的产品，以程序代码创造过去未曾见过的东西。

在这个情况下，山姆·杜普莱西斯（Sam Duplessis）（"FirstBuild"的共同创办成员之一）表示："黑客松转变成大家一起骇入家电与构想。它不是软件，而是电子用品，是实体。在周末将一些想法组合在一起，尝试为此组织一个活动，并给它一个挑战。我们也设立奖金鼓励最佳概念，借此活动，GE 家电获得数百种出色的产品概念，有些甚至成为真正可销售的产品。"

"黑客松是一个驱动创意的独特方式。"杜普莱西斯补充，"有一些极具热忱的人会想要加入，我们会整个周末都在黑客松，有时候他们还会带自己的团队进来。他们可能是为了奖金在努力，但主要是充满创意的氛围驱使人们到这里来做事。在家电园区工程中心，工程师被局限在只能够大量生产的大项目下。工程师可以回到这里开始把玩、开发在他们的日常工作中没有能力制作的物品，这对一些人来说真的非常迷人。"

黑客松为 GE 家电产出了许多出色的想法。根据杜普莱西斯所言，有些黑客松会有固定主题，例如"烹饪的未来"，倾向将每个人限制在主题范围内，例如东西可以在厨房里被找到，其他黑客松，如超级黑客松，则无固定

设计未来 DESIGNING THE FUTURE
——福特、丰田及其他世界顶级企业的创新和转型之道

主题。

第一次超级黑客松聚集了250人,大部分的人会被指派到不同的团队,如前所述,有些人是以团队参与,"FirstBuild"同时也协助分组。杜普莱西斯表示:"人们前来时,会有徽章标示他们的技能,如果他是个产品设计工程师,我们会告诉他他的团队可能会需要一个工业设计师,这样不只可以有功能好的产品,更能拥有杰出的易用性与外观,在这周末结束时,他的团队将能产出一个很漂亮的设计。"

"FirstBuild"也会提供给团队一些想法,杜普莱西斯表示:"'FirstBuild'有许多想要实现的项目,但我们并没有足够的时间,如果这些团队有兴趣,他们可以从白板上拿走它。他们也可以有自己的想法,我们只是从旁协助创作。此外,我们会给团队空间与素材,供团队进行头脑风暴,获得样品并制作原型。我们也会搬出许多家电,我们有一大堆旧家电供他们拆解零件,或是从中创造出新的东西。"

供应商也会参与此类黑客松。杜普莱西斯回忆:"大约有20家供应商通过他们的素材与教学,提升了黑客松的水准。比如说,3M带了大规模的工程支持团队,训练你使用3M的多功能黏着剂、胶带或任何3M的产品。"供应商经常与GE家电的工程师讨论使用一些难以在家电园区推广的科技,大部分的人对于在大量生产的产品上使用新科技感到犹豫。但在"FirstBuild"里,新科技可以被尝试,甚至被放在少量的产品生产中进行测试。

"FirstBuild"的哲学与黑客松的精神,不仅局限于商业化成功的产品。在一个案例中,"FirstBuild"的团队与路易斯维尔水公司在当地一场名为"水足迹"(Water Step)的慈善活动中合作。

水足迹的任务是为世界上无法正常供水的区域提供干净的水源。这个活动协助了多次天灾的救助工作,最近的一次是2017年被飓风重创的波多黎各。水足迹长久以来购买许多氯气产生器来净化水源,这些氯气产生器由汽车电池驱动且成本昂贵。这些机器功能齐全、容易使用且坚固耐用,但就是十分昂贵,机器的价钱限制了水足迹帮助不同社群的能力,而且,水足迹无法确保机器的稳定供货,每当大型灾害降临,水足迹永远无法购买足够数量的机器。

"FirstBuild"、路易斯维尔水公司、GE家电工程师组成一个团队,尝试设计出慈善团体可以自行制造的氯气产生器。杜普莱西斯表示:"我们的开发重点,是想让任何人可以借由一般的工具打造氯气产生器。团队遵守精益原则,在检视他们的制造能力之后进行设计,由于我们想要让它拥有容易取

得的组件，因此全部使用水管零件进行打造，机械加工也十分简单。我们最后帮他们找到了解决方案，并且降低了 80% 的成本"。

即使是在既有的状况下，"FirstBuild"的氯气产生器也有着与昂贵的产生器相同的能力。而且新的氯气产生器让水足迹可以比原来多 5 倍的效率运用捐款。截至目前为止，已经有数千台机器被配送到世界各地。

本着通过试验持续进步的精神，"FirstBuild"近期针对此设备的改善举办了一次黑客松。大约 18 组的工程师与设计师现身参与这个挑战以争取奖金。其中一个获胜的构想是太阳能驱动的氯气产生器，获胜团队的成员中有两位是杜普莱西斯的儿子。

当然，并非每一个"FirstBuild"的产品都会成功，事实上，大多数是失败的。这当中，产品开发的目标是"快速与损失小的失败，并从经验中学习"。冷凝咖啡便是其中一个例子。许多 GE 家电的人对科技充满着热忱，因为它让兼顾品质与风味的冷凝咖啡能在 10min 内可以被完成（通常需要 24h）。GE 家电的员工乐观地认为此技术一定会成功，迫不及待地想导入 GE 家电的传统产品开发流程。后来有人建议他们先在"FirstBuild"的流程中进行验证，结果出乎意料的是，这个设计无法取得任何合理的支持。现在团队正从此经验学习，了解为何这个产品失败的原因。借由剖析这个损失小且快速的失败经验，团队希望深入了解失败的根本原因。通过这次的学习，或许这个产品在未来会以改良的形态再次出现，再向"FirstBuild"的验证流程攻关。

即使如此，"FirstBuild"仍有需要改进的地方，例如将他们的工作更有效地与 GE 家电的产品规划和大型项目联结，然而，它很显著地影响了一般企业对发展新科技的看法。GE 家电基于在美国肯塔基州的成功，目前正扩展"FirstBuild"工厂，同时也准备在上海成立新的"FirstBuild"。

我们认为"FirstBuild"是一个很好的例子，它展示团队如何跳脱概念的争辩，以及如何找到创意的方法验证假说。它让 GE 家电能加速自身的创新流程，并对产品概念进行终极测试："顾客是否会为这产品掏出钱包？"

1.5 从概念书到同步与号召

让我们假设你的开发团队用了许多力气到现场观察，制作原型并进行试验，为了缩小顾客、环境、产品与风险之间的关键知识缺口而进行测试。那非常好！但是，单纯的针对产品与顾客来回答问题与搜集信息是不够的。

信息必须被转化成清楚的和引人注目的产品愿景、依重要性排列的产品效能特性，以及执行计划（与将协助执行计划的人员分享）。概念书并不是最后才写出，而是在研究期间被产出，且不断地进化，某种程度而言，它是研究期间的"产品"。

我们曾在《丰田产品开发体系》一书中描述了产品概念报告书（在丰田内部称为总工程师的愿景）如何可以成为数月的研究、试验，以及总工程师与关键团队成员辩论的大集成。这份文件鲜少超过 25 页，它包含了细部产品性能的质化和量化目标，以及成本和品质的系统目标，它也包含了项目的规模、进程，以及项目的高级财务正当性信息。最重要的是，这个文件提供产品必须是什么，以及必须完成什么才能实现愿景的信息，它具有宣告和激励产品开发团队的效果。

在开发产品概念报告书时，有三个主要的步骤："汇整数据与信息，和利害关系人同步，以及号召团队"。

1.5.1 汇整

撰写产品概念报告书的第一个步骤，是把研究期间所学习的大量信息综合在一起。总工程师与核心团队在高度互动的过程中，整理、合成所有的信息，并将之整合成产品的统一描述——一个产品需要是什么，以及产品将如何为用户创造独特价值的愿景。

决定剔除哪些功能／特征，与决定放入哪些功能／特征是同等重要的事。我们做得到并不代表我们应该做。这里的关键在于聚焦用户与场景，这个产品将为目标用户解决什么问题？用户价值是什么？我们打算创造什么样的产品经验？主要的风险是什么？在开发过程中，有哪些知识缺口是需要注意？

太多的公司过度依赖用户与市场研究，并以"这是用户想要的"来合理化错误的决策。事实上最好的总工程师会制作自己的产品，并为产品的失败负起全责，他会在各方信息汇整的时机点，通过比任何人都清楚地掌握产品的潜能，综合用户与场景知识，发展出成功的产品与引人注目的产品愿景而为产品加值。任何人都可以创造出用户的欲望清单，但这并非总工程师要做的事。他的责任是依重要性排列、调整和增加用户的欲望清单，以创造出真正成功的产品。

在和许多公司合作的过程中，我们发现光是练习撰写产品概念书就可以帮助总工程师厘清他／她的想法。它帮助总工程师修正他们的愿景、依重要性排列产品的重要特征、找出高风险因素，以及检查他们的思考逻辑。总工程师们提到，当他们刚开始制作产品概念报告书时，他们的思考意外的混乱，优先事项之间的顺序相互抵触，因此所设想的愿景也不足以吸引人。创造概念书的流程足以强迫他们解决上述问题。

编写产品概念报告书是一个具有挑战性的流程，它有助于发展详细的产品愿景。编写产品概念报告书的下一步是争取组织的同意/接受——同步，真正让愿景进入测试阶段。

1.5.2 同步

尽管总工程师是项目中不容置疑的领导者，但他对产品的愿景必须被更高层的组织了解和背书，而这个组织必须启动计划来支持这个项目的流程。此外，在产品概念仍然可以被修正的早期阶段，让关键领导人与利害关系人参与项目是至关重要的，为此，当产品概念报告书被创造出来时，总工程师将拜访关键的几位决策者，与他们分享产品概念报告书，解释产品的愿景，并从这些专家与领导者身上得到反馈，这是为项目建立支持与热情的开始。最棒的总工程师知道这是激情创造时光的开始，这也是让各团队开始与总工程师的整体概念与计划同步地产出他们自己子系统的产品愿景和需求的时刻。

上述讨论的一个大原则是，当总工程师负责思考产品必须成为的样子的时候，职能领导者负责思考如何用最好的方式来达成产品愿景。当专家们在他们的专业上努力时，职能领导者则在符合成本、品质与时间目标的同时，负责找到达成总工程师产品愿景中关键特色的最佳路径。此外，总工程师会施压功能团队最大化顾客价值，而团队的专家必须让会议的讨论落地于实际可行的范围内——也同时把产品推向极限；然而，支持总工程师并不代表同意他说的所有的事情，它代表的是与总工程师肩并肩合作，彼此对愿景达成共识之后持续地验证。为了达成整体的产品愿景，总工程师必须在不同的专业与供应商之间进行设计所需要的权衡，因此通常需要多次拜访关键领导人。

在这个流程的最后，应该要有一份多层次的计划来实现产品：清楚列出关键特色的优先顺序、主要的风险和可行的避险计划，以及为了能够交付产品必需的高层次的计划，包括谁在什么时候？做什么？总工程师有义务确保团队成员都清楚理解项目的愿景，而职能领导者和其他关键决策者必须为他们的承诺负责。随着计划向前进展，概念书将形同项目团队与产品功能团队之间的契约，它将作为未来数以千计决策的准则。

我们问过几位成功的总工程师，多数的工程领导人在企业中的级别比总工程师还要高，当他们和工程领导人的想法发生冲突时，会如何向上呈报？他们的答案几乎一致："如果我们必须通过诉诸更资深的主管，来强迫工程领导人服从，那就表示我们已经失败了。是的，我们可以上报高层以推动计划，但我们想要通过我们概念本身的力量，将工程领导人吸引到项目中。我们想要通过概念来激发和驱动工程领导人，使他们想要成为项目的一分子。如果他们不想，那或许是因为我们没有正确的产品愿景。"我们认为总工程师们的回答，提供了很重要的信息，让我们理解了成功的总工程师，以及为想法达到同步的阶段的本质。

我们曾讨论过第一辆凌志的总工程师铃木一郎（Suzuki Ichiro），以及他的零妥协目标。"这个"和"那个"我们都想要，说起来容易，但是权衡取舍是有其逻辑的，事实上目前并未有同时兼顾"这个"和"那个"的已知方法。例如：铃木一朗想要有比市面上其他发动机强而有力且安静的汽车发动机。这将溯源更严密的机械零件公差的需求。比总工程师级别还要高的动力传动机构的副总裁，一开始听到这样的要求，就笑了出来，因为，针对铃木的要求，他将需要把零件的精度提高到机械加工机械的精度之上，在当时，丰田已拥有全世界最棒的加工机械，因此，这是不可能达到的。

铃木在当时可说是负责公司中最重要的产品，他并不急着和总裁见面，但也没有打算妥协。铃木反而拜托副总裁迁就他，并手工打造出一台符合他期待规格的发动机。副总裁回复他："我们可以打造出任何东西的单品，但问题在于大规模生产。"尽管如此，副总裁仍然请他最棒的人打造发动机并在测试跑道上进行测试；一位接着一位，起身离开这部车的工程师都对发动机的表现感到惊艳，直呼他们必须找到大规模量产这个发动机的方法，最后他们真的办到了！

1.5.3　号召

与资深领导人们在计划上取得共识之后，接着，团队中广泛的成员必须理解团队正在发展什么样的产品，彻底了解为什么这个产品重要、为什么它具有竞争力，以及这个产品将如何做出市场区隔。总工程师必须确保团队的每一位成员都在开发同一个产品，因此他们可以了解自己在创造产品时所扮演的角色，从而对项目感到激动。这个流程的起跑点，是和所有将参与项目的人员分享产品概念报告书。

在丰田，大约100份的产品概念报告书会交到开发团队中主要成员的手上。丰田基于保密的因素，概念书仅提供给一小部分人员。然而，这100人皆处于关键位置,他们都可以根据需求提供项目成员必要的信息。对较小的产品开发团队而言,我们建议总工程师和整个团队分享产品概念报告书。概念报告书上面的研发信息,将成为大部屋墙上的项目起始信息,这些信息是所有未来计划讨论的中心。照片、图表、草图、日程表与目标拼凑出团队的目的。在大部屋中,团队成员会通过时间指标、目标、项目目标来追踪彼此的进度,从不失焦于他们尝试想要创造的产品。

产品开发项目的另一个能号召广泛团队的方式,是围绕着产品概念报告书项目的启动活动。这个步骤是流程中经常被低估的一部分,或经常被视为依附在流程中的一个需求。然而,如果项目启动活动被正确地执行,那些活动将是促使团队成员投入项目重要的一步,让团队成员受到激励,确保他们真正地了解产品价值主张,也帮助他们厘清自己在开发过程中的角色。请记住,在项目中"号召"你的团队,对比于指导你的团队,或者是与团队成员沟通项目内容,是截然不同的事情。通过"号召",你把产品的价值主张内化到成员心中——将完成项目视为己任。

因此,项目启动活动中的各种互动,将产生非常多的问题甚至是挑战。这对于总工程师而言,是和大家分享长期研究期间的学习成果的绝佳机会。有效率的产品开发启动活动,通常涵盖了概念报告书里各部分内容、沟通用的产品渲染图、前期的原型,或者任何可以加速团队合作的辅助物。

另一个可以帮助沟通产品愿景的工具是故事板(Storyboarding)。人类是视觉动物,而工程师似乎比普通人更依赖视觉。故事板是从电影制作或软件开发实务中借用过来的方法,它被许多公司常规地使用,如皮克斯动画工作室(Pixar)。事实上,席林机器人在故事板中,使用视觉图像来沟通先进水底载具的未来愿景;在双子座项目中,项目启动会议使用一系列故事板来沟通工具的改变及进行复杂任务的能力。双子座ROV遥控载具其中的一个关键新能力,是它可以在水下随意切换工具来完成多项任务,而完全不需要浮出水面——这个功能给予产品极大的竞争优势。在双子座的故事板中(见图1.4),领导人用一系列的草图来沟通说明这个能力的愿景。这些简单的草图,可以在会议中激起许多辩论与讨论,最终形成想法更加同步的团队。

各项目领导人鼓励团队针对故事板中的信息进行讨论,在他们检视渲染图的同时,也做出更新与修正。

在项目启动会议中,故事板和协同合作的分享,强化了团队成员之间的对话。领导们对故事板给予极大的评价,因为它协助团队成员更深刻地理解将来的产品。如果没有故事板,要深刻地理解将来的产品是不可能的。在项目启动会议中使用故事板也能够找出关键的知识缺口与高风险区域，帮助团队产生潜在的应对方案，甚至项目里初步的试验。故事板会持续贴在大部屋的墙上，作为视觉提醒，随时提醒团队成员产品的愿景，与再一次革新产业的企图。

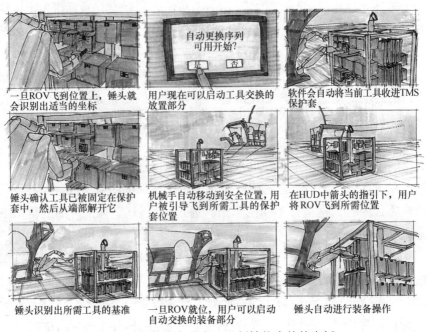

图 1.4　双子座各种产品开创性能力的故事板

1.6　总结

成功的开发，从充实强有力的产品概念，和找出弥补关键知识的差距开始，这似乎是显而易见的事情，但基于某些原因，它们成为许多开发项目的弱点。我们经常听到"资深管理层"急着想把事情完成，不愿意在产品开发流程最重要的前端花费时间与足够的资源，我们在这章节中给出了许多如何正确做好前端工作的建议。可以想象这是一个包含四个步骤的收敛流程（见图1.5）。

1. 深入了解用户

数据有助于理解用户母体的特征，但如果要真正了解用户的话，必须深入地沉浸在用户使用产品的现场。想要创造好的设计除了直接观察之外，

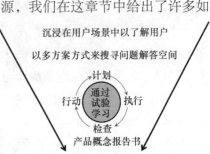

图 1.5　前端工作可以收敛与聚焦产品开发

还需要情感联结和同理心。

2. 多方案同步设计

不要直接跳到一个单点对策或尝试通过迭代的方式来解决问题，在多方案同步设计中，在致力于一个特定的解决方案之前，我们在不同的方案之间广泛地探索。不同职能需要同步探索解决方案，以便能够合作以找到方案间的联结点。

3. 通过试验学习（PDCA 循环）

像一个科学家一般，带着健康的怀疑态度思考。任何看似好主意的想法皆要被检验，不要浪费时间在争论上。每一次试验都是学习的机会以促使下一次试验。有目标的仿真原型是快速 PDCA 学习的有力工具。

4. 产品概念报告书

总工程师的产品概念报告书是广泛探索的一个成就，它收敛在所谓的"模糊的前端"。在我们启动概念设计的阶段，产品的概念被刻意地模糊，以至于能允许团队广泛地探索各种构想，然而，概念报告书则非常的具体，它不仅仅是一份报告而已，它是大量学习、内部辩论与讨论的结果，它聚焦于同步和号召关键的利害关系人对产品愿景做出承诺；概念报告书是启动所有工程活动的出发点，它将探索实现产品愿景的各种方式。

1.7 展望未来

在下个章节中，我们将检视细节工程的执行阶段、工具，以及流程的发展。我们将分享范例，说明可加速产品上市并确保项目精准执行的实务与技法。

1.8 你的反思

1.8.1 创造愿景

我们无法保证做了这些事情之后，就能百分之百准确预测新产品与服务的未来。但我们有信心你将更常挥出安打，甚至击出全垒打。以下列出如何第一次就能做出正确产品的做法：

- 产品开发项目由一个有远见的人来领导，他具备技术、商业、社会技能，能为项目开发与推销一个亮眼的愿景。
- 销售与市场人员通过研究市场资料、积极拜访用户现场，以深入了解用户与产品使用场景，来协助有愿景的领导人。

- 直接观察用户与场景可以感受到产品与用户情感的联结。
- 你最棒的人要是"模糊的产品开发前端",跨职能团队的一部分,他将在已定义好的研究期间中投入,广泛地探索解决方案。
- 项目团队或者大型项目中的子团队通过草图、模型、目标仿真原型,以及快速的试验来探索不同方案。
- 广泛地从下游团队,如制造端与用户测试模型与原型,来获得信息,以持续地检知收敛的过程。
- 资深领导者(总工程师)开发产品概念报告书,并广泛地让它在团队中流通以获得反馈,并建立共识。

你认为这样的做法是否符合你公司的需求呢?你将如何改善这个做法来更符合你公司的状况?

1.8.2 你目前的状况

1)你的产品是否符合用户的期待?产品有哪些关键课题或改善的机会?

2)在产品开发的早期阶段,你如何在开发前期投入时间来了解用户、环境、和风险?你可以如何改进?

3)你是否产出多个可能潜在的解决方案,然后收敛?还是仅在单一解决方案上进行迭代?

4)你如何在项目的前期运用草图、模型和原型来弥补知识缺口?

5)你如何沟通并号召团队投入到产品的愿景当中?

6)有哪一些需要高度关注的部分是值得马上展开行动?

1.8.3 开始行动

挑一个高度关注的领域,并写下如何开始行动的想法。以下是一些可能的方向:

1)深入了解顾客以及产品使用场景的方法,借此决定产品必须成为什么样子。尝试让开发人员亲身体验这件事,如此一来,他们能在情感上有第一手的产品需要成为什么样子的经验,这个经验不是由其他组织,如市场部门来过滤与发布的。

2)如何通过试验与目标仿真原型来学习,即亲身实践的学习与直接体验。

3)什么信息会进入产品概念报告书?

4)同步和号召团队来产生产品概念报告书中愿景的方法。

参考文献

1. Leo Sun, "The 10 Biggest Tech Product Failures of the Past Decade," *The Motley Fool*, June 1, 2017.
2. Ibid.
3. Ibid.
4. Gail Sullivan, "Lululemon Still Suffering from Sheer Pants Debacle. Founder in Warrior Pose," *Washington Post*, June 23, 2014.
5. Sam Becker, "15 Worst Product Failures and Flops from the Past 5 Years," *The Cheat Sheet*, December 7, 2017.
6. Jason Gilbert, "The 11 Biggest Tech Fails of 2012," *Huffington Post*, December 27, 2012.
7. Becker, "15 Worst Product Failures and Flops from the Past 5 Years."
8. Steve Musal, "F-35 Program Remains Late and Over Budget, but Doing Better: Pentagon," *Star-Telegram*, April 26, 2016, and Jared Keller, "The Navy's New $13 Billion Aircraft Carrier Has Some Serious Problems," *Task and Purpose*, Center for the National Interest, February 18, 2018.
9. Clayton M. Christensen, Taddy Hall, Karen Dillon, and David S. Duncan, "Know Your Customer's 'Jobs to Be Done,'" *Harvard Business Review*, September 2016.
10. James. M. Morgan and Jeffrey K. Liker, *The Toyota Product Development System*, Productivity Press, New York, 2006.
11. Bill Roberson, "Throttle Jockey: Harley Rolled Out New V-Twin Engine, so We Asked Bill Davidson All About It," *The Manual*, September 21, 2016.
12. Jim Morgan worked with Pericak at Ford and interviewed him for this book.
13. Patrick Rall, "Ford Mustang Completes Shutout of Camaro, Wins 2015 Sales Title by $44k+," *Torque News*, January 5, 2016.
14. Chris Woodyard, "Ford Mustang vs. Chevrolet Camaro Leads the Top 7 Auto Sales Battles," *USA Today*, January 4, 2018.
15. Kinsey Grant, "Ford Mustang Sales Are Plunging in America, but Surprisingly Accelerating Hard Overseas," *The Street*, July 30, 2017.
16. Phoebe Wall Howard, "Top 10 Dream Cars," *Detroit Free Press*, January 11, 2018.
17. Personal meetings with Richard Sheridan.
18. This is an interesting application of the set-based innovation principle (see Chapter 6 of *The Toyota Product Development System*).
19. Jeffrey K. Liker, *The Toyota Way: 14 Management Principles from the World's Greatest Manufacturer*, McGraw-Hill Education, New York, 2004.

20. Alan Ward, Jeffrey Liker, Durward Sobek, and John Cristiano, "The Second Toyota Paradox: How Delaying Decisions Can Make Better Cars Faster," *Sloan Management Review*, Spring 1995, pp. 43–61.
21. Mike Rother, *Toyota Kata*, McGraw-Hill, New York, 2009.
22. Eric Ries, *The Lean Startup*, Crown Business, New York, 2011.

第2章 快速而精准地交付

传统的项目管理试图制订详细的计划——"决定做什么和何时做",并按图索骥地做下去……这几乎是行不通的。精益公司则创建了一个小型、持续运营、快速、有节奏周期的网络。

——艾伦·沃德与索贝克·德沃德精益产品与流程开发

2.1 卓越执行

你已完成了你的功课,你了解你的产品或服务的独特价值主张,并创造分享了令人信服的愿景。同时,你的团队了解了愿景,拥有产品概念报告书,而且也就位了。每个人都了解风险,并确定了初步的知识差距。现在是将一个好的构想转变为一个改变游戏规则的产品,并在合适的时间抓住市场的时候,是进行详细工程设计、测试、备妥工具和启动的时间——是执行的时候了。创造出色的产品不仅仅涉及创新的构想,无论你的想法有多好,你仍然要执行得好,你必须交付出完整的产品。

在此阶段能够以速度与精度执行项目的公司就具有强大的竞争优势。卓越执行是指关注工作细节,最小化浪费,精确和可预测地运营,以便准时地向顾客提供正确的产品。减少返工、等待时间,以及沟通不畅,不仅可以实现更有效的开发,还可以创造一个更加尊重彼此的工作环境。正如你将看到的,这种方法为创建成功的价值流而不是孤立的产品提供了基础。

速度很有力量。时间是我们最有限的资源。缩短管理周期,更协同地工作、并创造工作透明度，会对产品开发的交付时间产生巨大影响。如果你能比竞争对手更快地交付，你就可以率先推向市场并获得更多的"尝试机会"。

可以肯定的是，从研究阶段到执行阶段，并不如切换开关般的容易。它不是传球，而是接力赛的交棒。在执行过程中，仍有待理解的问题、需要解决的问题，以及尚未完成的大量产品和流程工程的工作。详细的执行确实和研究阶段不同，它包含对产品的真北（愿景方向）有深刻的理解、也包含逐渐增加的工作紧迫性。它为团队奠定了基础，让团队得以灵活运用一些已经证明可以改善任何公司能力的概念、实践和工具，在满足成本、品质的情况下准时交付产品。

令人遗憾的是，我们看到大多数公司传承下来的产品开发系统都是基于20世纪的假设，组织就如同机器，像机器一样，任务指令从顶端指挥和控制。我们的控制的方法是根据人的职能专长将人放入框框中。在工程分析框中输入正确的数据后，就会跳出分析的结果。在零件群组框中输入规格，就产生了零件设计。在流程工程师的框框里输入设计，就可产生制造的流程。然后，你通过标准程序和闸道的评审来控制这些框框。你得到的是"瀑布式"开发模型（见图2.1）。事实上，信息的输入是不够的，如果没得到其他职能的反馈，每个"框框"都会产生很多瑕疵——分析无法回答正确的问题、设计不能被制造出来、组件无法彼此匹配。这将导致返工和流失客户，特别是当计划已接近启动时，每个职能都会被要求采取行动解决被胁迫下的所有问题。

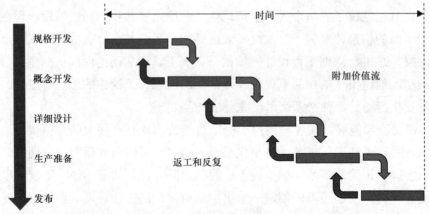

图 2.1　产品流程开发的瀑布模型
（来源：Bob Kucner, Caterpillar）

我们期待的流程，是想法与活动的平行、流动（见图 2.2），并行开发并非是全新的构想，但是要建立它以作为常态性运营的模式，并以此为基础再往上优化，需要投入很多的工作。实践并行开发的结果是工作将会顺畅很多，流动也更平稳。而不再像以前，从确定并定义某件事情开始，当问题突然变清楚时，再重复来回的（加工）工作。

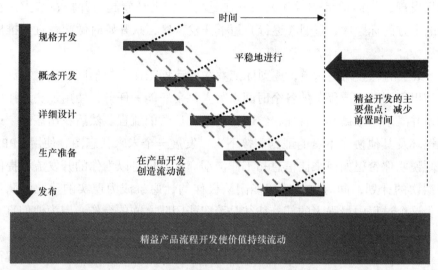

图 2.2　并行开发

（来源：Bob Kucner，Caterpillar）

标准作业系统和明确的里程碑永远无法取代产品开发人员。人员是成功开发阶段的最核心因素（这是我们在本书后面会回到的主题）。然而，通过精益流程、已验证的框架和足以使用的架构，来支持你的员工，将为他们提供最佳的成功机会。

2.2　精益开发流程

产品开发中的精益流程并不是把丰田生产系统（TPS）应用于工程部门。许多公司在工厂现场经历了 TPS 带来的好处之后，经常热衷于向"上游"移动，也就是将制造过程曾帮助过他们的工具和技术直接应用在研发单位。这是错误的，丰田并不这么想，福特没有采用这种方法，任何其他与我们合作过的成功的公司也没有采用，不要走入这个陷阱。

现在我们已经排除了这种错误的思维，精益流程思想的一些基本要素将会非常有用。这种思想的体现，与实际的工具和实践很不同。例如，通过完工前正确使用里程碑和实践兼容性，可以大大增强跨职能组织间的流动和内建质量的能力。另一个例子是使工作可视化，以便从异常情况中确定正常情况，发出求救信号，以及通过大部屋管理系统提供及时的帮助。

我们发现绘制价值流图是一个强大的入门工具。吉姆成功地将这个工具应用到产品开发环境中，我们在《丰田产品开发体系》中详细讨论了它，而在本书第9章中也将详细介绍价值流图在太阳能涡轮机中是如何被使用的。我们发现，最简单且非常强大的方法是将一张大纸卷起来并挂在墙上。在纸的上方的标题中，逐月（逐行）写下开发程序，从开始时做起，直到推出产品。

纸上的每一列是泳道，逐列标记着在该计划工作中的不同职能。在泳道内使用便利贴在流程中的各个时间点写入每个职能的任务，使用箭头连接便利贴并显示返工循环。首先，绘制目前项目运营的流程。然后找出瓶颈、返工循环及其他协作不良的证据。接下来，发展一个未来状态图，使用 LPPD 原则说明你希望如何来让信息和工作流动。这不仅可以为你的开发流程提供高层次的计划，同时也是跨职能团队极佳的让愿景成为现实的建立团队活动。这个过程中最强大的部分往往是跨职能团队之间的合作，因为他们真正"看到"工作和课题、理解相互依赖的关系，并共同制订对策。

未来状态价值流图将成为一个高层次的计划，它会随开发的实际状况而改变。本章后面讨论的大部屋会以每日或每周的节奏创造流动、内建质量、识别和处理异常情况。适当的设计和使用里程碑是其关键机制之一。

2.3 使用里程碑改善流动与增进学习

产品和流程开发的工作看似混乱，且充满问题。事实上，产品开发的其中一个观点是：它是关于问题解决的工作，它逐步缩小在设计工作中发现的当前知识与所需知识之间的差距。显然，某种程度的不确定性是任何开发计划本质的一部分，但这并不意味着成员们必须在黑暗中徘徊，期待达成某件事。为团队提供灵活的运作框架，将有助于他们在不加诸没有必要的官僚体制的情况下，驾驭这种不确定性。这当然具有挑战性，但并非不可能。重新定义里程碑及其使用方式，对于福特改善全球产品开发系统（GPDS）的工作至关重要，这对于我们合作过的所有公司而言也是如此。

2.3.1 赫曼米勒投入精益产品与流程开发

赫曼米勒（Herman Miller）是办公家具、设备和家居用品的制造商，它是一个非凡的组织。来自世界各地的公司前往密歇根州的泽兰，以该公司的文化为标杆。赫曼米勒以其卓越的设计和创新享誉全球，它拥有数十年的著名设计奖项以及被收藏于艺术博物馆中的杰出产品。

鲜为人知的是，赫曼米勒是杰出的精益制造的实践者。事实上，该公司的老师，也就是丰田，曾指派其他公司到赫曼米勒去看看有哪些可能性。丰田认为，赫曼米勒是在汽车之外应用精益制造的最佳学生之一。

在赫曼米勒在精益生产方面取得了很大进步的同时，尽管它在家具的艺术设计方面表现出色，但它还没有花时间精力进行精益产品流程开发。事实上，它有超过70%的开发项目未能在设定的时间内完成。这对一个通过年度展会活动（NeoCon）来驱动生意的业界而言，特别是个问题，因为家具制造商会在展会中将最新产品展示给客户，因延迟而不能在活动中展出产品的情况，将会导致很大的销售损失。

通过分析计划绩效数据、执行结构式访谈和绘制当前流程，赫曼米勒的团队能够识别出计划执行的偏差是造成项目延迟的重要根本原因。赫曼米勒已经拥有一个被广泛接受的高级产品开发流程。团队最初决定试验组件（component）开发计划，而不是彻底改造该系统。我们将在本章后面更全面地描述组件开发计划，它是一个用来创造单个组件或子系统的非常有效的工具，它与计划中其他的项目一样，与大的里程碑并行。

尝试创造组件开发计划的过程最终证明，它是一个提供关键知识的经验。当团队成员执行范例计划时，他们发现各职能组织在理解高层级开发系统的期望和协调的方面，存在重大的断点。该团队意识到，在开始创造单个组件计划之前，需要退后一步先解决更高级别的跨组织问题。换句话说，团队需要将跨职能组织断开连接的流程转换为连接起来的流程。在发展个别计划之前，非常需要先制订好谁应该向谁提供什么及在什么时候需要的协议。

供应链、工程、制造、设计和营销领域的领导者们聚集在一起，组成一个跨职能的掌舵团队，开始重新设计其产品开发过程的关键工作。这些领导者们专注于创造更好的跨职能合作以及对整个产品开发流程的共同理解。他们认识到这项工作需要从创造更有效的整合机制开始，也就是转型是从活用里程碑以作为有效的整合机制开始的。

为了将"传统"仅仅当作活动检查点，转变为基于精益原则下的里程碑，赫曼米勒创造了一个包含关键里程碑和在主项目及其里程碑下平行的职能"泳道"的大型绘图。以泳道/子系统里程碑作为流程锚点，每个职能都使用便利贴来重新创造对每个事件的目的、工作和可交付成果的理解。理解和期望的分歧并不是稀奇的事，各职能需要就每个里程碑的目的达成彼此间的共识,以及希望从每个里程碑的评核中学到什么。

工作一个一个地依照里程碑的设定逐一开始,从明确的、与团队共识的目的陈述开始,包括可交付的成果和定义每个里程碑活动的质量的具体准则。跨职能领导团队建立了定期跨职能会议的节奏,大多数详细的工作都是在会议之间作为"家庭作业"来完成的。

比·西弗(Beau Seaver),赫曼米勒公司制造工程部的副总裁,精心策划了大型的团队指导会议。当所有职能团队在对齐目标,并对活动的投入、产出和活动的质量标准做出承诺时,每个职能团队都只为自己发声。

有了这个经验之后,西弗说:"赫曼米勒的产品开发将会是全公司性的投入与努力,'需要一整个村庄的努力'的古老格言正符合这里。我们的里程碑的工作重点,最初是针对提升开发质量和可预测性。将各利害关系人(职能领域)聚集一起,在必需与相关的时机,彼此获得深刻的见解与感受,而开始打开新的大门。在开发和发布过程的每个阶段,清楚地知道谁拥有什么都是至关重要的,这样做确实提高开发的稳定性,同时,它也带来另一个非预期的好处,就是对专业信任的显著增加,以及对横跨整个企业的职能需求更深入的理解。"

西弗的团队继续创造"制造准备就绪的水准(Manufacturing Readiness Levels,MRL)",MRL 反映了产品设计的成熟度,并被整合到里程碑内活动规范的质量(Quality of Event Criteria,QEC)中,MRL 为每个里程碑的制造流程和工具成熟度水平提供"正常"标准的模型。

赫曼米勒着手于重新定义和校准里程碑,因此为许多其他精益开发计划奠定了基础。这项工作是显著改善项目交付的关键因素,在撰写本书时,赫曼米勒超过 90% 的计划都能按时完成。

2.3.2 将严格的官僚制度作为里程碑的问题

有效的里程碑,是公司开发流程中一个重要但经常被曲解的部分。他们的有效性经常受到以下两个极端之一的影响:严格的官僚制度的特性,以及对被贴标签为"自我导向"的无人管理团队所提出的建议。另一方面,在保罗·阿德勒(Paul Adler)所说的"严格的官僚制度"中,里程碑成为控制系统的一部分。它们成为管理者和开发流程专家的外部机制,以根据预定的检查表审核产品开发流程。我们已经看到公司在每个关卡的审查或里程碑中,引用几英寸厚的标准说明书,将每个准则评分为绿色、黄色或红色,但几乎很少对问题进行实质性的讨论,以及如何解决这些问题。这种核对心态很少能够带来更好的实际表现。

另一方面，喜欢自由浮动、由下而上的团队合作的公司发现，分散的团队（即职能团队）很少协调得很好，并且，他们很容易错过细节和截止日期。他们很难从异常情况中理解正常情况，他们等待太长时间导致无法对课题做出反应。更糟糕的是，参与项目的各横跨项目的团队之间几乎没有相互的学习。

当阿德勒研究丰田与通用汽车公司的合资企业——新联合汽车制造公司（NUMMI）时，他的见解之一是，许多计划、标准工作和标准操作程序，的确帮助团队成员完成他们的工作。他将此称为"赋能的官僚"，当正确地被设计且使用时，标准可以帮助团队协调和共同学习，标准也同时对上级管理层提供建设性的角色。

里程碑可以而且应该像乐谱一样，由熟练的指挥家一致地引导你的开发乐团。为此，我们将分享关于里程碑目的的一些想法，提出创造有用的里程碑的建议，并提供关于进行有效的里程碑审核的技巧。

2.3.3 里程碑的目的

里程碑，正如这个词所指的，是开发历程的路标：

（1）从异常中决定正常的参考点　里程碑告诉团队成员他们是否在轨道上，因此他们可以决定如何最好地继续进行。团队成员应该在开发过程中，为里程碑定义"正常"的状态。这不是一个"通过或不通过"的闸门，而是一个使团队能够根据需要采取适当的行动以进行修正的关键性指标。这个想法类似于丰田佐吉的织布机或装配线工站地板上的线条记号，表明在该站点应完成工作的百分比。如果一名工人处于 50% 的生产线，并且只完成 25% 的工作，他或她可以拉安灯以寻求帮助。然后，团队负责人可以过来帮助解决问题，而不会打扰产线其余部分。显然，如果团队发现异常情况但却没有发出信号的机制，或者领导者没有为团队提供真正的帮助，那么这个系统将无法发挥其作用。大部屋管理系统是这里的关键。目标是及早与有效地识别和解决问题——缩短管理周期并使项目保持正常运行。

（2）关键的整合点 / 集成节点　里程碑是跨职能组织之间并行工作的重要部分。它们应该被设计来识别各领域（诸如软件、硬件、和设计和制造等）之间的关键相依性，并提供共享的协调点。为了有效地做到这一点，团队必须了解每个职能部门内部的任务和任务顺序。这些详细的知识使他们能够跨职能并行工作，因为他们能够识别彼此的需要或交付的内容。这允许最大限度地使用不完整但稳定的数据，足以优化并行的工作。公司在这方面做得越好，他们就能走得越快。事实上，与缩短个别任务时间相比，这种并行在缩短前置时间方面要有效得多。

（3）开发运营系统的关键元素　资深开发领导者通常需要同时管理许多不同的项目。他们必须具备识别课题的能力，对遭遇困难的项目的需求快速有效地应对，并根据需要对其他的部分进行调整。根据恰当设计的里程碑反馈所建立的项目健康状态仪表板，可以成为实现这项工作的强大工具。

2.3.4　创造有用的里程碑

我们的经验是这个里程碑像生活中的大多数事情一样，只要制作出来就有它的效果。我们发现有用的里程碑具有以下共通的特质：

（1）一个真正的目的　首先问自己："为什么我们有这个里程碑？"你需要能够创造一个清晰、简洁、以产品为导向的目的陈述。如果你不能，你应该质疑里程碑的必要性。另一种思考方式是："你试图用这个里程碑来解决什么问题？"

里程碑的目的陈述应最佳地与总工程师概念文件相关联，并在计划启动活动中进行评审。对里程碑的目的陈述帮助进行跨职能的校准也是非常重要的。

（2）清楚的活动规范的质量　许多公司根据活动或事件来创造里程碑。虽然这可能是必要的，但通常不够。仅仅完成一项活动，并不会告诉你太多计划的状态或健康状况的相关信息。例如，你可能完成早期的原型建构活动，但是，使用的组件并不符合设计或制造流程的一贯要求，进而使后续的测试和学习变得虚假。你没有拉近产品开发所需的知识差距，或将风险降低到足够的程度。但是，由于团队成员完成了规定的活动，他们和他们的领导者可能会陷入虚假的安全感。

通过为里程碑建立活动规范的质量，团队可以更加了解正处于开发过程中哪一点的真实情况。我们在评估活动规范的质量时需要考虑四件事情：①活动规范的质量应该是项目成功的关键少数领先指标，它不是由头脑风暴所想出来各种可能的故障模式的愿望清单。②这个活动规范的质量要求是二元的吗？③如果活动规范的质量不能是二元的，它是能建立或量测的定量范围吗？④如果活动规范的质量不能是二元的或定量的，有谁可以明确地确定它是否符合标准？

（3）可扩展性　并非所有项目都相似。内容、复杂性和风险的等级，可能因项目不同而不同。精心设计的里程碑可以重新被配置以高度符合项目的要求，而不会失去基本的意图或效果。

2.3.5 里程碑的评核

在许多公司里，里程碑的评核普遍来说是令人胆战心惊的活动，在其中，团队试图说服高层领导一切都很好，资深领导则玩一场"堵住笨蛋"游戏，盘问团队，试图弄清楚真正发生的事情。里程碑评核应该/并且可以更好。

有几种类型的里程碑评核，其中大多数应在团队内处理（我们将在本章的大部屋章节中讨论这些）。但是，本节涉及的是重要的里程碑，它们需要外部的资深领导或其他利害关系人参与。以下的原则有助于从一个重要里程碑中获得最大的价值。

（1）支持团队　领导更上一层楼当然很重要，但主要目的应该是根据需要提供帮助和指导。

（2）变红色是可以的，但不能一直保持红色　"你转为绿色的计划是什么？"是吉姆在福特期间实践的一种哲学。虽然你想要从这些审核中去除恐惧，但你不想消除责任。团队最终必须去履行承诺。

（3）定义谁应参加某个里程碑的评核　某些审核需要资深领导、职能代表或特定专家，其他则不需要。在这里可以参考里程碑的目的以作为引导。

（4）里程碑是团队重新组合、对齐和并行前进的机会　里程碑应该激励团队，而不是让团队士气低落。即使是艰难的评核，结束时也应该让团队仍然挺得住并有动力继续。领导者应该将里程碑视为一个团队"涡轮增压"的机会，像旧的热轮旋转站一样。因此，车子从旋转站出来所带的能量，比它们进来之前还的要多得多，你的团队也应如此。

（5）尽可能在现场举办评核　没有什么比自己实际去看更能够观察和理解课题，又能在团队中引发激情。这也是许多公司将大部屋移动到项目附近的原因——要接近行动的地方。

2.3.6 领先指标

里程碑如同整合/集成点一般强而有力，它是为了识别和解决重要的问题，而非在里程碑处等待发现所有的问题。在下一阶段，我们要建立领先指标，尽早预测问题。这需要厘清真正的预测指标，并以更频繁的节奏对指标进行评核。这些将构成团队日常会议讨论的基础。

思考接下来的例子。如果"发布工具"是一个里程碑，那么为了完成工具工作，就需要特定的设计成熟度，同时，设计成熟度的渐进时间指标将成为一个领先指标。如果工具是由供应商建构的，那么供应商的选择可能是一个早期指标，也就是说如果还没有选择供应商，按时发布工具就是不可能的。你对产品开发工作了解得越多，就越能更好地识别这些早期指标，并越早发现潜在的问题或异常情况。你也可能找到机会进一步将这项工作的某些层面标准化。

2.3.7 商品开发计划

计划不应该停留在整体开发项目的层次，而需要层层配套、特定的计划来支持系统，甚至到零组件。复杂的产品通常具有复杂的多重组件结构，有时多达数百个。这些零组件必须并行设计才能按时完成，保证功能齐全且能相互匹配。经常在开发这些零组件时（常常是供应商）不了解他们各自的组件如何匹配进全局，也常常也不了解几个关键组件无法交付怎么将会导致整个项目的崩溃。针对上述情况，一个特别有用的工具就是商品开发计划（Commodity Development Plan，CDP）。

商品开发计划是一个针对个别零件或子系统的标准开发计划，开发人员可以对其进行修改以满足特定的项目需求。这些计划是根据零件类型去制订和维护的，属于负责该零件的开发小组。它们特别适用于可使用于不同产品的标准组件，如椅子底座、阀门或汽车挡泥板。它们从一个通用的模板开始，根据特定零件的设计成熟度进展、效能、测试需求、标准界面，以及各种输入和输出的时机输入信息。由于具体的需求可能因项目不同而有所不同，开发人员会先下载通用的计划，修改它以符合特定的项目，最后再取得批准。

商品开发计划由负责开发该零件的小组维护，它是协调单个零件开发到更大项目的好工具，为标准工作提供基础，为新开发人员提供培训媒介，并为持续改进提供基础。

2.4 创造可获利的价值流

按时开发出一款成功的产品无疑是一项重大成就。但如果有更好的呢？如果有一个思维系统和框架支持创造全新的价值流会如何？如果开创性的创新不局限于产品，而是包含了为客户创造价值所需的所有步骤，甚至包括它如何影响世界，情况又会怎样呢？想想看它的潜力。

当然，这个想法是精益产品和流程开发（LPPD）的基本要素之一。这是精益产品和流程开发有别于传统产品开发思维方式的一个重要部分。通过精益产品和流程开发"创造可获利的价值流"是我们已故的朋友和同事艾伦·沃德（Allen Ward）的真知灼见。开发人员不再单独考虑产品，而是考虑设计、制造、服务性、安装和任何其他需要创造价值的活动。

个人和组织的视野如何能超越单一产品而思考创造可获利的价值流？我们建议遵守两个原则：第一，在完成前先检视兼容性，在敲定零件之前先了解每个零件与系统的兼容性。第二，进行跨职能的并行工作，它需要对产品有深入的了解以识别跨职能的关键集成节点，这将导致价值流思维，且额外具有显著缩短交付时间的好处。

2.4.1 完工前兼容性检查

福特 GPDS 团队在其转型期间最有用的概念之一，是完工前兼容性检查（Compatibility before Completion，CbC）。当时福特已经养成了一种不健康的痴迷，也就是让新产品开发如竞赛般急于通过终点，尽快地开发零件，然后再处理大量的工程变更问题。完工前先检视兼容性的原则，是一种迫使在前期采取更深思熟虑的做法的对策。工程师必须证明他们的设计在完工和发布之前，兼容于所有系统和价值流要求。它成功达成这个目的，但完工前先检视兼容性的好处却远不止于此！

可行性检查点是一种里程碑，它被设计来引导设计的收敛，并在完成之前促进兼容性的实现。它们通常用于早期的开发过程，并且经常横跨开发的研究阶段和执行阶段。他们专注于逐步缩小知识差距，特别是关于对关键价值流属性的合规与兼容性要求（例如：制造、工艺、质量、服务性、安装、安全）。

福特在整个开发过程中确立了关键的兼容性检查。这个渐进式的系列检查包含了可证明的要求，根据计划好的可行性检查点来匹配设计的进度。当然，重要的是不要浪费时间过早地去评估不成熟和不稳定的数据，因为它们很快就会发生变化。但你也不应该等到设计完成后才去做，这样只会导致返工。开发工作应渐进的、跨职能的输入和输出应该构成一套及时化的（Just in Time，JIT）交付规定要求。

从这项工作中受益的每个领域（包括制造要求、产品服务性、产品安装、产品和过程对环境足迹的影响、质量、安全等）都有自己一系列通用的、渐进的检查要求。它是一种强大的、以客户为中心的系统思维方式，鼓励团队成员在思考整个价值流时进行协作。

丰田和福特等许多公司在创造价值流时都采用了这一概念。在福特，这一流程的核心部分称为数字化预先组装（Digital Pre-Assembly，DPA）。福特和丰田都广泛使用虚拟实境、仿真、快速原型和标准来驱动校准，以帮助确保产品质量和制造效率。他们在流程的早期就投入心力，检查产品的主要部分和标准定位点，然后与设计的成熟度并行展开，一直到零件的运输与展示，过程中也和许多虚拟的"及时化检查"做顺序管理。

以下福特的材料使用实例，说明了这个概念的实际应用。制造汽车车身冲压件所需的大部分钢材都是被浪费掉的，和大多数公司一样，福特也设定了材料利用率的目标以尽量减少材料的浪费，但大部分实现材料利用的目标的工作都只在开发后期的冲压工程阶段完成，也就是在开发流程中的流程和工具试验阶段。在那时，车身零件的设计甚至模具的设计已经完成，改善的自由度受到严格的限制。福特通过可行性检查点，对在开发过程中的内建材料利用率进行检查，并让车身工程和冲压工程都负责材料利用率目标，福特能够将每个项目的平均利用率提高近10%。当你考虑到一个汽车制造商的平均钢铁支出时，每个项目的10%合起来会是一个巨大的成本削减，如果不将这项工作在早期纳入开发流程，这是不可能实现的。

现在我们拥有各式的工具，从令人惊叹的虚拟实境，到功能强大的令人难以置信的模拟器，再到众多辅助快速原型制作的增材制造技术。但是，所有这些都没有比组织性驱动地创造真正卓越、全面的客户体验，和赋能促进价值流协作的坚实基础来得重要。这种上游的协作工作，比你在产品和流程启动后所能做的任何事情都要强大得多。

2.4.2 跨职能并行工作以加快上市速度

"完成之前做好兼容性"还有另一个潜在的优势——速度。通过深入了解开发工作，并找出关键的跨职能部门集成点，你可以更并行地工作。这将在执行阶段显著地缩短上市时间。并行工程并不是一个新的概念；但似乎很少有公司做得好。它们的流程要不是充满了因执行不良而导致的返工循环，要不就是演变成一个漫长而线性的过程而导致并行工程的失败。迄今并行开发仍然是减少交付时间的最有效方法之一。为什么没有更多的公司利用这个方法呢？我们认为至少部分原因是他们没有真正了解开发工作。

很多时候，努力提高上市速度的良好本意，会被简单化成武断的命令，在没有任何可行对策的情况下缩短大块的"堵车时间"。因此，这些类型的工作通常集中于快速完成独立任务，而没有全面理解它在更大的系统中的含义。这又再次导致了许多后期的变更、返工和延误。

要想在并行工程中取得卓越的成绩，先要有创造价值流的共识，真正了解每个职能部门如何完成工作，识别出关键的相互依存关系，并学习如何处理不完整但稳定的数据。这里的关键是数据的稳定性。下游职能部门如果处理不稳定且仍然可能发生变更的数据的话，返工的机会将急剧地增加。你必须了解每个职能部门的设计成熟度的进展，以便最大限度地利用不完整但稳定的数据，以作为下游职能部门工作的输入。

福特学习到要深入理解各职能的一个方法，是进行一系列相互依存职能，如设计工作室、车身外部工程和冲压工程之间的"给予和获得"会议。这些讨论会议通常是这样的：

1）跨职能团队从讨论当前数据所得到的基本假设开始。

2）在这个过程中，他们发现小组期望的工作交付内容，与上游小组实际工作之间（期望接收的数据）有一些脱节的状况。

3）团队了解到一些开发过程是建立在不正确的假设之上的；换句话说，失败模式是建立在开发过程中的。

4）团队努力了解每个小组工作的细节。

5）团队接着重新组织开发工作流程，以解决相互依存和数据成熟的进展，而不是让它们相互对抗。

跨职能的并行开发工作是成功执行并行工程的关键基础，因此有助于减少交付时间并创造卓越的产品，但这并不容易。它需要价值流思维，以及相当水平的组织协作和技术能力。我们建议从较小的重叠的并行任务开始这项工作，直到你能深化你的理解，并且强化你的能力。最好的组织会不断地工作以增加任务的衔接，最终将加快产品进入市场的速度。

2.5 将流程结合在一起——大部屋系统

如果沟通不顺畅，产品开发领域的所有技术工具都将被浪费，在跨职能的工作中尤其如此，因为人们自然地用自己的专业语言思考。良好沟通的矛盾在于：多不一定更好。沟通的焦点、质量、透明度和持续合作，往往比数量更为重要。这就是大部屋系统的贡献。

2.5.1 大部屋的起源

内山田竹志（Uchiyamada Takeshi）遇到了一个问题。他刚被任命为总工程师,负责丰田历史上最具革命性的产品,也就是后来的普锐斯(Prius)。该项目最初的目标被定为全球21(Global 21, G21),是在极短的时间内为21世纪开发出一款汽车,其燃油经济性不能低于丰田最好的小型车的1.5倍。更麻烦的是,内山田以前从未当过总工程师。作为先进研发领域的领导者,他领导了丰田历史上规模最大的重组,从而赢得了地位和公司内部的尊重。然而,他缺乏开发和商业化所需的先进混合动力科技的技术深度知识和经验。事实上,丰田没有一个人具备必要的专业知识。他很快意识到,要使这个项目获得成功,他需要前所未有的合作、透明度和决策速度。他总是谦逊地说:"总工程师应该知道一切,而我什么都不知道。"

结果,他的第一个开创性创新与发动机技术无关。因为他觉得自己知道得太少了,所以他决定让自己和那些了解很多,从所有关键职能而来的人同在一个房间里,围绕在他的周围。他在产品和流程开发方面创造了基础的创新,后来变为大家熟知的大部屋管理系统(Obeya Management System)。

Obeya是一个"大部屋",内山田和一个高级领导团队待在里面,这样他就可以有效地利用团队成员的专业知识和权威,做出高质量、快速的决策。在这个系统中,他每隔两到三天就会见一次所有需要的技术专家,并将所有相关信息贴在大部屋的墙上。这些信息是团队中每个人都可随时取得的。普锐斯进行了汽车工业的革新,大幅提高了燃油经济的标准,并把竞争对手远远甩在后头多年。这一系统为普锐斯的成功做出了重要贡献,并成为丰田开发的标准部分。

我们第一次听到这个故事是在18年前,正在为我们的《丰田产品开发体系》一书做研究而与内山田会谈,他与一组丰田工程师一起工作,他们的任务是在整个丰田开发社群中标准化及教授大部屋系统。

丰田是一个学习型组织。试图将详细规范的方法最小化,并将改善最大化。这包括了像大部屋这样持续改进的流程。然而,内山田对推出一个具规范的大部屋系统没有兴趣。他深信有一些想传承下去的基本原则,但之后他想要鼓励总工程师们去试验并互相学习。

丰田在过去一直没有采用将开发团队放在同一个地方的方法,虽然这是并行工程中最受欢迎的部分。在丰田,工程师们仍然向他们的职能主管汇报,比如车身工程,但当他们在做一个特定的项目时,工程师会同时汇报给总工程师。对内山田来说,大部屋最初是为了与高层领导团队进行密集的会议。其他总工程师则决定用较低频率,通常是每周一次,和更大的工程经理团队一起使用大部屋,以便让无法配置在同一地方的项目团队进行协作并提供透明性。之后，丰田的其他总工程师选择使用一个真正的大部屋，让许多任务程师可以全时地在里面工作的大部屋。我们还知道有一位总工程师，邀请各工程部门的总经理将他们的办公室搬到大部屋。另一位总工程师则前所未见地电子化了许多工作。试验和学习一直都很盛行。

2.5.2 大部屋的原则

我们在许多产业帮助组织建立了大部屋系统，包括消费性电子、汽车、家电、重型设备和医疗保健。要了解大部屋的关键是，它不仅仅是处理挂在墙上的东西。它是一个强大的、以团队为中心的管理系统，它能够提高透明度、沟通、决策和权责。若你考虑要将大部屋系统应用到你的组织，以下六个要点是你需要考虑的：

（1）工程师不一定要配置在同一个地方　团队可能被配置在同一地方，或使用大部屋为会议场所。要考虑项目的定期会议和更小分组的工作会议，以标示最新可用信息的空间。然而，即便是一个配置在一起的团队，仍然会有很多人，比如供应商在自己的地方工作，并根据需要前来参加特定的会议。因此，无论团队是否在空间上配置在同一地点，大部屋都将成为开发项目的沟通中心。

（2）纸张形式的目视化管理是有效沟通的关键　墙壁上贴满了重要的项目信息，这些信息通常来自总工程师的概念文件，现在作为团队的愿景和契约的组合。设计数据，包括由 CAD 绘图传达的另类信息、最近的测试结果、备选方案评估状态、决策准则和状态，会以权衡曲线来显示。实现特性性能的计划和状态，以及成本目标，会用下滑路径图来呈现。以灵活、交互关联和易于使用的方式直观地显示与日程相关的项目状态，包括供应商的准备程度，是很重要的事。我们还看到团队将前期产品放置于大部屋中，这些原型通常是最强大的沟通辅助工具。

（3）使用大部屋的团队经常说他们是"在墙上行走"，每个负责团队都要报告他们在墙上的区域　这些是站立会议，次级团队经常在会议空档开会。纸本文件可以通过线上交流进行补充。在某些情况下，参与者以虚拟的方式参与会议，可能会使用摄像机进行视频会议。我们曾和一些公司合作，这些公司甚至在世界上不同的地方（如中国和美国）有两个相同的大部屋，墙上挂着相同的文件。

（4）显示清楚的标准，并突显与标准的偏差，从而采取纠正措施　大部屋中准备、更新信息和目视化的过程，迫使团队清楚地思考项目管理的期望、目标和标准。应该发生什么？发生了什么？我们如何才能缩小差距？大部屋中有许多快速的 PDCA 循环，可以在会议中或会议后不久缩小差距，而不会让这些课题拖上好几个月。

（5）会议是动态、充满活力的，并不断发展以适应项目　会议的节奏因团队而异。有些团队每天开会，有些每周开会，但大多数团队的会议节奏会随着项目的活动强度而变化。会议的内容也可能随着项目的成熟而改变。重要的是会议要有针对性，高度互动并且清晰明了。这不仅仅是传统上的"进度/现状会议"。会议应鼓励讨论和合作，提供协助以尽早确定问题，并促进透明度并以"一个团队"的方式执行项目。另一方面，会议并不打算花很多时间来解决涉及少数人而其他人只是旁观者的复杂问题。在卡特彼勒，其政策是只讨论大部屋中广泛的跨职能问题。然后将部屋中涉及一个或几个职能的问题指定给一个团队，让他们在会议之外处理，然后在下一次大部屋会议中报告。在席林机器人公司，工程副总裁安迪·胡克（Andy Houk）谈到了"沟通的密度或效率"，并指出："我们现在用大部屋在半个小时内完成的工作，比以往一个半小时的进度审核都要多。"简而言之，会议应该同时识别问题并为团队增加动力。

（6）大部屋的位置经常随着项目移动　大部屋的实际位置通常从设计工程开始，然后移动到原型，最后到工厂进行启用。如果在现场附近，团队肯定能受益，这样他们就可以快速地到现场去看，但我们意识到这并不总是可能的。最重要的一点是为团队提供一个专门的空间，以作为聚会的地方，也可以作为项目的控制中心。

（7）大部屋是用于里程碑和其他评核的核心规划和沟通的地方　我们合作过的公司通常都有一些结构化的开发流程，其中包括阶段和节点，作为他们正式审核流程的一部分。与大部屋中发生的快速决策相比，这些通常是较长周期的评核（几个月）。我们发现，与其花费过多的时间以准备冗长的 PPT 报告来回顾项目进度，我们可以用大部屋作为一个合乎逻辑且有效的替代媒介。我们经常听到："我们应该在大部屋中进行里程碑评核。我们已经把所有的项目状态信息都贴在墙上了。"这些评核之后将成为整个学习和 PDCA 流程的增值部分，而不是充满浪费的独立事件。

在对丰田的调研访问中，我们看到了丰田大部屋是如何通过谨慎的 PDCA 不断发展的。大部屋也有一些创新，例如增加 CAD 和模拟能力，以促使即时的设计讨论。然而，系统的核心仍然是积极的目视化管理、企图改善沟通、透明度和跨职能整合，以便快速识别和解决问题。

透明度和合作也是艾伦·R.穆拉利在福特所说的精髓所在："你无法管理一个秘密。"我们会补充说："你无法解决一个你没有意识到的问题。"他向所有人发出挑战，要求他们诚实、基于事实地沟通，改善跨职能部门的透明度与企业规模的协作。开发团队回应的方式之一是需要一个大部屋系统。大部屋不仅用于管理项目的表现，还用于创造GPDS时，整合跨职能团队并管理全球的工程职能。

2.5.3 大部屋在席林机器人的应用

我们是在2017年的6月，精益企业研究院LPPD学习伙伴公司在加州戴维斯（Davis，California）的聚会中，被提醒大部屋的好处。这是一个由吉姆所创立的学习团队，涵盖各式各样的公司，这些公司专注于提升他们的开发能力，也乐于分享他们学习的成果（在第9章会有细节讨论）。参加6月会议的各个公司的经验水平和具体做法都各不相同，但每家公司都在试验大部屋，所有公司都报告了他们的绩效改善，其中数个团队报告，他们有史以来最好的产品开发成果归功于大部屋。在后来的讨论中，我们学到了他们各自利用大部屋影响力的不同细微差异，他们每个人都发现大部屋真正的益处是在透明度、问题解决的速度和团队参与上。其中一个故事来自席林机器人。

费密志·大卫（David Furmidge）是一位有丰富经验且非常有能力的专业工程师，他曾在洛克希德（Lockheed）的航空航天工业，从事人造卫星开发的工作7年，之后的10年，他在惠普和席林机器人主导产品开发项目，领导席林机器人最复杂且困难的遥控载具计划。当时，安迪·胡克（Andy Houk）（工程的VIP）要求大卫去主导双子座计划（用户界面设计在第1章被讨论过），那一点也不令人惊讶。双子座的愿景，是开发一个机器人能够前往海平面以下3962m的地方执行复杂任务，任务中不必返回水面就能更换工具，这本身其实就是一个巨大的进步，能够为席林的顾客省下数百万美元和数天的时间。此外，席林也致力于让双子座更容易于操作，为它的顾客增进选择操作员的灵活性。简单地说，双子座将改变游戏规则，成为席林开发过的最先进的和最复杂的产品。

大卫知道，即便他的经验丰富，这也是他主导过最艰难的计划。仿佛这样的挑战还不够，安迪还要求大卫用一种全新的方法来开发它。根据大卫描述："当然，我说，'是的，我们会做。'但同时我也觉得，'天啊！我们正在进行一个庞大的项目，而且，我们正将要改变我们的开发实践！这似乎是在已经很困难的任务上,增加许多额外的工作。'"

尽管有着怀疑,大卫仍对学习抱持开放的态度,他和安迪在读到关于大部屋的内容时,都感觉到自己被启发了,他们也从拜访赫曼米勒当中,了解到项目团队如何利用大部屋系统来为开发工作带来巨大益处。尽管大卫和安迪对他们在赫曼米勒所看到的留下深刻的印象,但他们都想知道这个流程是否能扩大至既难懂又复杂的双子座项目中。这两人之中,特别是大卫,他还是很怀疑大部屋的成效,他甚至在他的微软项目进度管理软件中保存了一份单独且详细的时间表,并预测"这个大部屋不知何时会全部瓦解"。

席林机器人有一个重要的试验文化,就是员工非常乐意尝试新事物,然而,那些人也非常聪明和自以为是。大卫听到了初步的抱怨,是关于有些员工认为大部屋是另一个需要浪费时间的进度会议,这浪费的时间,是他们原本能够"完成他们工作"的时间。

大卫回忆:"最初几个大部屋的会议中,成员们并没有表达很多意见。当时,是在40人或50人面前讲话,加上成员们一开始并不真正了解或相信这个流程,因此我花了一些时间让一小群人留在这个房间,并解释它的目的,我向他们保证,这不是一个进度会议,它是一个确认议题和问题解决的会议,我们的目标是合作,交付极好的产品,并在流程中相互扶持。在几周之内,成员开始了解到这个系统是如何的强大,让大家达到了之前不曾有过的项目透明度和合作程度,此时事情开始发生巨大的变化,我甚至永远地放弃了我的秘密的微软项目进度管理软件。"

在席林机器人大部屋的一边,是一个巨大的项目日程表,项目日程表的上方是所有关键的项目里程碑,代表着栏位的标题,在里程碑的正下方,是每个子系统项目团队的水平泳道,如操纵器、栓的管理、控制,以及软件与安全性等功能。在每个泳道中放上便利贴,用来支持里程碑时间轴线的关键任务。

"一开始,我们大约只在8周之内有非常明确的任务准确度,而在那之后,任务会以更高的层次来做确认。"大卫说,"并且,随着项目从大部屋的左边进展到右边,我们开始加入细节。在会议中,我们保持将焦点放在即将到来的一周,也注意到即将到来的事件,但我们真正要处理的,是这周必须要完成的工作。"

在这次会议中,每位负责任务的人员会说出他们的任务状况、他们正面临的课题,以及他们哪里需要协助。在今天会议的日期上,有一条可移动的红线,所有那条线左边的任务,都必须在今天会议前完成,当任务被完成时,就会用绿笔划掉写在便利贴上的任务。"借由把大家聚集在项目日程表前,让大家更能够找出项目不一致和冲突的地方,特别在我们过去曾经挣扎的地方,例如硬件和软件的整合。"大卫谈到,"身为领导团队,我们从不攻击和批评落后的团队,我们只询问需要什么协助。然而,在那会议中,的确存在着许多同僚压力,因为,没有一个人希望让团队失望。我们很少有这种情况,如果有的话,是曾经有人在第二周迟到。"大多数的项目会议是每周进行一次,但是,当项目进展到测试阶段,且工作进展得比较快的时候,会议是每天进行的。随着团队进度变得更好,团队只需花十分钟来做项目日程讨论,剩下的时间,团队就可以关注大部屋另一边的产品开发。

在大部屋的产品开发那一边,墙上贴着各个子系统项目的海报,这些海报展示关于最新的设计信息与想法与所做决策的记录,以及在特定领域的顾虑或议题。最后,这些海报的内容会被延展为各式各样的运营、安全和供应的海报。而随着这整个流程的成熟,团队将被鼓励在便利贴上写下问题、提案或是课题,并把它们贴在海报上,海报的负责人一般会在隔周对意见做出回复。大卫说:"这么做真的能够帮助简化做决策的过程。"

在大部屋中,问题是不允许恶化的。当面临挑战时,团队成员会相互扶持。"由于这个大部屋流程在,我真正感觉到自己是开发团队的一员。"制造工程部门经理汉娜·沃顿伯格(Hannah Waldenberger)说,"我们不仅仅是设计人员或是运营人员,我们是一个开发团队,我们一起拥有课题与产品。"

随着时间过去,安迪注意到,在会议之间有越来越多小群组聚集在大部屋的某些区域,尝试解决课题或讨论计划,安迪说:"这有助于说服我大部屋系统真的越来越发挥它的牵引功能。"

大卫从主要的怀疑者,转变为主导的支持者:"我认为大部屋管理系统让我们能够排除许多大课题,以及经常伴随这种项目的戏剧性事件。"大卫相信大部屋不仅从项目交付的角度取得了成功,也有助于团队更紧密团结,解脱他身为项目负责人的许多压力。"我认为我们的成功主要归因于大部屋系统,它帮助我们将工程和运营整合在一个团队中,并建立了透明度和责任制。我可以肯定未来会看到大部屋在航天工业起作用,我们在没有已知但却尚未解决的问题的情况下,提前两周完成项目的第一阶段,这个成果对我们来说是第一次。"

席林·泰勒对大部屋系统的热情并不比其他人少。席林机器人公司这些年来经历了令人难以置信的成长，但缺点是有越来越多的电子化沟通。席林说："不知道几年前开始，一直吹着一股风气，就是大家使用微软工具来进行所有沟通的倾向，即便和只离一米的人进行交流，也要采用电子化沟通。当时，我把我最关键的资源放在工具的使用上，真是一场噩梦，例如：在PPT程序中调整圆圈大小，改变字体，这真是浪费团队的时间。我想：'天啊！我不能让这样的事情再次发生！'之后，我看到你们在大房间所做的那些书面图表和便利贴——那些是对实质时间的利用非常好的表现方式，也就是尽可能花费最少的时间在形式化上。"

泰勒补充说明："我喜欢参与大部屋会议，它以真正有效的方式产生没有阻力的信息流。会议每周进行一次，大约有50个成员，了解大量正在发生的事，然后做出决策，使团队继续进展。大部屋把我们过往的同步并行和充分沟通带回来了。而和最近的项目相比，我们可以用更能预测的方式来推进双子座项目。它真的让我想起了席林的早期，当时我们还只是一个刚起步的小型新创企业。"

此外，泰勒看到了大部屋管理系统的另一个好处："在较大的开发计划中，任何子计划的成功，似乎很高比例地和负责该项目人员的领导统御能力有关。如果你有一位超级明星领导人，你就会得到好的成果；如果没有的话，你就必须大量地返工，那就意味着项目瘫痪了。由于我们的能力范围和执行项目的能力，受到具有天分的领导人才的数量的限制，因此我们不得不改变我们正在做的事情，痛苦地拒绝新的项目。"

泰勒继续说明："大部屋方法扩大了我们统御能力的范围。大部屋把每个人聚集在一起，并让所有子项目并行。这样对于经验不足的领导人来说比较简单，因为他们每周可以看到正确领导行为的示范。他们是团队的一部分，我很激动地看到我们的能力梯队和员工成长。"随着大部屋的使用扩展到整个公司，泰勒把它视为重要的人才发展机会。

目前泰勒把重点放在双子座项目："关于大部屋管理，我们最大的事件，是席林30年来，首次在预算范围内达成如此大型计划的所有开发目标。"

大部屋系统非常适合席林现有的文化，这使得此公司进步得很快。很明显的，它提升了公司珍视的价值，例如合作、创造力、透明度，以及创造伟大产品的热情。大部屋也可以成为刺激这些价值发展和成长的方式，就像我们的朋友，身为精益企业研究院的主席和执行长的约翰·舒克（John Shook）说的："有时候，以行动来获得新的思维，比以思维来获得新的行动来得更好。"在席林，仅仅看到和听到大部屋的信息是不够的，人们必须体验它，以行动来获得新的思维。

2.5.4　索拉透平（Solar Turbines）借由工作流程的视觉化管理以缩短交付时间

索拉透平是卡特彼勒（Caterpillar Inc.）的全资子公司，位于美国加州的圣地亚哥，是一家全球能源解决方案公司，主要设计和制造工业燃气涡轮机和压缩机，也提供产品生命周期的支持，主要的应用包含发电机、石油和天然气的生产，以及天然气的输送。索拉透平的精益产品程序与研发，是在阅读完《丰田产品开发体系》之后开始的，由杰夫和我们的同事约翰·德罗戈什（John Drogosz）提供协助。项目领导人借由绘制价值流，以及建立一个大部屋管理系统作为开始，它们对研发工作创造了更深层的理解，也提升了透明度，最后显著地改善了产品的品质，缩短了产品上市的时间。我们将会在第9章进一步讨论他们是如何着手进行的。

由于初期绘制价值流图和大部屋的努力带来了成功，金凯德·霍华德（Howard Kinkade）被要求将LPPD扩大到整个产品线。他的直属上司比尔·沃特金斯（Bill Watkins）是气体压缩机的主管，预见在接下来几年，会有增加新产品开发线的需求。尽管先前LPPD工作的执行造就了局部的改善，但仍旧有部门辛苦奋斗于他们在进程上的承诺。因此，如果产品开发团队要达到组织设定的目标，以及顾客未来的需求，气体压缩机的整体开发绩效需要被提升，但是，他们应该从哪里开始着手？

他们决定以他们已经完成的工作为基础，并在工作中创造更高层次的透明度。关于造成流动课题的原因有一些不同观点，原因从没有足够的资源，到不切实际的进程。然而，在跳到解决方案之前，他们决定每一个职能团队应该将他们所有的工作可视化。他们将所有他们的活动张贴在个别的展示板上，如此一来，每个人都可以看到哪些工作是正在执行的，以及哪些工作仍然等待被处理。这些展示板全部被张贴在一个区域，这个区域能让每个人可以看到在每个组织中的每位人员最近所从事的事情，以及每个部门所积压的工作。一旦所有的工作都能让所有人看见，团队就能着手对所有的工作流的课题加以量化，排列优先顺序，并一个接着一个地处理它们。

这种工作透明度的水准，也能够让团队退一步并分析气体压缩机开发的整个流程。因此，几个产品开发中一贯的挑战很快就浮现出来：

■ 工作的优先顺序。

- 工作范围。
- 有太多的工作停留在系统中。
- 资源的局限。

1. 工作的优先顺序

看看墙上的工作,当优先顺序建立起来,但如果并不是每个人都在执行它们时,问题就会变得清楚。为什么?团队发现,部门内工作的优先顺序,通常会受其他团队发出的新的要求而改变。事实上,他们发现,这些工作要求通过他们的方式经由 15 种不同渠道传递到气体压缩机团队!团队成员理所当然地会尝试帮忙和回应所有的要求,这导致成员经常把手边的任务/项目丢下,转移到另一个任务/项目。

很清楚的是,现有的会议能被用来讨论优先顺序,但没有真正的流程能够基于客户考虑,不断地且有效率地排列工作优先顺序。因此,团队建立了一个标准流程,去接收、评估和排列工作的优先顺序。顾客价值、安全、品质、财务绩效标准准则,以及预算考虑都被纳入其中。此外,来自各团队要求的工作,以及评估流程也以目视化方式呈现。因此,工作的优先顺序对所有人而言都是透明的。最重要的是,这个流程为管理团队提供了一个一致性的结构,帮助内部讨论和排列整个产品线的工作优先顺序,这个流程是创造工作流管理系统的开始。

2. 工作范围

另一个让团队成员烦恼的课题,是下游顾客所提出的工作要求不清楚明了。工作的要求既含糊、缺乏正确的信息,又在整个项目的中途改变工作范围。一般来说,在期限的压力下,成员会在缺乏需要的信息的情况下,开始着手工作,不料却需要停下来,并重做大部分他们已经完成的工作。这种走走停停的浪费,对于许多的员工而言,是挫折的来源;而对于索拉透平而言,是既耗时又昂贵的现实。

项目经理和部门经理会一同定义每一种工作在起步时,所需的最小信息门槛的标准,这能够排除工作要求者和成员之间的含糊不清。现在,等待列中的工作要求在可取得标准信息之后,才会发布给团队成员。这些工作的等待列以目视化方式呈现,显示哪些已经准备好可以做,而哪些仍在等待数据。不传递不完整工作要求的做法,对减少返工和部门之间的辗转来回,产生了巨大的影响。

3. 有太多的工作停留在系统中

当索拉透平团队开始使用工作流管理板的时候,另一个课题变得明显了，也就是系统中有大量未完成的工作。其中一些来自于改变工作优先顺序和范围，以及相关重工的自然结果。然而，另一个造成大量的工作没有被完成的主要课题（原因），是缺乏流程来管理工作如何发布到系统中。在所给予的任何年份里，进入系统的工作将会比完成后移出的工作还要多，一旦工作被授权或制订好预算，工作就会被分配到部门，然后会指定给某人而不会考虑其既有的负荷。这样的运作已导致有些职能部门的工作超出负荷，变成瓶颈，而其他部门却没有事可做。

当团队退一步去反思时，他们意识到手边没有一个真正的流程，能够评量一个部门的产出能力，顶多只能根据过去的经验做有根据的预测，因此，部门主管和团队成员一同合作，为大家决定一个有效且最大未完成工作量（maximum work-in-process capacity，WIPCAP）。一旦每一个职能部门的标准被建立了，超过此门槛的工作是不会被释出的，除非该部门手上的工作量低于他们的最大未完成工作量。

4. 资源的局限

许多团队成员觉得系统中的资源很明显地是有局限的，但是很难准确地查明缺乏资源的地方及其数量。当团队以优先顺序、范围、未完成工作来处理挑战时，真正因资源受限而导致的瓶颈，在工作流管理板上变得显而易见。借由工作的可视化，团队更能够发现，问题并不是他们需要更多的人，而是他们需要扩充团队成员的技能，而这将使他们能够适应不断变化的工作内容，以减轻少数具有专业技能的关键员工的负担。

5. 内建学习和持续改善

当团队在工作流管理系统中发现及解决课题时，他们同时也对他们的工作有了更深层的了解，这能让团队创造更好的工作标准，从而进行改善，他们就能更新他们的工作标准，并分享给他们的团队成员。这些标准也帮助员工们加速增长他们的技能。

6. 结果

实施可视化的工作流管理系统，能够在整个价值流中，带来更平准且更有节奏的工作流。在第一年实施工作流目视化之后：

- 工作流的停滞减少60%。
- 工作的积压下降29%。
- 由系统成功产出的设计数量增加41%。
- 在没有加入任何额外的资源下，产出能力增加30%。
- 职能部门和项目之间的共识和合作有很大改善。

7. 结论

将工作流管理的流程加进大部屋管理系统，帮助了气体压缩机团队大幅提升绩效。它也有助于建立持续改善的流程，以满足经常改变的商业和顾客需求。经理和员工现在觉得他们拥有知识、项目成败的主动权，以及工具，来持续改善他们的开发系统。

在索拉透平的范例中，最让我们印象深刻的是他们解决问题的方式。在霍华德和他的团队开始着手进行之前，索拉透平就已经对工作流管理有不同的软件解决方案经验。索拉透平的团队本来可以很快地实践问题解决，然而，他们退一步，决定把问题强调出来，系统性地找出工作流的停滞点，并试验不同可能的对策，他们面对问题采取的是学习与试验。通过这种方式，他们建立了符合他们状况的解决方案，并感受到了当团队一同努力以达成美好结果时的那种激情。

2.6 从死记硬背到增值的常规

为了真正创造突破性的创新，我们需要努力实践令人信服的愿景。创新是一个天生无法预测的流程，我们无法准确地去预测我们将会学习和发现什么，或者它什么时候会发生。结构性的开发流程已被证实有助于为混乱带来秩序，亦能显著地提升开发的绩效。从另一方面来看，当这些结构性的开发流程逐步发展后，它们通常会成为（严格的官僚制度）的一部分，巨大的幕僚组织负责企业开发流程，他们持续增加关卡的评审项目。长篇的笔记、长篇的简报和无数的会议，也造成数量倍增的疲惫参与者，将数百个项目评为红色、黄色和绿色。取代具生产性与实质性讨论的，是乏味的例行进度检查。

为了不让产品开发中宝贵的观念随着不好的观念全部舍弃，在本章中，我们涵盖了几个不同论点，来为产品开发计划增加价值并提升它的结构。为了创造能持续讨论和解决问题的场景，用定期审查作为标记，我们介绍了大部屋的概念。创办人感叹当席林机器人的公司规模及复杂性增加时，他的团队失去了产品开发活力和激情，但是大部屋系统带回了这一切。

最后，产品开发的执行要达到卓越，需要的是在开发流程中结构和灵活性两者达到恰当程度的平衡。请记得，我们提供的框架的重点在协助开发团队通过扩展产品来达到成功。框架不是一个稽查组织的指挥和控制的机制。

2.7 展望未来

本章节聚焦于适当程度的结构如何为开发新产品时固有的混乱流程带来

秩序。严格的官僚体制有太多的结构会抑制创意，但如果太少，则会导致漫长的交付时间、大量的重复工作，以及产品无法达到它们的目标。我们建议处于适当程度的官僚体制，这能够支持创新。

我们会在第 3 章继续这个主题，进入这存在已久的争论：对设计的产品或服务而言，标准应该被视为抑制还是增能。在此章中，我们认为依照标准的不同以及它们如何被使用，可以判断标准对设计而言究竟是抑制还是增能。我们以丰田为例，说明它如何为车辆平台创建一个新的全球结构，让设计团队可利用他们的创意去创造更流行的设计，同时拥有更好的性能。事实上，我们相信标准和灵活性就如同产品开发的阴和阳，彼此互补，创造两者间的一些张力，推动设计团队开发出伟大的设计。

2.8 你的反思

2.8.1 创造愿景

本章的重点是快速和精确地交付产品或服务的卓越流程，对这个愿景的关键特点的描述如下：
- 工作顺畅地在跨职能专家之间流动，专家们从一开始就同步并行彼此之间的工作，确认工作的相互依存，并学习如何使用不完整但稳定的数据来工作。
- 将工作可视化，使其用来区分正常和异常状况，以发出快速纠正行动的信号。
- 里程碑审查被用来评估进度与计划，检视工作的相互依存，采取纠正行动，以及学习先进经验。
- 建立领先指标以便在危机发生前预知问题。
- 可行性检查点用来推动完成前先检视兼容性的制度。
- 大部屋管理系统是被用来作为主计划、沟通和合作的核心场所，以进行跨职能团队至少每周 1 次的会议，以及当跨职能部门课题产生时，能够迅速地确认并解决。
- 所有参与者清楚地了解产品开发流程。
- 开发流程本身是通过定期的反思来学习和持续改善而被研究的。

这个愿景符合你公司所需吗？你如何修改这个愿景，并让它更符合你公司的状况？

2.8.2 你目前的状况

你有多擅长执行产品和流程开发？

1. 对于你的组织而言，执行开发是一个竞争优势吗？在哪些方面是，而在哪些方面不是？

2. 你目前使用的项目管理、关卡审查和设计审查的系统，支持你的开发团队进行持续改善以创建顺畅和并行的工作流吗？

3. 思考对于你的组织而言，你所同意的愿景，你会如何评价每个项目（1—弱，2—很好，3—极好）？

2.8.3 采取行动

挑一个你状况比较差的领域，写下对如何着手处理的一些想法，一些可能的方向包含：

- 将跨职能部门、多层级的群体聚在一起，画出和讨论你当前的开发流程，以及在每个里程碑中，建立对目的、可交付成果和活动质量标准的清晰共识。
- 将开发团队的领导人召集在一起，讨论当前如何运营，并讨论大部屋管理系统或开发流程的改变，将如何帮助他们在交付产品时更有效率。
- 在产品开发的一个项目中，制订一个计划来试验大部屋管理系统。

参考文献

1. Herman Miller, hermanmiller.com.
2. Paul Adler, "Building Better Bureaucracies," *Academy of Management Perspectives*, 13, no. 4, 1999.

第3章 固定与灵活——精益产品开发的阴和阳

阴和阳，理所当然是相反的，所以我们使用阴和阳来概括相反的元素，例如：上和下，昼和夜。然而，阴和阳并非以分开和独立的形式存在，它们是一体两面的，或者可以这么说：阴和阳联结，并合成一体。

——何静寒，"八卦导引：道家学习的独特的分支，皇室的秘密技能"

3.1 在开发策略中创造平衡

有太多的产品开发人员，在面对无限的创新潜力，以及有非常好的互相冲突的标准时，他们往往会选边站，但其实没有这个必要。"自由创意派"害怕精益的标准会限制创意，导致开发出令人不愉快且无聊的产品；另一方面，"技术专家派"则苦恼于不受约束的想象所造成的成本超支和运营混乱的景象。

这种二元式的思考将会造成局限。而拥抱"冲突"，把它当作创新的来源，是更有效的做法。我们发现一个打破这个困境的方法，就是不要把它视为"非A即B"的问题，而是要把它视为一个"既A又B"的机会。这不是冲突，是产品开发的"阴和阳"——对立但互补的力量构成了整体。阴阳的符号，是中国道家哲学的一个著名部分，它反映了看起来似乎是相互对立的力量的平衡，在这里，它固定且灵活地影响了精益产品开发（见图3.1）。

这种既固定又灵活的哲学，是十多年前福特和马自达团队一同工作时形成的，它让两家公司得到了极大的好处。建立既固定又灵活的策略以便跨车辆平台共享最好的零件，如此，两家公司能同时达到品质和规模的改善。标准化的设计以及零件排除了部分例行性的设计工作，让研发团队专注在具有挑战性且真正需要客制化的问题。我们相信，这看起来简单的概念将对你的开发能力有深刻的意义。

图 3.1　既固定又弹性灵活——LPPD 的阴和阳

在产品开发中，固定的元素时常通过"标准"来传递，这些标准针对具代表性且重复发生的问题，是以经验为基础的解决方案。通常这些标准被运用在不会再增加顾客价值的部分，它们提供一个强大的机制，将一个项目的学习运用到另一个项目。随着时间的过去，经验和知识会积累，标准也会更新，开发人员因此能更快速地选择更好的品质。这些清楚的准则被撷取后向团队沟通，使学习和运用新知识的能力成为团队真正的竞争优势。因此，开发人员不需要浪费时间和资源一再重复地学习相同的事物。对齐项目中固定的部分也相当重要，有助于了解计划管理的风险与能量，引导产品团队聚焦于开发中灵活的元素。

产品开发中灵活的层面，是那些增加顾客价值和创造产品差异化元素的创新和创意。它们是产品独特价值主张的核心——通常是为何我们执行这个项目的原因。在这种情况下，我们尝试创造"什么"的高层次愿景也许可以被理解，但"如何做到"还是未知的，所以，当项目执行到这部分时，风险的轮廓及知识的断层是显著的，需要有本质上有意义的创新。

从灵活的元素中找出固定元素，需要深入了解产品如何以令人信服的愿景传递价值。同等重要的是，组织需要与此愿景对齐，以及团队成员要了解他（她）如何贡献以成功实现愿景。总工程师的概念文件以及相关的活动，对勾勒产品轮廓是极有帮助的——确立最有创意及对顾客最重要部分的愿景，并明确其中的固定元素。

既固定又灵活的"阴与阳"，提供了一个强大的思维模式，让你思考标准化策略，如何帮助你确保品质、排除浪费，并为顾客传递最大的价值。当定义固定的元素，并分配时间与资源到灵活的元素时，我们如果从下面两个大类别来进行思考将会非常有帮助：设计标准及制造流程标准。

3.2 设计标准

工程师可以用开放的心胸和空白的纸张着手进行每一个项目，最终达到开放性创新，但同时也消耗大量的时间与精力。事实上，阴与阳既固定又灵活，在设计标准中以平台、设计规则、规格及标准结构的形式出现，反而能带来更快速和更有效率的开发流程，并节省工程师花费在增加价值的创新与创意的时间。

3.2.1 平台

产品平台是常见支持多种产品，根本的或基础的技术与组件的通用组件，它和模块的即插即用的组件不同。一个标准的产品平台，能制定一个类别产品的设计标准和结构，然而，平台可能还需要一定程度的客制或是微调来客制化每个产品，包含汽车的多数产品都是如此。

在汽车工业中，个别的公司虽然有些微不同的定义，但平台一般被认为是新开发的车体或顶棚（top hat）的基础或下半部分。顶棚是顾客可以看到和触摸到的，也就是车辆的车体和内装。平台可能相对不会被看到，但是对一些属性有重大的影响，如乘坐和操控、回转半径、噪声、振动、重量、安全，甚至造型。这是整体产品和驾驶者体验的关键部分。

在最好的公司中，不同的车型可以基于相同的平台来开发。事实上，公司应该能够从单一平台获得好几代的多种产品。平台工程有一些相当重要的工程挑战，例如，平台需能提供有效联结不同产品结构的能力、内建调整平台的能力，以符合不同产品的性能需求，以及预测潜在技术变化的速度。大多数公司习惯用一张进程表来布置各年度的现有产品更新和新产品开发，平台同样地也需要依据它们自己的进程表来更新，一般来说，更新的频率是产品生命周期的一半，例如，如果产品每4年更新一次，平台则可能约每8年重新设计一次。计划和执行平台策略能够提升品质和性能表现、减少开发成本，以及加快上市的速度。一个有效的平台策略似乎并不适用于每个产业，但是我们发现大多的公司都能够受益于平台策略，只是并非立即见效。

2007年，福特的所有车辆使用了27个不同的平台，同时，福特花费非常多的工程资源，只为了去维护全球大量的平台。然而，由于平台数量太多，福特在更新这些重要的潜在技术时，显得相当费力，最后导致汽车竞争力较差。为了使他们的车辆变得更好，而在个别产品上如滚雪球般地进行了平台技术的更新调整,然而,因此却进一步地减少了产品共通性,并使问题更加恶化。

福特决定将多数的精力用在合并平台,并借由以下几点来改善它:

1) 评估福特现阶段的平台,同时严格与竞争对手对标。

2) 确定会继续使用的平台,并将它们安排在拥有跨工程代表的跨职能平台的团队中。

3) 让团队为平台各方面的"未来"绩效目标而工作。

4) 让团队只依据产品周期计划的需求来实施平台变更。

10年后,福特以仅仅8个全球平台,就能创造出比2007年更多的不同车型,这整个平台收敛的过程在2007年到2016年之中发生,其中,大部分的工程在2013年以前就已经完成。此外,比减少的平台数量更加显著的,是收敛平台的工作同时也缩短了个别产品的上市时间,降低了汽车的开发成本及持续的工程支持需求;释放出宝贵的工程资源以致力于更多新产品的开发,从而提升全球的汽车性能。这些努力让福特省下数亿美元,也让福特的产品变得更有竞争力。

福特投资在改造平台策略,为其未来获得了庞大的红利,但它原本不应该步入需要重整平台的境地。福特不得不重新认识更新和维护平台的重要性,出乎意料的是,这对共同平台先驱的丰田而言,也是一个困难的课题,也需要学习,这可以在本章节的后面看见。

3.2.2 设计规则和规格

我们先前在《丰田产品开发体系》这本书中,广泛地写到有关于设计规则和检查表的内容。在丰田,这些设计规则起初以纸和铅笔确实地写入检查表中,这些检查表是在笔记本里,由每一个技术领域中最资深且对任何增加和减少有最终决定权的工程师来维护的,这些检查表代表着学习的累积,且被视为最高机密的智慧财产。工程师在设计产品时,会确实地核对他们是否遵守每一个标准,而他们的管理者也会在每一个项目上签名,最终,丰田的检查表会以电子数据形式转移至工程数据库。

丰田工程师并没有将检查表视为局限或是工程作业的核心。一位资深工程师解释:"使用检查表并不能够使你成为很棒的工程师。"你可以想象一名飞行员在飞行前使用检查表,它在安全上是很重要的,但却不能取代飞行员在实际飞行时的技能和经验。

事实上,丰田的工程师可以违反检查表上的标准,但当他们违反标准的时候，他们必须用数据来合理化他们的理论，举例来说：车体零件的半径可能有一定的范围，若超出这个范围，在冲压过程中钢制零件将会裂开；如果一个新的更带有动感的车体造型需要更小的半径，工程师可以刻意地违反标准，但他必须去证明这样的设计能高品质地制造出来。通常违反标准会产生新的创新，而创新则是新标准的基础。

福特也制订设计标准提供工程作业强而有力的基础，例如，属于更大型系统的一部分组件的各个零件界面标准，是运用设计规则的好地方。设计规则在工艺、可制造性，以及耐用性的例子中也是非常有用的。福特战略性地运用经过验证的标准，利用一些固定的设计属性来维护关键的系统性能，可使得大部分的组件设计有最大的创意和灵活性。福特借由以下几点，使规则更有效率，并增加了它们的使用率：

- 将设计规则组织成"适当规模的小块"。
- 当设计规则被需要的时候，设计规则必须在设计流程中及时且能正确地取得。
- 将设计规则直接建构在 CAD 设计工具软件中。

3.2.3 标准架构

我们在 20 多年前做研究的期间，在丰田第一次听到标准架构。丰田非常清楚地表明它开发的是标准架构而非模组化设计。即便消费性电子工业中的即插即用的模组相当普及，丰田的高管认为，只在如汽车一样具备复杂结构的产品中运用即插即用的概念将局限其运用范围。

标准架构在不同行业中似乎有不同的含义。以这里的讨论而言，我们指的是零件功能的实体表现——必要的有形几何结构、模式或外形，以完成零件或零件群体的企图，标准架构也可以涉及任何产品或服务的基本配置或根本要素。

吉姆车身工程中的一位经理——兰迪·法兰克（Randy Frank），在福特领导一部分的标准架构，提出一个很聪明也很有用的标准架构角色的类比想法（见图 3.2）。在基础阶段，工程人员学习到的经验就像尸体解剖，提供潜在的宝贵学习机会以帮助未来的病患。当然，此刻被解剖的病患并没有受益。下一个阶段由工程原则组成，包含了失效模式与影响分析和设计规则，它们就如同预防医学，例如，疫苗接种或是改善饮食，这些矫正方法潜在地可以救命，让你可以实际地去使用它们。标准架构和以知识为基础的工程作业则出现在基因阶段，将解决方案内建到零件的 DNA 中。标准架构是极为强大有力的,但是如果运用不当,也会产生风险,因此,在使用时需要谨慎并深思熟虑,对零件功能有深刻的理解,还要有一个强健的固定和灵活的策略,以避免意想不到的后果。

将标准架构用于福特的车身和冲压工程,开始于为汽车发动机舱盖前端的组装建立一个直接对标的课题。研究发现,丰田不同产品之间的发动机舱盖组装都相当相似,但是福特的发动机舱盖组装都各自不同,这项研究是吉姆与当时执行长艾伦·R.穆拉利第一次会议的主题,艾伦曾任波音公司总工程师,他很快就理解了这里面隐藏的意义,一张图片胜过千言万语,艾伦最后成为标准架构的忠诚拥护者。

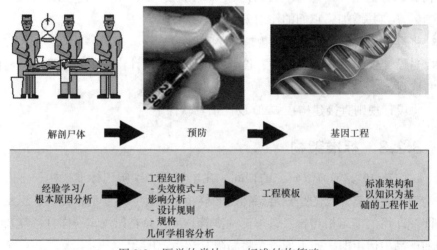

图 3.2　医学的类比——标准结构策略

发动机舱盖组装是由发动机舱盖外侧,那是你从车外看到的发动机舱盖的造型部分,和提供装配后强度和刚性的发动机舱盖内侧,以及各种加强和机械组件组成。我们的拆解显示每一个福特的发动机舱盖内侧的设计都不相同,似乎是因为每一个工程团队在着手进行发动机舱盖设计时,都是从一张白纸开始的,因而全部的人员每次都必须重新学习很多同样的事情。

相比之下,丰田的发动机舱盖内罩都有非常一致且可被辨识的基本几何结构,让它们能够适用于不同的车型,不论是雷克萨斯还是基本的丰田的车型,它们的架构都是相同的。这样的共通性能够让丰田将经过验证的高品质的解决方案运用在它的产品上,且同时降低了每个开发计划所需要的工程时数、测试时间,以及生产流程的开发时间。令人惊讶的是,这样的标准化,只影响顾客看不到的事物,它并没有拿走任何有关造型的元素。

当车身和冲压工程团队成员更加理解许多福特的项目，并面对新的设计（如行人保护或是车祸事故管理规定挑战）时，团队成员更新了几何结构。有别于以往，为了保持优势，所有福特的项目都会在相同的基础上工作，并以跨项目协调的方式来改进几何结构。

在这个既固定又灵活的标准结构的例子中，发动机舱盖内侧的功能大多不被顾客所关注，是由标准几何结构所创造的，只根据特定的形状和尺寸而对（固定的）应用做修正。发动机舱盖外侧对汽车的造型非常关键，因此，造型的魅力很大程度地就留给设计师的创新方向来决定（灵活的）。

甚至是强调汽车造型的外壳零件，也适用于既固定又灵活的思维。挡泥板是一个可见的外观零件，相对于其他零件，它对于汽车的造型相当重要。虽然安全是第一位的，但在这样的零件上，设计胜于任何其他工程考虑。此外，挡泥板未暴露的功能部分，例如用来定位与安装的曲面和加强几何结构，它们都对挡泥板在成形、组装和碰撞的性能至关重要，同样地也能够从标准架构获得显著的益处。关键在于最大化设计的空间，同时也标准化那些贡献于零件效能的属性。

这个做法额外的好处是，让产品工程师有能力去善用强大的设计工具。如果技术已是基于缜密思考后的标准架构策略，Smart CAD 所植入的工程知识和参数零件模板，均可以引导工程师优化他们的时间并提升设计效率。在我们的经验中，这些工具令人印象深刻，但它们需要背后的策略和工程思维来配合。

标准架构可广泛运用，也是一个提升品质与降低成本的强而有力的方法，并将资源聚焦于能从产品差异化中获得最多利益的领域。在建立你的架构时，你必须懂得取舍，接着，你需要考虑新的架构对品质，例如重量、强度的属性表现、可制造性、开发和投资成本，以及单价的可能影响的意义。为了将此做好，首先，需要了解这个组件或子系统如何贡献在顾客处定义的价值，这能够帮助你设定哪些是固定的、哪些是灵活的。

3.3　制造流程标准

只要你牢记你的产品如何为顾客创造价值，并让它在固定和灵活的决策上指导你，制造标准就可以降低开发和制造成本，提高质量，增加开发的可预测性，并提供更大的制造灵活性，亦即在同一条生产线上生产多种产品。制造能力可以成为独特的竞争优势来源，无论是高质量、高效率生产，还是提供引人注目的设计和工艺。将"既固定又灵活"的概念应用于制造标准有助于实现这一点。

3.3.1 标准组装流程

坦白说,建立一个强健、标准的组装流程的价值,似乎是如此基本的一个概念,以至于我们几乎没有把它包括在本书当中。根据我们跨行业的工作显示,许多人仍然不理解它的好处。采用一个最棒的方法来组装产品及引导设计与开发努力的想法,对许多公司来说仍然是一个非常陌生的概念,因此值得简短描述一下。

一个标准的组装流程可以带来很多好处,包括提高质量、减少投资和变数成本,并增加制造的灵活性。然而,为了获得这些好处,必须在开发流程中交流和坚持关于组装流程的必要信息。这可以通过一个标准的组装流程文件有效地完成,该文件通常称为流程清单(a Bill Of Process,BOP),其中包含以下三个主要元素:

- 零件组装顺序是你把零件组装在一起的顺序,例如由内而外、由外而内或由下而上。这些决策有许多含义,例如,让人员或机器容易接近和看得见、人体工程学和安全考虑、可重复性和工作效率。在开发过程中,组装顺序的含义应该被了解和遵守。
- 组装线的组织决定了将在主线上组装什么,以及哪些次要的组装被那些支持的产线或者供料的产线来处理。组织还包括生产线的相对位置以保证最佳的零件流动。
- 标准的零件定位策略决定在组装时如何最佳地定位零件。这可以通过辨识定位孔以适应零件的钉合,或者通过指定定位的表面或其他方法,以作为几何公差和尺寸的一部分来完成。

这些决策的维度质量含义很重要,但远远超出了本书的范围。

通过标准化高层次的组装顺序、生产线组织和定位策略,你通常可以采用最少甚至不需要对生产线进行变动的方式,在同一条装配线上组装许多产品。这大大降低了你的投资成本,也提高了快速适应产品需求变化的能力。在制造和开发中,一个经过验证的、最佳的装配方法也是质量和可预测性的关键。

在汽车产业中,将制造和产品设计对齐在固定的共同的零件定位策略,和 BOP 中基本的标准装配顺序,以及灵活的大部分的汽车设计维持开放以实现其独特的价值主张策略并行,已经取得了巨大的成效。它已经让最好的公司在同一条组装线上生产 6 辆或更多非常不同的汽车,从而创造了令人难以置信的效率和高质量的制造弹性。那些在这方面做得很好的公司，在同一条生产线上推出了与众不同的汽车，而不仅仅是跨产品的"标志差异化"。

3.3.2 冲压的流程驱动产品设计

冲压可能是一个看起来太神秘且专门的一个工程领域，当然，除非这是你的业务，一般来说它将无法获得你太多的注意。然而，我们认为流程驱动的产品设计（Process-Driven Product Design，PDPD）的阴和阳的经验，超越了任何特定的工程学科或行业。

杉浦茂峰（Sugiura Hiro）曾在丰田担任关键冲压工程职位30多年，在美国领导生产工程工作后结束了他在丰田的职业生涯。吉姆第一次见到杉浦先生是杉浦已从丰田退休，在福特担任全职顾问时。不幸的是，尽管他有知识和经验，但他几乎没有影响力。他是由之前的资深领导们带到福特的，但他们其实不确定该让他做什么。领导们似乎只看重他是来自丰田的事实。冲压工程团队被繁重的日常工作压得喘不过气来，几乎没有时间花在杉浦先生的"战略"概念上。直到团队释放了一些关键资源来与他直接合作，冲压团队才终于充分利用他的渊博知识。

由杉浦先生和他的小团队领导的一个关键项目是流程驱动的产品设计（PDPD）。以详细的标杆调查为基础，PDPD定义了世界级的冲压流程，包括每个主要冲压件的允许的模具数量或冲压的次数。此外，它还传达了零件设计的特点，这些特点对于实现这一最佳工业制造过程至关重要，他们同时也允许零件设计的所有其他领域的最大自由。

例如：PDPD会定义在四个模具（拉伸、修剪、轮缘和精加工）中冲压挡泥板的高层次标准流程，并明确规定实现这一目标的重要特性。考虑到福特之前需要多达7个或更多的模具来冲压挡泥板，团队正研究检视所有福特内部制造的冲压零件，会节省的潜在成本是十分巨大的。

PDPD存在着一些合理的担忧：有些人认为完成此任务的唯一方法是牺牲其他零件特性，如造型或工艺——但这是不可接受的。福特将提高工艺水平作为其产品主导转型的核心部分。虽然团队对这样做能否同时提供世界级的设计和制造效率保持怀疑态度，但他们同意尝试。

这一新的工作模式驱动了车身工程师和冲压工程师之间的高度合作，因此，团队一起工作共同交付设计和效率解决方案。这些看似不可能且涉及角色对立的挑战，激发了一群能干的工程团队的能力，使得若无相对约束的压力就不可能发生的创新和发明变为可能，这就是阴和阳的调和。

该团队成功地实现造型与效率两项要求，并为福特产品带来了显著的好处。这项工作也有助于成功地打破一些长期以来的信念；其中之一是越多的模具能制造出越好的零件。在过去，冲压质量与冲压模具数量成正比几乎是不言自明的。但事实证明，如果处理正确，冲压过程中移动的次数越少，在另一个模具上重新定位的次数越少，其尺寸的精度就越好。想想看吧！

PDPD 的需求成为前面已讨论过的零件标准架构的关键输入。它成为福特所有内部制造零件的产品和流程开发的新标准做法。可以允许例外情况，它们通常会在设计评审中被讨论，但这些例外非常的少。

3.3.3 降低复杂性

在现今许多复杂的产品中，例如汽车、飞机、医疗设备和重型设备，复杂性如影随形。它通常被认为是公司所存在日益激烈竞争环境中的一部分："我们无法摆脱它；它对我们的顾客至关重要。"但在什么时点，这些复杂性才会停止为顾客增加价值，只成为宝贵的工程资源的另一种消耗呢？当客制化朝着为每个顾客设计不同产品的极端前进时，工程师可以在哪儿画下界限呢？

对上述问题有意义的回答，将取决于你所经营的特定产业的目的，到目前为止，我们已走访了足够多的公司，我们相信多数公司早已超过了这一时点。事实上，有时候很难消除复杂性的原因之一是它无处不在。团队接下"减少复杂性"的任务可能是一项艰巨的挑战，而且，不同的产业所面临的挑战，很明显地会有所不同。以下简单的范例可作为你思考这个主题的素材。

一个直接来启动这段旅程的方法是从扣件开始。扣件看似微不足道，但往往是许多产品中非常重要的零件。因为它们占用单件产品的成本相对较低，所以企业有时候会忽略它们在整体中的贡献，将其视为无关紧要的东西而不予考虑。但是，随着特殊扣件种类的增加——每个工程师都会在互联网上找到自己最喜欢的扣件目录，并为自己当前面临的挑战找到一个独特的扣件解决方案——特殊扣件在成本、质量和制造运营上都产生了负面影响。

通过创造公司的标准扣件清单，以及被批准的扣件应用，你可以朝更快速地决策、降低成本、提高制造效率迈出一小步。零件材料的选择也可以相似地通过创造一个零件材料的"首选清单"，为特定的产品应用推荐最佳的材料来提升选料的效率。此外，"例外"是标准扣件清单设计时需要额外考虑的，因此，选料也需要包含例外的流程。我们发现，公司通常有很多这样的小机会来启动减少复杂性的工作。

另一个解决复杂性的方法，是将目光从扣件和材料放远到真正零件的重复使用或零件共通性，亦即跨产品线使用相同的基本功能零件。当知识在各产品项目之间有效地共享时，工程师能够利用相同的零件来应对设计挑战。当然，一开始从产品性能和质量的角度来进行工作是很重要的；否则你"节省成本"的努力可能会对销售产生负面影响，而且变得非常昂贵。

提供不同的产品选配和配置选项，可提供明确的竞争优势来源，并提高获利能力。然而，在产品开发和制造运营中，它们也会增加与价值不成比例的成本。这在一些公司当中，特别在市场和工程部门之间可能是一个相当有争议的话题。但如果你能做到"数据让你自由"（见第1章），就不会有这个问题。

首先检视你的选项的"可接受率"。如果一个选项的销售无法涵盖提供它的成本，这可能是你的第一个线索。当然，你必须考虑为跨团队提供某些选项设计的其他原因，如果你的顾客不愿意花钱为选项买单，那么也许是时候放弃它们了。当你在分析数据的时候，和你的顾客谈谈，在顾客眼中，更多的选择并不总是意味着带来更大的价值，复杂性只会让他们感到困惑，尤其是当他们觉得你把本来设计团队应该做出的决定推给他们的时候。20世纪80年代时，本田和丰田以折扣价提供了标准选项套餐，并限制了涂装颜色的数量，结果销量随之增长。在此同时，美国汽车公司似乎提供了无穷无尽的选择，而这些选择时常让顾客感到困惑和沮丧。

3.4 将全部整合在一起——丰田的新全球架构

关于既固定又灵活的思维，我们认为最好也最新的范例来自丰田的新全球架构（TNGA）。为了因应老化和日益缺乏竞争力的平台，以及大量激增的特殊零件数量，丰田不仅为自己的平台重新注入活力，同时更保持了丰田最佳的精益传统，将TNGA当作同时帮助开发系统和产品，创造潜在强大竞争优势的机会。

TNGA的想法在2009年2月，丰田章男（Toyoda Akio）成为总裁前不久开始萌芽。来自公司各地最资深的行政高层聚集在一起，组建了"丰田再生委员会（Committee to Regenerate Toyota）, 其使命是找出丰田作为一家公司最重要的挑战。"他们发现最大的挑战之一，是需要彻底地更新丰田的所有车辆平台和动力系统。我们在本章前面所讨论的平台是各别汽车性能的基础，也是汽车产品开发策略的核心要素。这个信息完全符合丰田章男秉持的信念：引领丰田未来的关键，是将整个组织的重点放在改进产品。因此，振兴现有平台成为丰田"有史以来最好的汽车"宣言中最主要的元素。2010年，车辆结构业务改革团队诞生，组成人员包含了具有重新思考平台策略的经验与影响力的高级主管。

丰田的平台课题开始于2000年至2010年的业务大量成长阶段，当时全球销量从每年500万辆快速增长到1000万辆。要说这是一个令人错愕的成长水平，在考虑极端扩张在技术、后勤、组织和财务造成的可能的影响之下，我们甚至认为这都还算是一种保守的陈述。在全球各国都有不同变化的情况下，每年生产1000万辆汽车和卡车的全系列产品，意味着什么？为了进行比较和从规模的角度来看，拥有15年历史的"新创"公司特斯拉，在2017年光生产10万辆车，三种车型，就已显得相当吃力。

丰田在这段时间的压力，对经验最丰富的人来说也是特别艰辛，尤其是资深的技术领袖，他们同时要做的事情太多了。事实上，丰田产品工程师们为支持新产品而处于非常忙碌的状态，以至于他们没有足够的资源来更新他们的平台。例如，在2000年之前，一般来说，丰田大约每2个完整的车款周期会开发一个新的平台。然而，凯美瑞（Camry）被允许经历4个完整周期而没有重大的平台设计更新。为了回应平台长期未更新的状况，一位产品总工程师（CE），如凯美瑞的总工程师会做平台级别的改变，尝试提高产品性能并满足法规要求。然而，这样做的结果令客户和丰田感到失望。缺少了主要平台更新，将限制个别车辆与产业内最佳公司竞争的能力，特别在乘坐、操控和造型方面。

让情况更糟的是，总工程师的调整实际上恶化了平台管理的问题，因为它们导致丰田的"子平台"泛滥。丰田的所有平台数量和子平台数量激增到接近100个。这反过来使特殊平台相关零件数量暴增至接近1000个。在各项目中，不同发动机的增加使问题变得一样糟，从16个基本类型的发动机增加到800种变化。这反过来冲高了丰田开发的成本，因为它必须考虑每个新项目中增加的零件数量。

平台的组成零件也同样地激增，从每个平台72个增加到每个平台约1000个，其中大部分因国家不同而有所变化。此外，超过70%的平台成本来自供应商零件，因零件变多让供应商的研发成本也大幅增加。一项研究显示，丰田的供应商的开发成本是它最厉害的竞争对手的7倍。更糟糕的是，由于平台的限制，顾客开始发现丰田的设计很无聊。有史以来第一次，丰田开始看到它的吸引力在下降。这些问题特别困扰着丰田的领导阶层——丰田在此之前一直是零件社群的领导者,并且具备从少数共同平台衍生出许多不同车辆的能力。

有趣的是,此时丰田的获利能力也在飙升,在2004年至2008年期间,每年的营业收入都创下纪录。但进一步的分析显示,获利能力增加的主要原因是日元汇率走弱。如果没有这一点,此期间的收益将是持平的。

丰田决心将这个问题作为一个机会来重新梳理其平台、整体平台和架构策略的基本思路,以及平台和它服务的产品的关系。丰田将转变挑战性的局面为潜在的竞争优势。该公司创造了"既固定又灵活"的策略,以提供一个"加乘"的解决方案,得以实现更积极的造型、显著地提高汽车性能,简化开发,并降低成本。

当我们评估车辆、研究子系统,并且花费数天和来自丰田各单位的人们讨论之后,我们发现,定义TNGA对他们来说是具有挑战性的。这有点像盲人摸象的古老故事——TNGA的定义取决于你的观点(见图3.3)。因此,与其谈论TNGA的定义,倒是谈论TNGA策略的主要元素可能比较有用,例如,减少和振兴平台,零件共享/共通性策略,减少并优化动力系统,以及新的产品开发哲学。

图3.3 TNGA的定义取决于你的观点

3.4.1 振兴平台

丰田工程师开始拆解丰田和竞争对手车辆的每一个平台类别,以进行严谨的评估。他们梳理了系统、子系统和各个组件,以更深入地了解设计对性能的影响。根据标杆评估,他们为未来 5~10 年内可能成为同类产品中第一的车辆和子系统性能,设定了积极的未来目标。他们还考虑如何将平台设计得更"可调整",让每一个产品都具有充分运用平台性能的能力。

他们为"TNGA 平台重新设计策略"建立了两个主要支柱:产品吸引力和聪明的开发。企业策略部总经理朝仓和彦(Asakura Kazuhiko)告诉我们,这种关系是"一个循环,将聪明开发节省下来的部分重新投入为顾客创造更多价值的地方"。工程师以前工作的组件现在都是标准和共享的组件,他们"可以被释出到个别产品中会增加顾客感知品质的领域。"朝仓先生说道。

1. 产品的吸引力

改善平台计划的核心是汽车较低的重心和更宽广的姿态。改善这两者将增加稳定性和减少车辆侧倾而改善乘坐和操控经验,也同时让每个产品的造型更加的现代化和令人激动。例如,较低的汽车发动机舱盖前端,开启了吸引人设计的可能性。丰田还希望设计出更容易根据个别产品的特定需求进行调整的平台。很明显,这已超出开发下一代平台的范畴,它重新思考将汽车作为一个系统,所有零件都是连接在一起的,这为驾驶者所能触及和体验的部分带来了许多变化。

改善用户体验至关重要,因此,所有平台开发一开始就要详尽地检查驾驶位置的各个层面,从驾驶者的髋关节精确位置,到身体尺寸是否符合座椅大小,到方向盘的位置。丰田的"黄金比例的调整"创造了一个驾驶位置,即便在遇到转弯的时候,也能使驾驶者的身体稳固地保持在座位上,且视线固定在前方路上,这样的设计同时也使得长途驾驶更加轻松。

TNGA 平台开发的另一个目标是实现更低的汽车发动机舱盖。这将为驾驶者提供更大的视野,也有助于达到造型要求的目标。然而发动机舱盖并不是平台的一部分,但要将它位置放得更低,就需要对平台进行重大改变。丰田工程团队中的大多数人抱持怀疑的观点,认为不可能实现比现有车型低约 100mm 的发动机舱盖。TNGA 开发人员坚信这是设计的必要元素,因此他们说服相关部门理解这个想法。TNGA 开发人员知道若只是用文字和示意图无法有效传达他们的想法,因此他们打造了一辆真正的汽车原型。如果一张图片胜过千言,那么一个汽车原型则胜过万语——他们得到了他们所想要的发动机舱盖设计。

要把上述的做法付诸实践于一部量产的汽车,的确,说比做容易,它包含减少发动机舱的空间,并改善与精炼在该区域中的上百个零件。这些零件当中,许多是供应商零件,因此需要依靠高度投入的供应商的工程资源。改善的结果；是通过创造较低的重心，让驾驶性能大大地提升，同时也允许更大的设计自由度。

TNGA开发人员为自己设置了极高的难关。尽管如此，他们仍然能够实现丰田汽车的巨大转型，从而大大提高了驾驶性能，并获得改善造型的机会。

2. 更聪明的开发

这就是既固定又灵活的本质，也是定义什么应该固定的关键。更聪明的开发创造了一种可行的既固定又灵活的策略，为新车提供了最佳可能的基础，它也使总工程师们专注于优化他们产品的特点。在丰田，通过TNGA实现标准化的突破，创造了一个开发流程，能减少约20%的资源消耗，也缩短了开发所需时间，同时也为顾客创造了更大的价值。

3.4.2 共享零件/通用化策略

我们问："107个零件？"

"是的，107。"TNGA零件规划部门总经理小野雅重（Ono Masashige）回答。他领导了TNGA的零件通用化的工作。小野先生对这个数字非常坚定，我们不得不问他："为什么是107？"

小野解释，这是目前可以被标准化（固定）的平台零件数量，它们可为产品性能奠定基础，在此同时，小野也将调整（灵活）其他零件的机会留给总工程师。当其他公司专注于零件通用化，通过规模和效率的优势，以及从跨产品线中找寻相似的零件以节约成本时，丰田采取了不同的途径，它从车辆性能的角度出发，直接从提供系统性能所必要的架构需求，来衍生标准零件设计。

丰田工程师也做了异于同业的事情。他们发现到以前的平台工作主要集中在丰田内部制造的子系统和零件上。这对零件通用化造成严重的限制，因为将近70%的平台零件都是由供应商制造的，如果丰田想要最大限度地发挥零件通用化的影响，供应商的零件也必须被包含在内一起思考。因此，他们与供应商密切合作，优化和标准化107个关键零件。长达数十年与供应商建立的密切关系，使得这样高水平的工程设计和企业整体目标能够实现。

标准平台策略也使供应商的零件落实标准化，这让丰田的供应商从中受益。例如：在设计驾驶者的座位位置时，他们标准化驾驶座中理想的髋部位置（点），于是不同的膝部气囊设计的数量从50种变为10种或更少。

在与供应商工程师的合作中，丰田工程师实践了"到现场观察"（Go and see）的精神。他们前往现场直接与供应商的工程师合作，亲自了解他们如何改进设计可以更有效率与更可靠地制造和组装目标零件。在一个案例中，工程师在东海理化株式会社（Tokai Rika）的音羽（Otowa）工厂的生产线上研究一个流程。以前的流程需要 4 名工人，10.6m 的组装线空间，周期时间为 1.7min；在丰田工程师的帮助下，所需工人的数量减少到 1 名，组装线空间减少到 2.7m，周期时间维持在 1.7min。

一旦一个新的零件流程被核准并建立起来，丰田品质工程师会定期审核流程以确保其品质可以持续，而且他们将审核作为进一步改进的机会。最后，107 个零件中每一个都有自己的"零件设想计划"（Part Scenario），它确立了能够实现最高性能、设计效率，以及可制造性的关键零件特性。每个零件的设想计划说明了详细的制造流程和特定的关键设计特征。如果工程师认为他们必须对 107 个零件中的其中一个进行变更，他们需要参加每个月的零件设想计划会议，陈述他们的提案。

3.4.3 动力系统的简化和优化

动力系统指的是产生动能并传输到汽车车轮所需的所有技术。丰田发现自家的动力系统与平台处于类似情况。丰田在世界上运营的许多地区中均有不同的法规要求，由于这些法规的要求，加上总工程师们为了改善车辆性能所做的修补，总共形成了将近 800 种发动机组合。为了提供更好的性能、增加产品应用的范围，以及降低成本，丰田决定重新思考动力系统策略。

动力系统工程师审视了每个平台所涵盖的每部车辆所需的动力系统要求，并且设计了能涵盖大多数车型的发动机。因此，每个发动机的设计都面临要达成新层次的性能、效率和多功能的挑战。这显然是一项重大的任务，转移到新整合的发动机阵容的计划基于产品更新的周期计划。

在撰写本文时，虽然计划改善的发动机的具体数量还无法得知，但该策略将带来的重大改进是可以预期的。例如，传动装置的数量可能可以减少到一半。以前的发动机设计将排气管放在许多不同的位置，新的发动机设计将标准化排气管的位置和安装方式。油和水的管线也将如此。新的设计也同时使交流发电机的安装形状和难易程度更加通用，让丰田能够将特殊交流发电机的类型从 14 个减少到 6 个。

3.4.4 新的开发哲学

TNGA 不仅是产品平台的重新设计，它更是零件通用化的一种新的措施，也超越了动力系统的改造。它是针对问题真正的"精益"回应，将问题透明地浮现出来并深刻地理解，然后投入正确的资源，将问题转化为提升效能到新水平的机会。

丰田成长速度太快，这可能会导致失误，以至于无法将资源投入平台开发，同时，他们发现自己已落后于最强劲的竞争对手。丰田基于它长期将顾客放在第一位的思维与实践，成功地导正这些问题。

上述的努力也有助于重振丰田的开发工程。总工程师们和他们的团队必须做许多他们从未经历过的事情——从零开始执行新的汽车计划，并在每一个汽车零件上进行创新。他们现在可以在令人振奋的平台上解决问题，例如令人激动的外形、乘坐舒适的改进和出色的燃油效率。"标准平台"并没有取代这些团队的工作。事实上，TNGA 群组提供了标准和限制，在该平台上设计的每部车都必须通过工程设计以满足性能和造型要求。对于每一个汽车计划，其引领的车款在 TNGA 之前花费了大量的工程作业和时间。后续团队的引领车款则以新平台基础来工作，而非从零开始设计，他们的速度明显更快，且依旧可以积极地开发一款引以为豪的汽车。丰田章男的座右铭是"有史以来最好的汽车"，你可以感受到下一款他们想要开发的汽车，会比上一款更热情。

TNGA 团队开发了许多有趣的设计概念，但是将它们付诸实践的，是开发团队。他们需要在平台的限制下工作，同时提供同类产品中最好的令人激动的汽车。这重新激发了顾客第一的丰田设计哲学，将既固定又灵活提升到了一个新的高度。和我们谈过的总工程师中，没有一个感觉受到标准平台和零件的限制。事实上，他们总热心地谈到工作的"新自由"，能专注于令人激动的造型，以及驾驶体验的改善。

我们在日本访谈之时，普锐斯、凯美瑞、和 C-HR 早已从 TNGA 的工作中受益。我们得以评估普锐斯和凯美瑞的新旧版本，并能感受到乘坐和操控的巨大差异。TNGA 改进的产品会转化为真实的销售数字吗？当美国 2018 年款的凯美瑞推出时，时间是 2017 年 11 月，销售比 2017 年同月增长了 24%，在 12 月（年终）时，销售额更增长了 35%。甚至在整体乘用车销量下降的情况下，丰田的销售到 2018 年年初时仍持续增长。

丰田从其他方式中得到收益，汽车开发成本将如预期下降 20%，每部汽车所占的固定比例成本将降低。工程时间的节省允许丰田能够在产品特定的部分添加更多内容，或者提升每一部汽车已领先业界的利润。

3.5 拥抱紧张关系

固定与灵活，看起来是对立的立场，但了解如何控制/利用它们各自的力量，可以提升你的产品开发能力和产品水平。这就像阴与阳，看似冲突的力量，实际上可以互补平衡。而能拥抱这种紧张关系的人将拥有明显的竞争优势。

在本章中，我们提供了一些例子来帮助你思考可以采用"既固定又灵活的"开发策略的地方。这些应用可能从你的产品中延伸出去，例如，产品服务策略的哪些方面可以是固定的，哪些部分可以是共享平台的变形？上述概念适用于你的真正秘诀，在于了解"什么样的价值"以及"如何提供这些价值给顾客和开发团队"。无知是昂贵的且是一种浪费，深度的知识是成功的关键。创新性的紧张关系是开发的必要部分——如果你知道如何善用冲突来发挥开发系统的最大功效，冲突的确是一个巨大的机会。

3.6 展望未来

标准流程、设计标准和计算机工具，是提升你产品开发能力的强大机制，但创造优质产品的真正关键是优质的人。现今许多公司用快速重组流程和运营方式（也许太快了）来应对产品开发的挑战，但只有最棒的公司才有意愿长期地做必要且详细的工作，以建立一支才华横溢、团结一致的团队。在下一章中，我们将讨论最佳的公司是如何组织、开发，并使整个企业参与其中，以建立卓越的产品和流程开发能力的。

3.7 你的反思

3.7.1 创造愿景

本章的重点是在产品或服务某些方面的标准化中，找到适当的平衡，提供客制化的框架，以符合未来客户的期望和需求。既固定又灵活的愿景的关键特征如下：

- 思考方式不再是固定的标准或如白纸设计般灵活的二元对立，而是找到适当的平衡，以最大化顾客价值和调和"阴阳"。
- 标准可作为有效储存和应用知识的方式，它一定会是一个强大的竞争优势。
- 深入研究产品和服务，以辨别提升顾客价值的产品属性，并根据特定的使用场景让每一个产品产生差异。顾客不会直接看到，或者体验的通用的属性，是标准化的候选对象。
- 标准化的好处不仅对产品有用，对开发过程同样也很有用——它能缩短开发的交付时间、降低制造和供应链成本，并提高产品质量。
- 企业从供应商到上下游职能团队全面参与标准化决策。
- 标准组件的设计被认为是来自于系统或平台。平台不必只认为是要可被嵌入的固定模块，它也可以更广泛地包含标准需求、设计规范、标准架构、标准制造和组装流程，以及一些共通零件。

这个既固定又灵活的模型如何适用于你公司提供的产品和服务所需？你将如何修改愿景，以更好地符合你公司的状况？

3.7.2 你目前的状况

为了让你开始掌握当前开发过程的阴与阳，请思考以下问题：

1）你了解你的每一种产品或服务如何为客户创造价值吗？你能否将你的理解转化为产品的各种零件和服务各方面的绩效特性？

2）你是否正以过去的知识来有效活用员工，让他们通过产品或服务来为客户创造最大价值？你是否需要对你的产品或服务所提供的重新学习？

3）基于标准零件、平台、架构和制造流程，你将如何设计？

4）评估你的倾向：是否制定了过度严格的标准，或是用高成本换得过度的灵活性。

5）你让企业投入开发标准设计和流程的程度有多少？

3.7.3 采取行动

在将既固定又灵活的概念付诸行动前，先进行快速的研究。根据你在本章中学到的内容，找出应用既固定又灵活策略的机会：

- 标准架构。
- 标准平台。
- 标准零件。
- 设计规范。
- 标准制造流程或交付机制。

参考文献

1. Ford Motor Company, http://www.ford.com.
2. James M. Morgan and Jeffrey K. Liker, *The Toyota Product Development System*, Productivity Press, New York, 2006.
3. Personal interview with authors.
4. Personal interview in Toyota City.

Designing the Future

第4章 打造高绩效团队与培养团队成员

狼群的力量来自于狼,而狼也依靠狼群的力量。

——鲁迪亚德·吉卜林

4.1 产品开发的卓越性——靠人驱动

你的员工的创造力、能量和动力点燃你的产品和流程开发系统。与任何新技术相比,你的团队对实现卓越性都更为重要,而且可能比聪明的产品创意更重要。我们同意计算机科学家,皮克斯和沃尔特迪士尼动画工作室总裁埃德·卡特莫尔的观点:"如果你给一个平庸的团队一个好主意,他们就会搞砸。但如果你给一个优秀的团队一个平庸的想法,他们会让它发挥作用。"

在产品和流程开发过程中,一个优秀的团队是什么样的?拥有才能的员工和提升才能的密度是非常重要的,但吸引优秀人才是远远不够的,仅仅雇佣"最聪明大脑"但疏于管理就如同一支拥有"最优秀队员"的运动队伍,他们的自负驱使他们彼此竞争多过和他们的竞争对手竞争。此外,你将看到有一些特征比高智商更重要。

我们认为最好的团队更像吉卜林所说的狼群,个人的力量支持着团队,同时成为团队的一员有助于个人更好,个人和团队彼此水平都提升得更高。狼群或组织的双向责任是关键。组织必须培养一个人的成长,增强他或她的能力,并获得个人的贡献。与此同时,每个人都必须为团队的成功和团队中其他人的成功做出贡献,否则就有可能失去他们在团队中的地位。领导者必须仔细选择和培养人才，并找到每个人都能做出最大贡献的方法。有时为了团队的更大利益，甚至可能需要时不时地调整某个人。

虽然几乎每个组织都宣称"人是我们最重要的资产"或其他一些陈词滥调，但很少有人真正做到招聘、培养、支持和留住人才所需的艰苦工作。虽然他们会积极地追求最新增材制造技术或云端的协作工具，但他们似乎更想将组织发展留给人力资源部门甚至放任自流。更重要的是，最近的创业热潮和快速并购的步伐加剧了这一问题，公司越来越不愿意对人们进行长期投资，这是一个令人不安的趋势。

人才是真正的精益组织的核心，你可以感受到这一点，不管你身处还是参观这么一个组织。就算是个30年历史的组织，以人为本的精益社群仍然吸引着来自各个行业的新人。

事实上，最吸引我们的精益社群特征是对人的价值的看重。早在20多年前，我们自己的精益之旅开始时，有两条关于人在精益中的作用的观点引起了强烈共鸣。第一个观点是当时在密歇根安娜堡丰田技术中心担任总经理的约翰·舒克，现在是精益企业研究所的执行主席，他表示，"精益并非与人无关，相反人才是精益的中心，也是精益存在的理由。"吉姆在福特亲眼看到艾伦·R. 穆拉利把以人为本的领导风格带入汽车制造里。第二个观点是丰田技术中心总裁迈克·马莎奇这样诠释丰田："我们同时开发人才和产品。"

马莎奇的意思是，在丰田，人才发展不是一项授权给人力资源的额外活动，也不是从会议室里学来的，而是通过在现场开发新产品才有机会培养出优秀的人才，反之亦然。要想做到这点，需要更多有经验的人充当教练，挑战每一个工程师，在工作中发展并提供日常反馈。培养人才是每个领导所做一切工作的核心，这是他们每天工作的一部分。经过多年的学习和研究，我们不断看到丰田领导如何教练、教导和有意识地培养一些行业内最优秀的工程师，并将这一发展转化为持久的竞争优势。

最近，有关组织文化的讨论很多，不幸的是这仅限于谈话和希望，很少有公司认真地履行有关人的部分——招聘、发展、挑战和吸引人才，建立高绩效的产品开发文化。

4.2 雇用合适的人

每个招聘决定都会影响你的文化，在最初的筛选中，文凭和过往经验当然很重要，但是对于个人和组织的未来成功而言，有一些特征更为重要，那就是把合适的人放到合适位置。适应性是有关职业道德、价值观、展望和期望的一种契合。不会只有一种最好的组织文化或一种最佳的个性，各种各样的文化和性格可以带来成功，甚至我们的朋友里德·谢里丹在工作场所追求"快乐"文化，要加强文化和性格，需要找到两者的适应性。

当然，说起来容易做起来难。公司依赖考试成绩、学位和以往经验的主要原因是它们是可量化的，并且可以容易在候选人之间进行比较。但根据我们的经验，建立一支强大的团队是不容易的，也不应该是容易的。虽然我们并不主张彻底废除可衡量的标准，但我们认为在做出招聘决策时你应该做更重要的事情。拥有强大文化的产品组织在招聘决策上需要花费更多的时间。

（1）丰田　丰田的不同领导人用各自喜欢的办法招聘人才，一位领导说他的尖酸测试问题是："如果你可以拥有任何一款车，它是什么？为什么是它？"另一位领导会问："如果你工作到很晚，发现看门人的工作没有完成，你会清理吗？"当然，即使是最好的问题也是不够的，最终你只能通过工程师在工作中的表现来判断他的绩效。丰田技术中心发现最好的办法是运用本地大学的合作培养项目来招到合适的人才。他们投入了大量的时间和精力在每个人头上，学生们花几年时间断断续续地在导师指导下学习，在毕业时就清楚地知道该为谁提供全职工作。丰田原则上不会从外部雇用高级人员，更喜欢从内部发展他们。

（2）苹果公司　苹果的高科技图标大多是内部人员开发的，但偶尔也会从外面雇用高级人员。当发生这种情况时，他们会着迷于找到合适的人才。比如，苹果公司在确认吉姆是否可能满足工程师总监位置的故事就是一个很好的例子。在过去几个月里，吉姆见了十几个人，包括苹果的首席设计官乔尼·伊夫，还有副总裁和其他几个工程部门的领导，经过三次不同的来访面谈，苹果公司才把吉姆招进来。面试范围从技术性很强的问题到非常个人化的问题，包括一些"你将如何处理这个？"这样的挑战性问题，因为适应性对双向都很重要，坦率的双向讨论让双方可以确定彼此的匹配程度。最后因为个人的原因，吉姆没有接受这份诱人的工作。

（3）门罗创新公司　技术创新公司在招到适应性人选上要求更高。首席执行官谢里丹说："简历对于所有重要、必需的文化契合都是无用的，所以我们不会花太多精力去读简历，大部分面试都是互动的。"门罗公司倾向去发现一个真正的人，以及他或她如何适应团队合作这种文化，必须与他人一起工作是门罗公司的工作要求。要做到这一点，每年它都举办"极端面试活动"大约三次。在这些活动中,把 30~50 名候选人进行配对,派一个当前的门罗人来对每一对进行观察,给每一对伙伴分发一项任务,活动的重点不是让他们展示技术技能,而是要了解他们如何一起工作。候选人事先就被告知不要试图占领主导,而是让合作伙伴及竞争对手都能很好地合作。

活动结束后,门罗人聚在一起讨论他们所见,他们询问每一个受访者,问他们是否愿意与那位候选人一起工作,这一轮淘汰率约为 60%。成功的候选人被邀请参加第二次面试,每个候选人被分配与两个门罗人一组,并付给一天的合同工资,和门罗人一起做一个真实的客户项目。工作一天结束时,门罗人和工厂经理讨论候选人,其中约一半候选人会被选上并且得到一个 3 周的合同。三周之后,约有 50% 的人能够继续作为门罗人工作。

4.3 培养人才

雇用合适的人只是你投资的开始。积极地支持和指导他们的职业发展是建立团队的基础。领导者视此任务为首要责任是很重要的。我们认为 80/20 是在工作中指导与培训的比较合适的比例组合,但没有什么特定的神奇比率。

很难否认通过传统的"师父－学徒"模式来让大部分团队成员获得关键技能是个不错的方式。在现场进行"行动学习",解决真实问题,密切地与经验丰富的人一起工作,加上一些需要的正规培训,几十年来,最好的技工和工程师都是严格按这种强大且经过验证的方法来发展具备难以置信能力的人。

不幸的是,在我们访问的许多公司中,这种做法被认为已经过时,甚至更糟,而仍然根植于日本传统的丰田并非如此。

4.3.1 丰田的人才培养

回到最初发明新型织布机的时代,良师的教导是丰田最初的哲学。丰田佐吉是一个穷木匠的儿子,他活用父亲教他的木匠技能发明了半自动的木制织布机,这些经历让他养成了动手发明的习惯,最终他发明了世界上最早的全自动织布机之一。

佐吉把从父亲那里学来的传给他儿子喜一郎,后来喜一郎创办了丰田汽车。喜一郎从他父亲那里汲取了动手创造和教导的热情。父亲告诉他"如果一个工程师一天没有至少洗手三次,那他就不配工程师这个称谓。"有一天他走过工作间,他注意到一名工人面对一台坏的研磨机发愁,喜一郎看了看那个工人,然后卷起袖子,双手插入油盆,抓出两把金属渣,他把金属渣扔到地板上,然后他说:"你怎么期望能不把手弄脏就能解决问题?"(这是来自公司总裁的一个示范,他不仅愿意把手弄脏,同时也去研究金属渣而发现导致问题的原因。)师父 – 学徒的模式一直是丰田培养人的方式之一,所以它不需要作为一个项目来重新引进,然而怎么做的细节则随时间推移而改变。

4.3.2 在自动化环境中学习TPS基础知识

我们可以从最传统的丰田培训开始,这教会人们如何在车间思考和做改善。大多数读者可能都熟悉丰田生产系统,因为它适用于手动装配过程:在操作员的工作中去掉浪费的动作,工作是平衡于节拍时间和标准化的。但是,当它是一个自动化流程并且有很长列的设备时,在看不到作业的情况下要怎么办呢?这并没有阻止河合满找到培养团队成员的方法。他担心年轻人在公司加工和锻造自动化之后才被雇用,被机柜将其与加工设备隔离的他们无法理解机柜后面发生的事情。

河合满是独特的,即使在丰田——这是唯一一位从前生产线工人做到丰田的高级经营管理职位,甚至成为董事会成员。在20世纪60年代早期,他是少有的可以受到大野耐一训练的人,他深深内化了大野耐一的思维方式,并用这个来完成他职业生涯中的惊人壮举。几年来,我们有机会参观他曾工作的地方,惊叹于他所创造的事物,并通过他的讲解学到他的思想。

50年来,他一直在丰田的本社(总部)工厂工作,该工厂以机加工和锻造作业生产发动机及传动部件,他有一个每月提高2%生产率的常规命令,每个月都会归零,如果有一个月他达到4%,他仍然要求在下个月提高2%。他从生产流程大部分还是人工的时候就开始这样做,过50年后,这些生产流程过程几乎完全自动化。

大部分TPS都专注于减少人工操作的浪费,但河合满则对人和对机器的工作采用同样的原则。"材料将以我们销售产品的速度流动,并改变其形态,更多的都是浪费。"他解释道,"操作员需要学习如何使用机器和材料,以及他们的五感,以合理的成本创造一个好部件。然后,可以开发智能自动化,做到尽可能减少任何不改变形状或形态的运输或动作。"这意味着更深入地理解设备并重新设计它以消除浪费。

这是他非常在行的事情,但是有一个问题,他不会永远都在,年轻的工程师和经理对手动设备没有如他般的独到经验。他对"只要按下红色按钮,部件就被制造出来了"的心态深感忧虑。"他需要工程师和经理深入了解机器,并学习如何在自动化流程中看到浪费。为此,他决定,所有年轻人,甚至是工程师,都需要发展以下四种技能:

- 可视化生产。
- 学习关于生产流程的明确知识。
- 标准化知识。
- 通过改善开发智能自动化。

根据大野的指导方法,他确信这四项技能只能在现场中学会,连工程师都必须学会手动完成实际生产过程。

多年来,他做了许多事情来培养人才。首先,工程师和经理们必须亲自动手,他要求所有工程师和经理手动做锻造和机加工工作。

其次,他创建了一个手动装配线,以便工程师和管理人员可以体验 TPS 的传统方法并对其进行改进。河合满对用乐高模拟生产很不满意,他想要一个真实的生产线。当丰田决定要把巴西一家具有 75 年历史的变速箱组装工厂关掉时,他看到了机会。那是个手动装配生产线,在工厂建立早期,丰田曾质疑这个低产量的巴西工厂是否经济。尽管产量不高及品种多样化,大野仍坚持认为在巴西做变速箱是有可能获利的,所以他亲自去了工厂并教作业者 TPS,该工厂开始盈利并且持续生产了几十年,但最后由于太过时而关闭。河合满要求将这条变速器装配线打包,并搬到他在日本的工厂。他认为不适合在自动化高产量生产线上生产低产量型号,但可在此手动装配线上有效率地生产。

这任务被指定给工程师和经理们,不使用电力情况下,作业员在这条产线上手动、经济地组装多种低产量型号。他称之为"TPS 基础学习产线"。学生们被指定特定的改善挑战,在这条手动产线上学习,然后才去锻造和加工线改善自动化流程。随着时间的推移,他们将已经是一个高效的变速器装配车间缩小成一半,且使其足够灵活,有时只要一个人操作,高产量时只要几个人即可运作。

有很多创新从这条 TPS 产线的挑战性目标中产生出来,这些目标的限制条件是使用几乎不花成本、简单的机械设备。例如,其中之一的挑战是在一大堆选配件中,找到某种变速箱特定部件的方法。凭借今天的技术,这可以通过电子装备,如光栅、条形码和计算机来完成,装着下一个要选的部件的箱子会亮起,如果工人想故意选错,就会触动警报器,而警示灯会闪烁,但没有计算机和电力怎么可能实现呢?

学生们设计了一个巧妙的设备，它有两个功能——既是个看板又同时用来补充少量部件，并且用作防错装置，他们称之为"钥匙看板"。每个部件在装配线上都放着少量备件，当备件被用到需要补货的数量时，一个长方形金属看板（该部件独有）将会被拿去库房，看板采用彩色编码，并且具有与存储这些部件的特定箱子相对应的识别信息。箱子的塑料透视盖有该部件的图片及识别信息。把钥匙看板插入一个槽中，拉下去，然后就会只拉起一个装着该部件箱子的盖子（见图4.1）。

图 4.1　人工钥匙看板打开正确的部件盖子

为了学习如何改善自动化流程，河合满分配给每个设备操作工一台名为"我的机器"的设备，他们的工作就是手工详细地将该部件所发生的所有事情绘制在以秒为单位的时间轴上，记录它是如何被移动、转向和加工的。被期待应是导师的经理和工程师，需要快速回答设备操作工所提出的棘手问题，学习曲线是陡峭的，质量改善曲线也同样陡峭。随着时间的推移，缺陷呈指数下降，几乎达到零缺陷。

4.3.3　丰田高龄员工改善和传递知识

当河合满被丰田章男提拔为执行副总裁兼董事会成员时，他的职责范围转移到教授如何在全球发展人才，他回到了用学习产线这个想法，然后开始在全球丰田工厂推广。他在日本一个发动机装配厂领导创建了一条第二技能培养的产线，这是他创建的另一个模式。这次挑战来自人口的老龄化，几十年来，日本的劳动力一直在快速老龄化，出生率已经严重下降，移民率也很低，导致劳动力短缺日益严重。

河合满认为高龄员工可以帮助弥补这一差距，他们有丰富的制造和 TPS 的经验，但他们的身体往往无法按要求完成整天的手工作业。他想改变这一点，将高龄员工的聪明才智活用起来，他建立了一个"超级技能产线"承担四个使命：

- 回归基础的手工作业，最终再以自动化为目标。
- 创建一个由高技能工人组成的精英团队，不断演进。
- 利用这条产线作为广大员工技能传授的最佳选择。
- 创建一条适于退休后员工再工作的产线。

被分配到这条生产线的工作人员要么已经从丰田退休，要么即将退休，他们与工程部门合作建立最初的一条手工装配雷克萨斯 LC 发动机的生产线。这条超级技能产线手工制造一小部分雷克萨斯 LC 车辆的发动机（其他大多数都是在更大更自动化的生产线生产），但它主要的目的是为了技能培养。每个过程，包括最终检查，都是手动的，只有几盏灯连到传感器以指出问题。在制造中没有夹具来帮忙，只能用手动工具。即使是最终的测试台，一般是计算机化，但也是 100% 手动来测试性能、声音和泄漏。挑战的不仅仅是制造发动机，而是培养能有效制造和测试完美发动机的超级操作员。

为什么手动？河合满解释说，"如果最后有存在缺陷或有坏的地方，制造者将用手拆卸并更换部件，如果做不到，制造者就不能被称为一个高技能的人。当你想象一个高技能人才时，他必须知道每一件事。如果他要进行手动操作，他必须知道每个部件这个或那个螺栓该用多大的力气去拧紧，他需要了解一切。"

河合满的目标是加强团队成员的技能，让他们即使闭着眼睛也可以自己组装发动机。与此同时，他希望他们在这个过程中能够培养学习和分析的能力，并逐步改善流程。

超级技能产线将让任何喜欢鲁布·戈德堡简单联动装置的粉丝爱不释手。部件滑入，滑出，上升，下降，并沿着滚动轴承滑动，螺栓放入插槽，如果有一个漏掉，防错装置的红灯亮起，操作工只需伸手够到一个拉杆，拉下工具拧紧螺栓，整个过程仅消耗一点点电量，对操作工来说几乎不费什么体力。然而，他们却以这些沉重的部件，手动制造一个复杂的雷克萨斯发动机。

有个问题是如何将完工的发动机从超级技能产线上移开。显然用电力传输系统很容易，但他们发明了一种机械方法：发动机被放在带轮的推车上，操作工用脚踩下杠杆，松开一个弹簧，推车向前移动约3m。当推车移动时，弹簧又收紧为下次移动做好准备。

超级技能产线中使用的这类机械装置称为简单联动装置（karakuri），它们遍布于所有丰田工厂。karakuri一词最初指的是不靠电力就能自己走的纸娃娃。在丰田，这些简单不靠电力的装置，根据特定应用，被定制出来用以移动材料。例如，在加拿大的RAV4工厂，操作工必须将一些大部件从过道一边运到过道的另一边的另一个操作工那里，且不能阻断过道上的物料运输。解决方案是一个小型动力装置将装着部件的容器抬起，然后将部件移到过道对面，然后通过机械装置和重力将部件落在要装配的地方。每个工厂都有一个包括标准构建模块的karakuri训练区。这些模块可以延伸，塑形，并可无限组合调整，以解决许多物料移动的问题。除了在电动机和电力上省钱外，这已经成为一种让操作工发挥创造力的有趣的方式，他们因看到自己的创作有效运作而感到快乐。

河合满的超级技能产线已经成为一个持续培养人才的工具，教授制造发动机、运用所有的感官，以及培养改善的技能和心态。每次两到三个学生离开他们现在的工作，被分配到这个产线来三个月，一起制造发动机。他们被指定一个诸如减少缺陷、降低体力、提高生产力的需要通过改善来实现的非常具有挑战性的目标。在这三个月里，他们分析产线，建立假设，验证假设，并从有经验的教练那里获得持续的反馈。他们经历失败，但会因尝试和学习受到称赞；他们也体验成功，并最终实现目标。三个月结束后，他们已脱胎换骨，并将这些更高级的新技能带回他们的正常工作中。

超级技能产线的目的不是用来代替自动化，实际上是为了更好的自动化。它就像是先建立一个顺滑流动的试点产线，然后再形成自动化。回想第1章里讨论的原型，目标是用尽可能简单的原型来快速验证想法，然后再构建更成熟的生产原型。超级技能产线就是一种在没有购买不灵活的和昂贵的自动化设备之前，快速验证想法的方法。在手动生产线上很容易发现哪里适合自动化，因此简单的自动化和人能够和谐地工作。从手动产线上产生的好想法，被活用在全工厂的高速自动化的产线上。

4.3.4 在职业生涯中培养丰田工程师

丰田工厂热衷于培养人才的理念同样适用于所有工程师。注意，对丰田而言，一个技术项目经理不是工程师，工程师设计东西，根据工程科学和实作经验创造新的东西。

培养产品开发工程师有着非常清晰的模式，培养被安排在整个职业生涯中，大多数是在现场运用师父－学徒模式，但也有课堂培训。

丰田不太相信工程师在大学毕业后就成熟了，尽管他们也有从顶尖大学招来的成绩最好的学生，新员工经过精心挑选，但被视为新手等待塑造成真正的工程师。

丰田的工程师培训课程已经发展了数十年，它被总结在本章的丰田工程课程表里，包含侧栏内容和时间表。在丰田内部，这些信息在四张279mm×432mm纸张上，用简单和格式化的大矩阵表达。我们的版本是不完整的，但它提供了丰田工程师所需的不同类型的知识和技能的例子。

我们将对工程师的要求分为五类：基本技能，核心工作专业知识，辅助技能，政策和判断，以及累积的专业知识。丰田在内部没有使用这些术语，但这些标题反映了丰田使用的类别。例如，我们称之为核心工作专业知识的在丰田矩阵里叫作"技术部门"课程。工程师被分配到这个技术部门，即工程师所应有的"职能专业"（如车身外部、车身内饰、底盘、发动机、材料、控制工程、电气工程等），而且每个专业都有详细技术培训。我们称之为辅助技能的在丰田矩阵里叫作"商业技能"和"知识产权"。

4.3.5 丰田工程师课程

1. 第一年：关于公司的一般知识和对工程关键客户的理解

在日本，每年都有数百名"新生工程师"从顶尖大学招聘过来，上班第一天把大家聚集在一个大礼堂里，此时工程师不会被分配到一个部门，因此不确定他们将在哪个专业领域工作。

第一年的常规培训包括三到四个月在车间工作，作为新团队伙伴制造汽车。生产线的工人教这些工程师如何做，这时的工作未必是未来定岗的专业领域。重点是要他们对丰田生产系统有一定了解，认知例行手动作业的需求，对产品开发工程师关键客户的理解——车间工人将制造工程师所设计的。当工程师经过这样的实作经验之后，对于容易组装和可制造性方面的设计，将有不同的视角。

工程师们还要花几个月的时间在销售上，在经销商处工作并销售汽车，一部分时间要进行挨家挨户的销售。在日本，经销商拥有客户的广泛数据库，例如在客户的小孩将取得驾照的时候，就会派出销售员去推销。新工程师要学会识别客户需要什么以及达成销售的挑战。

丰田所有工程师的基本技能之一是不用计算机，手工绘制草图，素描是天生的能力，新招工程师被要求画图作为新雇员评估过程的一部分。据丰田说，比起用计算机，手绘草图更有利于身体与心智的联结，一个工程师如果不能手绘草图是不可能设计车辆的。即使在今天，丰田仍然相信，一个不能手工绘图的工程师是不适合用计算机辅助绘图的。

在密歇根州安娜堡的丰田技术中心，每周都有一节由经验丰富的工程师带领的半小时绘图课程。要求学生画一些图，由老师评论并对此进行评分。学生们必须持续参加每周的课程，直到他们的绘图水平达到要求。即使在日本经过第一年培训，公司还会提供更高级的专注几何绘图的课程。

埃德·曼蒂当年在丰田技术中心担任工程副总裁，他说："有时我会站在年轻工程师身后看他们做的计算机辅助设计（CAD），我知道这个设计不行。我问，'你有没有把它用手画出来？你是否用手画出它与其他部件的关系？'显然，答案是'没有'"

第一年学到的"辅助技能"包括计划基础知识和报告撰写。这里丰田工程师将学习如何编写一页 A3 报告，如第 6 章所述。丰田工程师还必须了解各种设计支持系统，如原型设计、公司的基本人事政策和数据安全和知识产权政策。

在第一年，工程师们开始学习他们整个职业生涯都需要学习的关键技术。最深刻的专业知识是在工厂和经销商的实践中学到的。如果问在丰田工作了 20 年的工程师，他们都能生动地叙述他们在工厂的经历以及他们在销售汽车时碰到的困难。通过这些经验，以及那些从设计室得来的经验，他们也学会了尊重在组织中做各种工作的人。

2. 第 2 到第 10 年：成为一名真正的工程师

正如我们所提到的，丰田并不认为大学毕业生是工程师，公司知道日本顶尖大学选择了高中最优秀的学生，而且也知道工科学生获得了广泛的基础教育（如阅读、写作、数学）、基础工程科学教育（如热力学、结构力学）和计算机培训。这些技能将加速他们在丰田的学习过程，但他们此时还是不知道如何成为一名工程师，更不要说丰田工程师。

随着丰田工程师的发展，他们不仅要求能手工绘图也要求能在计算机上绘图，CAD 绘图是丰田工程师的基本技能。公司不相信工程师仅仅领导技术项目而让 CAD 专家来绘图（尽管确实有 CAD 专家担任技术人员）。在日本，工程师第二年将被分配到绘图部门，向 CAD 专家学习如何使用 CAD。

工程师在第二年将被分配到他们的技术部门，而 CAD 工作将被包含在他们的工程专业里。在他们的专业领域里，他们也将被分配一个"新人项目"，在老师严格的监督下，完成的真实并具有挑战性的工程任务。对他们大多数的人而言，这是他们的第一个真正的工程实务经验，该新人项目也将是他们的另一个终生回忆。

在第二年之后，年轻的工程师将在他们的专业领域全职工作，他们成为一个工作小组的一员，由经验丰富的工程师担任团队领导（4~6 名工程师组成一个团队），工作团队只是众多工作小组中的一个。一些是跨功能模块开发团队进行同步工程（如造型、其他工程专业和制造）。但是专业团队是在一个职能部门内的，团队领导者的工作就是教授年轻的工程师如何成为这个专业的丰田工程师，团队领导知道他们的主要工作之一是做好一名老师，他们的学生们表现如何关乎他们的绩效。

工程师参加许多课程，这些课程经常由高级工程师来讲，并且专注某个专业领域的技术主题（如注塑成型、聚合物特性）。很多新知识都是在团队领导的带领下在工作中培养出来的。丰田政策认为，某个人成为真正的工程师需要经过两个车辆项目周期。曼蒂说："工程师需要 4~5 年的时间来完成两个项目，从而成为一个真正工程师，无论是在世界任何地方，都要设计部件，与供应商谈判，与造型协商与采购合作，工程师可以做所有这些事情，包括［设计］部件的功能。"曼蒂负责车身工程，仅在这一领域就有大约 60 个工程师必须参加的课程，全都由内部教授。

3. 10 年以上：学习成为高级专家或总经理

10 年经验以上的工程师已经掌握了深厚的专业技术知识，他们通常被分配第二个相关专业，工程师需要继续磨炼自己的知识和技能成为真正的专家。成为一个真正专家的关键在于教会别人，也就是学习如何成为团队领导者以及培养下一代工程师。一些专家工程师可以开发专利，并从公司获得资金以分拆为子公司或第三方业务。

有经验的工程师可以选择两种路线：有些人留在"技术轨道"上成为"高级工程师"，专注于工程技术专业，变得越来越好并教导他人，而不必承担许多行政责任；其他人转向一个行政轨道，成为一个部门的助理总经理或总经理，他们参加由总经理和高级管理人员教授的职业学习课程。再一次，我们看到了丰田强调在工作中由经验丰富的导师指导学习的强大价值。

值得注意的是，在丰田，经理最重要的工作就是教学。曼蒂坚信"经理人最大的成功就是他们所教的人获得成功。"他要求所有总经理在日常指导责任之外，还要给更多的初级工程师教授正式的课程。

丰田有时将这些职涯发展路径称为倒 T 字形。他们也使用一棵树来比喻，在分枝之前先形成一个强壮的树干。倒 T 的下半部分如同树木的根部，是工程师在头两年里获得的最初的广泛的教育和经验，然后它是专业技术的深度，构成树干，它甚至比人们想象的要窄。假设一名年轻的工程师被分配到车身工程，在第一个开发项目中设计与供应商零件集成的前保险杠部分，工程师在分支出去之前，可能会为第二个开发项目执行相同的任务，听起来有点多余，但这位年轻工程师因此将学习到比开发保险杠的技术细节更多的东西，他们学习整个开发流程及如何与制造部门和供应商合作。让他们设计同样的部件，能够帮助他们专注于学习整个开发流程。

4.3.6 用设计评审来培养人才

丰田和其他"以人为本"的组织一直在寻找培养人才的机会，以作为日常工作的一部分。我们将在第 6 章详细讨论的设计评审，是培养技术人才的绝佳机会。吉姆和他在福特的领导团队视此为他们培养人才的核心，因为此时大家专注于解决困难问题，所以这是一个可以进行教导、指引和展示诸如合作这样行为的绝佳时机，这对一个高绩效组织非常重要。同时，这也是一个可以看到你的工程师日常如何思考解决问题和挑战的合适时机。在评审时提出有深度的问题是最好的方法之一，给他们"答案"反而是最糟糕的。

增加对设计评审的期望有一个有趣的副作用。因为关键参与者高度参与，它会对其他人施加压力，特别对试图引领团队的团队领导来说是更是如此，这个对评审增加期望和持续改进已经形成了一个良性循环，并以非常积极的方式影响着文化。这不是竞争，而是努力维持保证这个过程的动能，且不致成为一个"薄弱环节"。这里有很多机会让领导者塑造所想要的行为，例如准备、协作和对细节的关注。

4.3.7 创建支持人才培养的框架

培养人才的最佳方式是在他们的工作中进行，提供支持框架也非常有用，特别是对于将开发分散在全世界多据点的大型全球组织而言更是如此。它可以给企业各个不同的地方提供一种通用的机制，让各地理解并同步当今的技术能力和期望。

我们与几家公司沟通过，他们为对产品的重要专业领域例如电气、机械或制造工程等创建技术成熟度框架，使人力资源专家和来自不同技术领域的技术专家一起工作，创造了一个技能习得路径，让工程师在工作中通过展现逐步加深的技术技能来成长。这些能力与他们的水平和薪水紧密相关，该途径一开始比较狭窄，然后扩展到潜在的专业领域。

为执行这个流程，每个工程师都会被正式指派一名导师，通常是负责他技术发展的主管，整个组织的工程师和他们的经理共同完成针对个人专业技术愿望的技术发展计划。通常每年会回顾两到三次进展情况，在回顾中，为帮助实现目标，个人将获得更多挑战性的任务和针对性的培训，对于这样培养人才的框架要获得成功，培养人要成为领导者的优先事项，否则只是个空谈。考虑到领导们所面临的其他工作，培养人通常很难找到时间，然而，花时间来教练、指导并持续给你的员工反馈，长远来看将带来巨大的回报。

1. 持续对话与绩效反馈

虽然每年几次向员工提供"正式"的绩效反馈可能是必要的，特别是在大型组织中，这些讨论的内容绝不应该是一个惊喜。当经理真正地对他们的员工发展感兴趣时，反馈将是经常性的，对话也将是双向的。请记住，在一个有效的组织里，其成员对彼此的绩效负有相互的责任。

以下是绩效对话的五个特征：

- 坦诚：你不能通过撒谎来达成任何事情，以尊重的态度对优势和成长空间进行诚实的评估。
- 进行对话：提问，认真倾听，让你的员工参与他们的人才发展流程。
- 提供真实内容：在讨论中提供具体示例，别让他们猜，制订一个商定的计划，包括后续跟进。
- 有建设性：讨论后员工对自己和组织应该感觉更好，如果没有，则你错过了一个很好的机会。穆拉利是这方面的大师。
- 进行持续对话：在质疑别人的行为之前，务必保持你们的关系。

请记住，每个人都是不同的，并以独特的方式贡献他们必须贡献的。领导者有责任与员工共同确定最佳的发展路径。我们所遇到的最糟的做法之一，是在相似工资水平的人之间进行"强制排名"，它强化了在产品开发组织中负面及不合作的行为，它只为黔驴技穷的经理找个借口——"你能期望我怎样呢，C员工不行呀"，而且没必要给员工贴标签，那不是鼓励合作的行为。你可以通过薪酬、晋升和其他形式的表彰来区分不同贡献，但没有必要提倡消极的内部竞争。

2. 个人追求精通专长

培养人才是双方的责任，虽然公司应该提供学习和成长的机会，但每个人都需要对自己专业成长负责。每个工程师都应该不断提升自己的"标准"，他们应该向周围的人学习。如果他没有学习的热情，别指望公司能"培养"他。追求精通专长应该是组织中每个人的基本价值观，并从选择员工阶段开始。

我们相信大多数人天生渴望在工作中表现出色，这是精通专长的精神。它是普遍的，它以一种非常个人化的方式将人们与他们的工作联系起来，并赋予他们对工作的骄傲和意义。无论是有精湛手艺的外科医生的精准动作，高技能机械师一丝不苟对细节的关注，还是黑带马塞洛·加西亚在巴西柔术上的严苛动作，他们都让人叹为观止。结果，精通专业的成就感带来内在喜悦，这只有在通过个人克服某些难以置信的困难时，才可以实现。可以肯定的是，这个艰苦的旅程会对那些选择走这条道路的人产生持久的影响。

但要注意：在这个追求"走捷径登顶""即时赞誉""不行就放弃"的世界里，这个旅程将需要艰苦和坚持不懈的努力。那些寻找快车道的人会很快离场，然而，作为精益思想者，价值创造和追求完美是我们的目标，精通专业精神是创造具有持久价值的东西的一个关键因素，执着追求的精神将改变工作本身及工作中的人。

3．专业教育

我们认为组织中"人才培养"的许多问题实际存在于员工进入公司之前，它通常始于他们的基础教育。

在《快公司》的一篇文章中，艾伦·韦伯转发了斯坦福大学商学院教授杰弗里·普费弗提出的一个有说服力的问题："如果外科医生的培训方式与商学院学生的培训方式相同，你会接受心脏手术吗？想象外科医生坐在医学院讨论心脏手术病例，看着心脏外科视频，并听取优秀的心脏外科医生谈论他们怎么做。现在你躺在手术台上，你是那位外科医生的第一个病人，你会让他动手术吗？"

但商学院并不是唯一有这个问题的地方，凯特林大学校长罗伯特·麦克马汉曾说："如果我们用教授工程师的方式教授音乐家，在接触乐器之前，他们将获得12年的音乐理论教育。"这种对应用的关注使少数工程学校，如凯特林大学和其他象牙塔学校分道扬镳。凯特林大学坚持工程实习制度，每隔一个学期凯特林大学的学生在一家赞助公司工作，活用他们在课堂所学。下一个学期他们作为全日制学生返回学校继续学习知识。

另一所正在打破这种僵硬模式，并强调学以致用的学校是MIT麻省理工学院。在麻省理工学院的D实验室，学生们在团队中一起工作和学习，为服务不足的市场承担实际的产品开发项目。D 实验室的 D 代表的含义是：通过发现（Discovery）、设计（Design）和宣传（Dissemination）来开发（Development），这就是他们追求目标的方法。无论是提供清洁饮用水的挑战、改善坦桑尼亚咖啡农民非常辛苦的工作，还有用海地的农业废弃物制造炭块，D 实验室的学生共同创造解决实际问题的产品，有时甚至会催生企业。在整个开发过程期间，从了解客户及他们的需求，到扩大规模生产所获得的真实技能和知识，对学生来说都是无价之宝，并有助于让世界变得更好。

优秀的产品公司与诸如凯特琳大学和麻省理工学院这样的学校，建立长期合作伙伴关系，以能够更早影响工程师和其他技术专业人士的培养。他们确保学生能获得实践经验，这是如此的重要。我们相信，如果有更多的学校和企业在他们的教育策略上能够效仿这一点，工程师将为进入工作场、为企业组织贡献更好的学习能力，做到更充分的准备。然而，尽管工程师是从一些优秀的培养项目招进来的，公司一样要持续地培养人才。即使是最好的学生也不是真正的工程师，直到他们在实际项目中受到师父级工程师的指导。我们曾在丰田谨慎的招聘流程里强调能力和适应性，把工程毕业生当成有待培养的璞玉。

4.4 让员工成为一个团队

1987 年，须崎清一（Suzaki Kiyoshi）写了一本书——《新制造的挑战》(*The New Manufacturing Challenge*)，在精益社群被誉为"红皮书"，书中充满了精彩的简笔画，并且展示了当时以客户为中心组织绩效的关键结构的新科学。

你可能已经看到现在到处都用人们划船的图来展示团队合作，我们第一次是在须崎的书中看到的。此前，须崎还画了另一艘船，被鲨鱼包围着，一群人在划船并往外舀水，标题为"我们在同一条船上。"他的要点是成功的组织必须培养一种"共同命运体"的意识，一个关键的领导者的责任是建立共同目标感，让全员共同追求。虽然个人才能和能力可能不同，但所有人都为了一个更大的目标团结起来并为此做出贡献。

如前所述，当穆拉利刚到福特时，他发现了这是一个分裂、咄咄逼人、内部竞争激烈的组织，组织裂缝无处不在，外部环境压力正在扩大和加深这些分裂。福特拥有极富才华的勤劳的人才，但他们迫切需要一个统一愿景和他们可以共同前进的方式。

2006 年 10 月 13 日星期五，就在穆拉利上任几个星期后，他给全公司发了一封强有力的电子邮件，部分内容如下：

"任何人都很容易认识到福特人是天生的赢家，福特在一个多世纪以来创造的价值感是显而易见和合情合理的。令人鼓舞的是，我们可以在公司内指出如此多的卓越领域，但沾沾自喜是不行的，在如今的竞争环境下行不通，我们需要在整个企业中取得成功。为了实现这一目标，我们需要有一个全体共识和理解的计划，它必须是一个单一的计划，服务整个公司。竞争对手可能试图"分裂"和"征服"我们，我想我们不打算这样对待自己。"

穆拉利继续描述每周商业计划回顾的具体内容，要求公司的高级区域和职能领导者参与其中，规定他们如何从相同的数据出发来制订同一计划，并将这个计划逐层分解到组织的各部门，他用以下内容结束他的邮件：

"我知道福特人在过去几年经历了一段艰难时期……我从以前的经验可以看出，业绩滑落会令人沮丧，将业绩重新提升将无比令人振奋，没有什么比知道你个人的贡献有助于推动这个伟大的企业再次向前发展更让人激动。

每个人都喜欢卷土重来的故事，让我们共同努力，写出有史以来最好的一个。

谢谢！"

这是他"一个福特"愿景的开始，并付出不懈努力将企业团结起来发挥其全部潜力。他的愿景其实很简单，但是又很困难：

- 一个团队：大家共同努力，用客户、员工、经销商、供应商、投资者和社区的满意度来衡量，成为汽车业中精益全球企业的领导者。
- 一个计划：按当前需求积极重组，以盈利运营为目标，加速开发客户想要和重视的产品，投资我们的计划和改善资产负债表，作为一个团队有效地合作。
- 一个目标：一个令人振奋的、有活力的福特，为所有关系人带来盈利的增长。

穆拉利继续在整个公司的每个可能场所传递他的信息。他和吉姆一起参观碰撞安全实验室，视察新车工艺，并走访迪尔伯尼工具和模具，他亲自参加了几乎所有吉姆的全球全员会议。他开场总是感谢团队邀请他参与到"车身和冲压工程，我们所认为的核心部分"。然后他会告诉大家公司计划的最新进展，感谢他们采取的具体举措以努力支持公司计划，并花了一个小时回答来自各地的问题。他的信息总是一致的——这是我们的福特，这是我们的计划，我们将为此共同努力。然后，他会眨眨眼说："工程师是所有财富创造的源泉，对吗？"团队的反应是强烈的，其中大多数人甚至从未亲眼见过福特首席执行官。即使有成千上万的人亲自参加过这些会议或通过视频参与，大多数人都亲身感受到与穆拉利的联结及计划相关。

穆拉利还自己做全球沟通会，拜访供应商和经销商，以及参加媒体活动。他传递的信息内外一致。有一次，在新闻发布会上被问到福特是否考虑合并，穆拉利回答说："是的，我们将与自己合并。"

包括 B & SE 在内的福特其他领导人从穆拉利那里得到了启发，并努力将他们各色各样的团队凝聚在一起，让他们专注于实施一个福特的计划。无须赘言，他们需要成为一个全球团队，同心协力地创造对客户有真正价值的产品。他们用一个年度战略 A3 流程，来制订和执行支持公司战略的计划。

每年，该计划的一部分是提高工程师的参与度，像许多公司一样，福特进行了一项年度参与调查，让人们有机会沟通他们对公司的感受，并提出可以改进的地方。B & SE 领导团队利用这些信息，以及每两周一次的跳级会议和一年两次的全球沟通会，来制订具体的改进对策，这已经成为年度 A3 报告和组织绩效目标的一部分。

4.5 挑战人

当丰田章男在 2009 年成为丰田总裁时，他很快就面临很多问题。他不得不处理丰田历史上最大的召回和丰田公众形象危机。在第二年，他处理了日本历史上最大的地震和海啸导致的严重部件短缺。第三年也很严峻，泰国发生史上最严重的洪水，而泰国丰田承建很多车辆和部件。然而，他从这一时期得到的最持久的遗产，可能是他对组织提出制造"更好的汽车"的挑战。

在第 3 章中，我们讨论了丰田的新全球架构（TNGA），以对策经过十年全球销售额翻倍、平台设计状况不佳的情况。虽然丰田从未像福特一样遭遇近乎破产的状况，但它也有自己的重建项目。制造"更好的汽车"的战斗口号，和丰田章男对生产激动人心的汽车、乐在驾驶的热情，成为重唤产品和流程的动力。

仅仅有这样的全球挑战是不够的，除非它被转化为每个组织单位的挑战。我们看到 TNGA 团队面临的挑战，是在一个能提供 5~10 年驾驶和操控优势的平台上，开发具有吸引力的汽车。与此同时，生产工程面临着以简单、轻巧和灵活的方式来重塑制造技术的挑战。这些高层的挑战必须转化为具体专业单元的特定挑战。例如，TNGA 的一项挑战是从驾驶者的角度降低重心，使之成为世界最好，它转化为不同的职能部门的大量挑战，为此数百个丰田部件和供应商部件需要重新设计。

有一句名言:"你得到你所测量的东西。"它可能更应该这样说:"你得到你去挑战的东西。"如果团队得到很好的培养,支持,并能够对每个团队的任务进行有意义的转化,他们将能面对一切挑战。

4.6 组织团队

重组是很多公司解决一切问题的"第一反应"策略,我们不太相信这点。一些公司对它上瘾,把它当成所有组织弊病的灵丹妙药,你可以经常看到他们这样做。即使是最好的案例,重组会消耗能量,造成混乱,并在过渡期失去焦点,总比想象要花更多的时间。

话虽如此,你的组织方式,以及团队的组织方式非常重要。从长远看,它对团队的绩效产生重大影响。虽然专注于为客户创造价值对组织而言至关重要,但你还必须进行跨项目学习和持续改进。

4.6.1 丰田结构

随着时间的推移,丰田的组织结构在高层发生了变化。例如,车辆中心的组织已经多次改变,试图变得更易响应客户多样的需求。但在组织的更深层次,结构一直非常稳定。丰田使用各种形式的矩阵组织,从大多数开发工程师的角度来看,他们是矩阵组织的职能部分,工程师们在他们的技术专业里,向一个在这个专业里成长起来的高级工程师汇报工作。例如,车辆中心的车身工程总经理在他的职业生涯里从多个专业学习车身工程,并教授车身结构的基本原则。

矩阵组织里还包含车辆项目,由总工程师负责(详见第 5 章)。丰田可能会调整总工程师(CE)的任务,例如,全球丰田凯美瑞的较高级别的总工程师,可能会支持凯美瑞在世界不同地区的总工程师。但从 20 世纪 50 年代成立总工程师角色以来,它的作用从没有根本的改变。

在我们的采访中发现丰田一直在通过一个叫"内部公司"的管理结构,来持续提高决策速度和进一步深入了解客户需求,这些公司内部的公司,在某些特定的产品领域被组织起来,提供对个别客户的专注和灵活性,同时保持矩阵组织的一致性和平衡性。

4.6.2 福特的组织之旅

多年来,福特在产品开发中尝试了几种不同的组织结构。长期以来,福特一直以强大而有能力的职能组织而闻名，成员也为能成为团队一员而感到自豪。每一门专业都力求在各自的领域追求卓越，大多数都相当成功。但是，这并非总能转化为更好的产品，往往在部门间形成壁垒，并且"零和"心态主导了组织。

为了弥补职能性组织的陷阱，福特进而变成以产品为中心并重组基于产品的群组。这些群组围绕特定的车辆类型被组织起来，例如卡车、小型车、SUV等，每个都是一个独立和自运营的单位。当然，这里的问题是，跨项目学习的能力和最大限度地发挥职能组织的能力被大大削弱。这个结构付出巨大代价，它禁止任何类型的标准化，带给制造工厂高度多变的因素，而这些制造工厂仍需要跨越群组地制造车辆。简而言之，以产品为中心却制造了另一种类型的孤岛，并再一次地阻碍进步。

福特决定变回矩阵架构，这样可让他们平衡横向价值流，并对特定的产品提供强大工程职能组织能力，还能最大化学习机会和不断改进。矩阵架构也可以让整个组织专注在产品的成功。对职能组织能力的衡量在于他们对优秀产品的贡献，而不是职能本身的卓越，换言之，职能组织的价值取决于它在多大程度上能贡献给优质产品。下一步是将工程职能全球化，以带来更多好处。能够将企业凝聚在一起的是对创造优质产品的不懈追求，而这始于领导力。

4.7　创造产品是企业活动

精益产品和流程开发不仅仅是工程或设计活动，永远不应该有诸如设计师去"加害"组织的说法。要想取得成功，需要让企业更多的人参与到产品和流程开发中。因此，当你想要组织你的高绩效产品的开发团队时，你必须包括那些来自制造领域和贯穿供应链的有才能的人——不是事后诸葛亮，而是能完全贡献和负责任的开发团队成员。

4.7.1　产品开发中的制造专业知识

如同现代计算机技术的长处在于其分析与可视化能力，知道产品是如何制造出来的也很重要。如何把产品制造好的知识和能力是产品和流程开发的一个重要竞争优势，知道如何制造产品而你的竞争对手不知道就能改变游戏规则。一段时间以来，我们看到了产品构思和创新与制造流程、工具制作的致命分裂，将制造专业知识和创造力应用于优秀产品开发，并没有得到应有的重视。这值得再三强调：知道如何把产品制造好，并将这些知识完全融入开发流程是一个巨大的竞争优势。以下示例将说明将制造专业知识融入产品开发的重要性。

1. 苹果公司延伸了制造领域的边界

你可能不会认为苹果公司是一家制造企业,特别是因为它把很多生产外包给像富士康这样的公司。但当你仔细检验苹果产品时,将惊叹于它产品实体的卓越,你必须问自己,"他们如何做到这一点,特别是他们的量还那么大。"苹果的标志性设计、世界一流的工艺和高度依赖于理解和利用制造艺术的市场成功。所以,高管们非常关心制造产品。他们的标志性设计领袖乔尼·伊夫,不断地学习更多的知识,并在制造领域中不断地突破技术的界限,他的设计师们不断延伸自己的能力,直接与苹果内外部专业知识最渊博的人合作。

苹果再次证明了致力于提高产品的制造能力,在2017年5月,首席执行官蒂姆·库克宣布拿出10亿美元作为先进制造基金,并向康宁提供了2亿美元的奖励以"支持研发、投资设备和最先进的玻璃加工。"这个资金表明苹果公司了解制造对维持公司竞争优势的重要性。

2. 在整个福特价值流中合作

在F150皮卡上放置一个铝制车身是公司史上最大的赌注之一:在过去的37年中,F系列一直是最畅销的卡车,但从没有一款大规模生产车使用全铝车身。但团队知道保持他们的领先地位的唯一方法,就是持续创新并极尽可能性(push the art of possible),包括通过超轻车身提高了燃油经济性和性能,他们也知道为了取得成功,需要产品工程师、材料工程师和制造工程师从项目一开始就可以无缝工作。长期的学习过程需要产品在整个价值流中大规模创新,包括设计、材料、涂料、成型、焊缝和物流。团队面临着许多挑战,大部分是保密的,但我们会分享一些:

(1)成型性 铝的材料特性使其本身更难以造型成卡车车身所需的复杂形状,福特团队采取三个不同的方法应对这一挑战。

1)福特产品,材料和制造工程师直接与材料供应商合作,匹配或开发特定的材料特性以满足车辆性能要求和解决关键部件的成型难题。

2)产品工程师与制造工程师合作,为了满足较为困难的成型条件,根据需要修改部件设计。

3)对关键部件,从项目一开始,制造工程师就开始修正工具和流程,为试验和工具试用提供了更多的时间。他们在项目早期找出高风险的部件,为成本和开发计划留出更长的试验时间。

(2)成本　铝通常比钢更贵,如果将成本转嫁给客户会削弱其价值主张并影响销售。产品、材料和制造工程师一起研究每个部件使得物料实现最佳利用。大型部件的冲压是一个物料效率低下的过程,往往有多达30%的空白部分被裁掉(以起始材料计算)并在难度大的部件成型后成为废料。团队修改了设计、流程和空白形状,并尽可能在较大部件的空白(废料)区域内成型较小的部件,这样可以显著提高产出率。福特还尽可能与材料供应商合作设计最有效率的材料回收价值流。

由此生产出来的皮卡重量比上一代减轻了300多kg,然后因其"拖曳能力,一流的燃油经济性,令人印象深刻的技术特点,可轻松安排最多六人的空间。"而受到称赞,它还获得来自高速公路安全保险协会的五星安全评级和顶级安全选拔奖,成为《汽车趋势》的"年度卡车"和消费者报告最佳的大尺寸皮卡。这种颠覆性产品如果没有企业范围的产品开发方法,包括从项目一开始就进行难以置信的制造和材料的创新,是不可能实现的。最后,F系列连续41年成为最畅销的卡车及北美最畅销的车辆。

3. 迪尔伯尔尼工具和模具

正如我们所说,流程工程、工具及设备的制造对于制造实体产品特别重要。然而,我们遇到的许多公司仍然将把设计图纸挂在墙上的时间,当成"工具发布了",并报以乐观的希望。他们没有意识到它是真正的潜在竞争优势。这曾是福特团队在转型初期所面临的问题之一。

当特里·亨宁成为福特迪尔伯尔尼工具和模具(DT&D)的工厂经理时,很明显这个工厂是很不具竞争优势的,同时也不清楚到底什么是工具和模具制造的最佳表现。这对于汽车制造商来说尤其是个大问题,因为汽车制造商制造出高质量的工具、模具和夹具的能力是不可或缺的新产品开发能力,亨宁和亨利福特都知道这一点。美丽的 $3.9m^2$ 的工厂是由艾伯特·卡恩设计,由公司创始人创建,曾把它打造成世界上技术最先进的工具工厂。然而,多年的疏忽和自满已经把它降级为一个缓慢而昂贵的工具作业基地,并且工程师都不想在这里工作。亨宁本来就是一个干了多年的冲压经理,而且本身也是个工具与模具的制造者,他决心改变这一点。他与福特的冲压工程经理约翰·戴维斯合作,他们一起决定了前进的路径。

为了找到DT&D的正确定位,亨宁、B&SE亚太区工具经理杰西·茹、冲压工程主管埃里克·弗雷维克、吉姆,以及采购同僚决定研究全球的工具制造能力。他们参观了美国、德国、日本、韩国、中国和泰国的工具车间,他们回到迪尔伯尔尼直接与最了解工具流程的车间团队一起深入研究工具开发工作。通过这些工作，冲压工程和工具制作团队制作了一个"差距图"，指出公司在车间工艺和模具开发的每个阶段所面临的绩效差距。对于每一个差距，他们用 A3 报告制定对策，有些差距是技术性的，有些是与过程相关的，但有些是由于工程部门与 DT & D 之间缺乏一致性和集成造成的。因为 DT & D 的口碑不佳，他们已经在很大程度上与福特的车身工程团队隔离开来，没有很好地融入开发系统，因此导致沟通不顺畅与缺乏对彼此过程或挑战的理解。

戴维斯的冲压工程师和亨宁的工具制造者每周在 DT & D 举行站立例会，一起审查每组工具和产出的部件。他们到现场工作，评估进展和制订双方认可的计划来向前推进。亨宁的活力让 B & SE 团队的集成总工乔·塞姆特在这个过程中显得不太合作，他长期担任车身工程师和工程领导者，他的团队负责为 B & SE 功能从头到尾交付产品。虽然塞姆特最初有点抵制，很快他就看到组织扩大后的价值，这对让工程师参与非常重要，可直接与项目总工程师沟通，以及帮助双方建立团队合作和责任。塞姆特和亨宁的领导力是整合 B & SE 工作的关键，并为福特的项目团队交付更好的结果。

为了改进工具制作协调和沟通流程，亨宁同意将冲压工程部门的一些工具设计师和工艺工程师搬到 DT & D 来，使他们能够更快响应问题并了解工具制造者面临问题的第一手资料。这些工艺工程师和工具制造者也一起为 DT & D 和工程领域做改进。

除了参加每周例会以外，吉姆每季度还访问现场做更"正式"的评审。因为亨宁和团队为他的每次访问都做了事前的点检，所以他看到了不错的成绩，活力四射，热情高涨。UAW 领导团队，一开始持怀疑态度，后来也慢慢成为真正的合作伙伴并加入了访问，不久这些访问成为吉姆日程计划的重点。大约一年半下来，吉姆决定带个朋友一起参观。当穆拉利走进工厂时，整个团队热情高涨到了极点。团队与在工厂访问的首席执行官分享了他们令人难以置信的成就，首席执行官与他们握手、拥抱，提问，并感谢团队所做的贡献，现在已经没有什么能阻止他们了。

结果令人印象深刻：从 2004 年到 2010 年，DT & D 在支持 GPDS 要求上将交付周期缩短了一半左右，相应地减少了人工和间接费用，改善了工具/模具，使得第一件部件的质量达标率达到了约 80%。这项工作对福特的产品和流程开发能力的贡献是巨大的。但是，因为很多工具是由福特外部的供应商制造的，要把这些改进推广到外部供应商才能充分受益。

DT & D 已经熟练应用了这些方法，亨宁和他的团队开始公开分享给供应商。有时分享给单个供应商，但也通过更大规模、更正式的活动分享这些好的方法和期望，这些活动往往聚集工程、DT & D、采购、供应商质量人员和众多供应商在一起。在第一次活动中，供应商质量总监这样说："首先，我要祝贺迪尔伯尼工具和模具团队，我不得不说，若在几年前我认为是不可能实现的。"

亨宁和他的团队至今仍继续 DT & D 的对标访问，自从变得出名，不仅是供应商，还有其他汽车制造商和来自其他行业的公司来参观学习 DT & D 世界级流程和技术，不过许多人常常忽略转型背后的真正秘密——人才！

4. 丰田的同步工程

几十年来，丰田一直将其卓越制造作为竞争优势，你很难找到任何制造业领导者不知道丰田生产系统（TPS）的强大威力。但可能不太为人所知的是丰田在制造的卓越表现，是在开发流程（development process）中通过生产工程（production engineering）向上游发展而开始的。

在日本元町工厂的丰田生产工程中心是制造技术和方法上无数创新的源泉，这些技术和方法已经改变了整个行业。无论是行业内最灵活的装配线、最短的涂装产线，还是一个接一个的仪表板（保险杠）在成型和涂装之间零库存的制造，这一团队的努力和专业知识使丰田成为制造的领导者。但这一群体对于实现丰田"永远更好的汽车"的目标也同样至关重要，丰田致力于生产的同时也要找到解决方案，正如创造伟大的产品的同时改进精益制造，或是创造伟大的产品同时负起环境责任。

想想一个伟大的足球四分卫把球扔给那些经常丢球的接球者的情况，如果制造工程师没能跟上，一个伟大的产品工程师也不能生产出伟大的产品。我们讨论同步工程已经 40 多年了，然而同步工程依赖于双方——产品和工艺工程师。不幸的是，太多的公司将生产工程的核心专业知识外包出去，使得产品和工艺之间出现断层。将制造的创新与非凡能力运用到开发中并相互加强，这是实现卓越产品的关键。我们认为接下来的两个例子提供了对这种组织特征的一些洞察：

（1）改善驾驶和操控性　丰田通过 TNGA 大大改善了行驶和操控性。增加车身刚度可改善行驶和操控性，所以取决于不同车型，丰田设定了刚度提升目标为 30%~60%。实现这一目标的一种方法是增加车体上的点焊数量，但是，这会大大增加作业周期时间和/或因投资于昂贵的焊接设备而增加成本。在许多公司中，这种冲突会导致跨职能间的斗争，降低产品和工艺的性能，并大大降低交付给客户的价值。

丰田产品开发和工艺工程师共同努力，改善产品几何形状和开发激光螺钉焊接（LSW）技术，使得点焊作业周期时间降低一半，并少用一半的工厂地面空间，但仍然提供所需的车身刚度，没有比不需增加设备或所需占地面积更好的了。另外，LSW 比传统点焊更灵活，适用于各种新型产品和多种材料类型，极大地减少了推出新车的时间和成本。

（2）减轻重量　丰田的另一个产品优先考虑的是减轻重量以提高燃油效率。实现这一目标的一种方法是用高强度、更薄的轻质材料制造部件，以取代更重、多部件的子组件。然而，这些材料中的一些必须在成型前加热，这通常需要非常大的专用燃气炉，大批量加热毛坯，再加上另一个额外作业来消除加热过程引起的氧化。对于许多公司来说，这可能是一个可以接受的折中方案，但批量工作和增加额外作业在 TPS 中是不可取的。

丰田产品开发和工艺工程师再次合作，利用裁剪毛坯创造出焦耳加热的工艺，一次加热一个毛坯，只需 5~10s，不需要额外的消除氧化操作。一些公司改进产品，然后将新增成本转嫁给客户；丰田汽车的 LPPD 系统使他们能够以比上一代车型更低的成本提供更轻、更安全的车辆。

4.7.2　产品开发中制造技术的演变

丰田和其他 LPPD 公司的制造整合水平在其他许多公司都是闻所未闻的。事实上，有些公司甚至很难想象将其用在自己的环境中会是什么样子。把握这一点并朝着这种整合迈进的一个方法（如果有点做作的话）是思考制造在产品和流程开发中的作用，即通过四个成熟度阶段不断演进。

1. **第 1 阶段：生存**

在这个阶段，制造处于求生存模式，因为新产品仅为了做出功能，这一阶段的症状通常是抱怨比实际的改善行动多、返工、英雄主义、临时重新设计、暴躁脾气盛行。发布问题是有关"何时"而不是"如果这样如何"的问题。产品工程师直到"太晚"才投入工作，并被卡在发布环节上，影响其他新项目的启动和发布，导致产品开发的死循环。产品通常在工厂和现场都有重大的质量问题。所有的挫折感和"一定有更好的方式"的意识，促使制造演进到第二阶段。

2. **第 2 阶段：制造可行性评估**

制造管理层希望改善这种状况，但不确定如何做。他们让制造人员到上游去影响产品设计，但制造工程师们没有真正的框架告知怎么参与。当被问及意见时，他们通常只提供简略的草稿和道听途说的评估。这些"可行性评估"随着实体产品的出现而发生变化,这导致了许多后期变更、返工和双方的挫败感,活动虽多但却很少创造真实价值,但这是一个开始。而这些事情往往凸显问题,引起高层的注意,最终的结果是势必走向"为制造而设计"的组织。

3. 第3阶段:为制造而设计

制造部门现在在谈判桌上占有一席之地,组织开始创建和使用诸如为制造而设计(DFM)标准、过程失效模式影响分析(PFMEA),以及许多指标和记分卡这样的工具。他们建立了先进的制造团队,甚至与产品工程师在同一地方办公。虽然他们确实取得了进展,但重心往往是制造拒绝生产任何挑战当前制造能力的产品特性,他们有时认为为制造设计就是以制造为终点。公司可能已经减少了发布和制造问题,但部门间合作的问题,却阻碍了对增长至关重要的那种能改变游戏规则的产品,公司也忽视了供应商在产品开发中的作用,新类型的开发和发布问题开始出现,并被错误地描述为"开发过程的一部分"。一些公司在这个阶段停下来,但一些公司坚持创建真正的合作关系和会带来利润的价值流。

4. 第4阶段:设计和制造的协作

在这个阶段,制造和产品开发之间建立了真正的合作伙伴关系,具有一致的目标,专注于提供优质的产品和卓越价值流。制造部门建立了一个强大的制造开发系统,该系统完全整合与驱动流程和产品开发,它提供了关键的基础设施、共同语言、支持JIT输入的流程、正确的技能集、明确的角色和职责,以及强大的工具,而且它能推动协作。

尽管仍然存在压力甚至冲突,但这是由专业人员产生的一种创造性的紧张关系,扩展了组织的能力。带来的不仅是伟大的创新产品,还包括制造流程和能力,这些都是持久和强大的竞争优势。供应商也是有价值的合作伙伴,并同时掌握产品和流程知识作为持续改进的基础。一个基于协作和组织性,聚焦于为客户提供最大价值的系统,将能创造强大的竞争优势,并为一个实际的精益企业提供基础。

4.8 扩展的企业——产品开发中的供应商

包括在我们早期的产品开发的书里,关于供应商在产品开发中的角色已经写了很多。简而言之,如果你把糟糕的设计归咎于供应商,客户仍不会原谅你。你销售的每一个部分都是你的责任,必须符合相同的质量、外观和功能标准。因此,供应商需要整合到开发过程中。也就是说,并非所有供应商提供的零件都相同，一些供应商提供现成的商品，在质量、成本和交付方面的公平性和勤勉尽职，通常足以自行管理这些关系。但对于你的其他供应商（那些也创建了与你的产品价值主张不可分割的部件和子系统的供应商）则需要更多的关注。应该把这些供应商当成是你产品的合作伙伴，每一个都是你团队的核心部分——一个"狼"伙伴，和其他团队成员一样，应该有同样的期望和相互表现，你们的成功是密不可分的。

历史上，福特与供应商的关系一直苦苦挣扎，在对汽车供应商的年度调查中，不断地跻身得分最低的公司之列。这项调查是为了识别合作最差和最好的汽车制造商，在2007年，福特掉到最后一名。也许并不奇怪，福特的供应商也变得非常不好合作，质量问题、延迟交货和意外成本变得稀疏平常。

随着福特领导团队开始详细研究这个问题，他们意识到改善与供应商的关系必须从他们自己的团队开始。很明显福特在与供应商合作时，内部并不具备应有的一致性，对于供应商来说，令人困惑甚至矛盾的指示，显然增加了这些关系中的问题，这些必须加以解决。

工程和采购的领导团队以配对的形式制订组织对策。根据负责的子系统，配对的小组由组织的领导组成。例如，在吉姆的组织中，全球车身结构工程负责人直接与全球钢铁、铝和冲压采购负责人合作，全球灯具工程负责人与全球照明采购负责人合作。吉姆与苏珊·得桑德雷配对，苏珊·得桑德雷是车身外观商品和材料的全球总监。得桑德雷和她的团队带来了商业智慧和对供应商公司的深入了解，以及他们共同为每个子系统和供应商公司制订短期和长期战略的能力。不久，双方就形成了合作关系，最终扩展成了关键供应商。

在经济大衰退期间，短期战略尤其重要，当许多供应商的商业可行性受到质疑时，这两个团队需要采取无缝和快速的行动，以避免潜在的灾难。这项短期战略还包括实现项目日常的成本目标、管理供应商绩效，以及实现每个配对职责范围内的年度成本节约要求。通过这样的配对系统，配对的同伴们现在能够用单一的（一致的）声音说话，并以一种过去没有的方式平衡商业和技术解决方案。这项短期的联合工作主要通过每周配对会议进行管理，由得桑德雷和吉姆共同主持。此外，他们两人还在定期的一对一会议中见面，并与特定供应商公司和相应子系统的配对小组举行特别的"一次性"会议。每周会议由所有子系统配对小组参加，有时有供应商代表参加，以提高直接性和透明度。

配对小组还根据其子系统的技术和商业需求制订了长期战略，这些策略主要体现在五年期商品经营计划中，该计划试图预测产品性能特征的重要变化，例如减轻重量以提高燃油经济性或是改善照明性能，并制订满足这些要求的计划，包括技术、商业和物流方面的跨产品的子系统要求，这些子系统遍布世界各地。这些整合计划被证明是可用在采购、工程和供应商上的强大计划和同步工具，也常是他们发展的一个组成部分。计划通过配对领导链批准，以确保跨子系统协调和持续更新。

配对团队也每年都会访问几家供应商，这两天的访问（一天商业和一天技术）帮助建立更强大的关系，解决问题，改善沟通，分享新技术和未来的计划。

改进供应商关系的一个好处体现在为 Fusion 汽车 B 柱（前后门之间的中心支柱）开发的新技术应用中，该子系统对车身性能、完整性和安全性非常重要，通常由焊接在一起的多次冲压的高强度钢板零件制成。福特从一家供应商那里了解到他们开发的液压成形技术（使用高压液体成形的工艺），该技术有可能使制造过程更精确，并能使用高度工程化的高强度钢。福特产品和流程工程师直接与供应商合作，以使技术成熟，并调整产品和装配流程设计以使之匹配。这样做带来比以前的版本零件更少、成本更低、更轻、更结实的组件。

福特团队不轻易要求供应商做任何福特自己不想或不能做的事情，以保护已经改善的关系，其中一个例子就是迪尔伯尔尼工具和模具的故事，福特先自己降低成本和交货期，提高自己的工具制造质量，再要求供应商去这么做，随后，福特坦诚与供应商分享其改进经历和方法。同样理念的另一个例子，是福特分享铝设计、成形和装配专业知识，福特花了数年时间在内部发展这些能力，然后再帮助供应商提高这些技能。

与供应商更紧密合作的结果，不仅在年度供应商调研中表现更好（2010年，福特是美国排名最高的汽车制造商），而且让供应商表现更好，让工程和采购团队之间建立了难以置信的纽带。与这些和其他高性能团队一起工作是非常令人满意的，请看吉姆在下文中对成为高绩效团队一员的思考。

4.9 吉姆：成为高绩效团队的一员

到目前为止，自从"退休"后加入写作和教练这个独立状态，我最怀念的是成为高绩效团队一员那部分经历。就像生活中的许多事情一样，通常在失去时才真正珍惜它。尽管我的团队经历对我有很深的影响，但仍然难以描述。我相信随着时间的流逝，我的记忆可能会比实际的经历要美好一些，所以请以健康的怀疑态度对待我的热情。

我曾经参与几个特别值得怀念的团队，尽管每个团队面临的挑战不同，然而他们确实有着共同的特征，我也曾和福特内外的一些人谈过，他们也有着非常相似的经历，有着相似的特点。

- 接受挑战：我和曾交流过的朋友的经验，通常都是从一个困难的挑战开始，这个挑战使一些人团结起来，并淘汰掉其他人，那些不想接受挑战的人会以某种方式选择离开。这一挑战激起大家的共识，即如果我们不合作，我们将无法实现这一目标。它产生了压力，使人们聚集在一起，并带着紧迫性，去完成一个困难和重要的目标。

  领导者如何描述挑战也是个关键，穆拉利从不对我们的现状表示乐观，也不会暗示我们也许不成功："能够从另一角度走出来的感觉会很好！"挑战不一定是为了拯救公司或实现大规模增长，它可以是通过应用精益来改变你所在行业的工作方式，或创造改变游戏规则的产品。

- 创建更大的愿景：大多数人都想成为很特别很重要事情中的一分子，在组织中因局限的视野或身陷日常工作中，人们大都很难看到大局，领导者需要描绘蓝图，展示每个人如何贡献其中以创造更大价值，并展示每个人的贡献是如何重要的。

- 有一个关于三个石匠不同观点的古老故事：第一个石匠说："我必须整天在炎热的太阳下工作，加工这些沉重、肮脏的石头。我的双手变得苍白，我的背部疼痛，这一切没人关心。"第二个石匠说："嗯，事情可能不完美，不管条件如何，我专注于做最好的切割工作，我保持工具锋利，练习我的工艺，尽可能专注切割出最好的石头。"第三个石匠抬起头说："我正在建造一座大教堂。"

- 点对点承担责任：领导者很重要的职责之一，是在早期创建正确的蓝图，但是随着时间的推移，团队成员的情感焦点会发生微妙的转变。领导者仍然很重要，但成员们更关心的是不要让对方失望，努力工作以达到目的。你绝不可以让你的团队失望。这一循环还将持续，提高整个团队的绩效标准，通常高于某个领导希望团队能够实现的水平。

- 信任：随着点对点承担责任的增长和成员持续在更高水平上做贡献，相互的专业尊重演变为信任，随着时间的推移，成员们通过他们的表现赢得彼此的信任。没有人觉得他们必须去检查哪个人，他们对队友很有信心。他们在一起学习，毫无保留地分享他们所知道的。这种信任可能是脆弱的，但却是一种可持续的重要竞争优势。
- 扩大"可能的艺术"：当团队继续以信任的方式合作时，会发生一件有趣的事情。他们建立了信心（不是自大，如果允许的话肯定可以变得自大）。人们已经有一种深切的理解，那就是团队的能力远远超过了以前的想象。团队自我延伸和挑战自己，成员为他们共同完成的工作感到自豪，感到振奋，并彼此建立更强的联系。此时领导力很重要，通过提高他们的关注度，提高标准来防止团队变得过度自信。这是一项微妙的工作，因为你肯定不想成为"破坏"团队信心的人，真正了解和读懂团队很重要。
- 幽默：这一特点可能让一些人觉得很奇怪，我不知道这是不是成功的条件。但我所参与的优秀团队和我交谈过的人都有一种"内在幽默感"，这能让人容易度过漫长的一天以及面对他们遇到的挫折。这些自嘲的笑话往往来自他们面临的情况，幽默起到了释放的作用。有时，它有助于提供一些急需的观点，但最重要的是，分享这些笑话意味着你属于这个团队。
- 纽带：这个团队成员真的很关心彼此，老实说，我不知道这是曾一起面对逆境的结果，还是逆境让彼此关心，也许两者兼而有之。在任何情况下，团队成员在个人层面彼此关心，并且建立了一种明显的联系，它是一种持久的纽带。我是在和别人谈论这本书的过程中发现这一点的，这已经过去好几年，但似乎没有因为时间而消失。本章开头的吉卜林引言中隐含的就是狼群纽带。
- 那为什么要分享这些呢？我们之所以决定让我分享我的主观经验，是试图说明为什么努力建设一个高绩效团队很重要。它不仅能带来更好的绩效结果，而且是一种极好的个人体验，为什么在这世界上，你不想成为如此美好事物的一部分呢？为什么你不想和别人一起经历呢？理想情况下，培养高绩效团队的愿望和能力是一种强大的招聘和留住人才的工具，当然薪酬、福利和个人成长机会要有竞争力，但如果其他条件相同，大多数人都会选择加入高绩效团队。

4.10　展望未来

虽然最新技术的吸引力是诱人的，而且往往有助于你的改进工作，但决定你在产品和流程开发方面成功的是你的团队及其合作方式。你的开发团队应该包括为创造新的价值流做出贡献的所有人，并且每个成员的持续发展应该是各级领导的优先事项。

在下一章中，我们将讨论领导力及在高绩效产品开发组织中领导者的角色。

4.11 你的反思

4.11.1 创造愿景

在某种程度上，本章是本书的核心——开发高绩效团队与培养团队成员。这里所提到开发和支持高绩效团队的愿景包括：

- 致力于支持、认可和奖励个人的组织，与致力于为组织及其客户尽最大努力的个人之间的相互承诺。
- 各级领导始终如一地加强一个定义清晰、深思熟虑的高绩效文化。
- 雇用不仅基于技术证书，而且基于适应企业文化的人。
- 培养人才是从进入公司时开始并扩展到他们整个职业生涯，有正确的专业培训，和在现场教练指导下的学习。
- 在最短的实践间隔时间内持续提供绩效反馈，并给出关于如何改进的建设性指导。
- 领导者具有让个人参与成为高绩效团队的能力。
- 人们能持续挑战下一个更大的机会与满足顾客、让顾客高兴的环境。
- 一个支持性的组织结构，致力于专业知识的深入发展和对客户的多专业关注间的平衡。
- 负责构建和交付产品或服务的下游职能部门，让它们在开发过程中的早期即能完全成为团队的一部分。
- 一个高度参与的企业，包括所有关键的内部职能部门，以及提供重要部件和系统的外部供应商，都是团队的一部分。

这种建立高绩效团队和团队成员的模式如何符合你认为贵公司提供的产品和服务的需要？你如何修改愿景以更好地适合公司的情况？

4.11.2 你目前的状况

你的组织在培养人才和建立高绩效团队方面有多好？

1）你在构建高绩效团队和发展组织中所有团队成员的组织和技术技能方面，投入了多少时间和精力？在各级领导者眼中，它有多重要？

2）你的产品和流程开发是否真的是一项整个企业的活动？如何让整个

企业更有效地参与?

3) 作为团队的一员,你个人感觉如何?还能更好吗?你会怎么做?

4.11.3 采取行动

1) 建立一个有能力的跨职能团队,由代表产品开发价值流中的各个职能部门组成。

2) 作为一个团队,反思当前人才和团队发展的状态。一个更好的未来状态是什么样的?它与当前发生的情况有什么不同?

3) 根据上面问题的回答采取行动,并思考什么可行,为什么可行,以及哪里还有挑战——同时解决组织性差距,并以高绩效团队来展开。

参考文献

1. Ed Catmull, "How Pixar Fosters Collective Creativity," *Harvard Business Review*, September 2008.
2. Richard Sheridan, *Joy, Inc.*, Portfolio/Penguin, New York, 2013.
3. "The Toyota Way 2001," Toyota Motor Corp.
4. Keisuke Saka, *Karakuri: How to Make Mechanical Paper Models That Move*, St. Martin's Press, New York, 2010.
5. Much of this section first appeared in Jeffrey Liker and David Meier, *Toyota Talent*, McGraw-Hill Education, New York, 2007.
6. Alan M. Webber, "Why Can't We Get Anything Done," *Fast Company*, May 31, 2000.
7. Kelsey Gee, "Colleges That Prioritize Internships," *Wall Street Journal*, September 26, 2017.
8. Kiyoshi Suzaki, *The New Manufacturing Challenge*, Simon & Schuster, New York, 1987.
9. "Apple Awards Corning First Advanced Manufacturing Fund Investment," Apple Inc., May 12, 2017.
10. Brian McHugh, "Best Truck Brands for 2018," *U.S. News & World Report*, January 18, 2018.
11. Kelly Pleskot, "2018 Ford F-150 Earns IIHS Top Safety Pick Award," *Motor Trend*, October 20, 2017.
12. Brian Brantley, "Ford F-150 Is the 2018 Motor Trend Truck of the Year," *Motor Trend*, November 27, 2017.
13. Benjamin Zhang, "These Are the Best Cars, Trucks, and SUVs to Buy in 2018," *Business Insider*, February 23, 2018.

第5章 引领发展

"没有糟糕的团队，只有糟糕的领袖。"

——乔科·威林科和莱夫·巴宾
美国海军海豹突击队特遣部队官员

5.1 为什么领导力在开发中很重要

卓越的领导力是各行各业成功团队不可或缺的组成部分。高绩效团队（见第4章）不会轻易产生，它们是由优秀的领导者发展并不断滋养出来的。在产品和流程开发中尤其如此，出现问题是每日常规情况，领导者面临数百个时间紧迫的决策，必须集合来自各种背景的人才的努力，才能让团队为世界创造出新事物。

有效的领导者将所有LPPD拼图凑在一起，实现1+1>2的效果。本书中的所有原则和实践听起来看起来都很棒，但除非领导者带领聪明的、有动力和训练有素的人付诸行动，否则也是徒劳。正如你将在本章中看到的那样，领导者在所有组织"层级"都是必要的，并且在开发中扮演各种角色，但他们的一致任务是让全企业高技能人才聚焦于为客户创造卓越的新价值，并为所有利益相关者创造更美好的未来。将LPPD原则和概念转化为实际行动靠的是卓越领导力。

写一本提供建议的书需要非常地谦卑，"告诉人们如何领导"是很冒昧的，且不是我们的意图。相反的，我们的目的是分享我们的经验和我们所知道的伟大领导者特征，并指出这些领导者能够且应该如何发展。像我们所有的读者一样，我们见过平庸的领导者，但也与伟大的领导者有过美好的经历。

在福特的转变期间，无效和有效领导力之间的差异形成鲜明对比。那些制造危机的人与首席执行官艾伦·R. 穆拉利及跟随他的团队之间，其领导力简直就是天壤之别。伟大的领导者可以将普通人群变成高绩效团队，而领导能力差的领导者则摧毁团队的潜力。

5.2　伟大的领导力始于谦逊

领导技能可以学习，不仅如此，重要的是，领导技能必须通过学习而获得。虽然有些人天生有领导力，但在导师的监督下，通过在现实世界中挑战性地带领团队来学习，是不可替代的方法——尝试新事物、失败、获得反馈、调整和再次尝试，这就是领导力的 PDCA 循环。

尽管吉姆在加入福特之前已经担任了十多年的领导职务，但他最宝贵的经验来自福特动荡的转变期，他非常幸运地有个相当不错的导师，他们"说到做到"，并且毫不犹豫地给出有价值和直接的反馈。一个下午，吉姆通过公司内部邮件收到一个简单手写笔记，许多最重要的学习就是从这里开始的。穆拉利在福特历史上艰难而关键的时刻，刚刚离开波音加入福特担任总裁兼首席执行官，他谦逊地建议和吉姆见面，从此两人维持了七年的师徒关系，在此期间，吉姆学到很多东西，比如为人们描绘愿景的重要性，总是制订更好计划的价值，以及作为一个团队真正一起工作的"魔力"。但是，这些学习没有一个比亲眼看到穆拉利日复一日地做好一个领导角色更为重要。他对他人有着真正的谦逊和深深的敬意和喜爱。他总是从福特的角度来看事情，而不是从他自己的角度出发，无论是在福特企业危机最严重的时候，还是公司后来变得成功的时候，这种情况从未改变，穆拉利成长为令人瞩目的首席执行官。以人为本的作风让穆拉利与人们有强有力的连接，使他能够引领福特走出商业历史上最戏剧性的转变之一。

在和穆拉利工作一段时间之后，吉姆对这样的做法有似曾相识的感觉，他记得多年前开始训练，走过东西巴西柔术（BJJ）中心的大门时，在训练区的上方看到这样一个标语"把你的自我留在门外"。他很快发现，像穆拉利一样，最好的 BJJ 格斗士往往是最谦卑的。

山姆·谢里丹，是《斗士之心》的作者，这是一本富有洞察力的著作，他在采访世界上一些最优秀的格斗士时，显然也收到了同样的信息：在采访中他一次又一次地听到"谦卑是伟大格斗士最重要的特质"。在某种程度上，BJJ 的本质就是使格斗士保持谦逊。像任何技能一样，需要学习格斗的套路作为基础。但是，与在健身房和模拟比赛中练习的许多武术不同，BJJ 充满实战的翻滚和拳击，绝不含糊也无所谓合不合理——"你被打中（被迫投降），面对它。"它摧毁了幻想并迫使运动员进行自我批判与改进，然而，伟大格斗士放下自我的最重要原因，是因为自我阻碍了进步。他们比任何人都更努力，总是在比赛中寻找差距，并不断突破极限。强大的自我让你害怕前进、尝试新事物、开放与成长。自我让你自满，让你害怕冒险，然后你就完了。

但是，千万不要把谦卑与脆弱混为一谈。最好的格斗士平静外表下的内在是凶狠和专注的，他们不惜一切做任何想做的事情。同样的，若只看到艾伦·R.穆拉利轻松的微笑和诚心随时服务的态度，泛泛观察者可能会疏忽穆拉利坚忍的决心、令人难以置信的职业道德和全力以赴的驱动力，而这使他成为美国商业史上最成功的领导者之一。

多年的经验告诉我们，领导力就像 BJJ，是可以学习的，并且你的能力可以不断提高。但是，就像那些相当困难和难以言喻的技能，你只能通过实践来学习领导力，并根据经验持续地学习，和优秀导师（以前真正做过的人）一起工作以指引你的发展，将对你有很大帮助。

5.3 领导力的特征

我们没有着手开发卓越的领导模式，因为已经有很多这样的模式了。以下内容并不是所谓的"领导力"原则，这些只是各种各样的观察结果，这些观察是多年与成功领导人合作并对他们进行研究得来的。根据我们的经验，这些领导力特征对于领导那些需要完成极具挑战，或以前从未做过的事情的团队来说是有共通性的。

5.3.1 这是关于团队的

1983 年，密歇根传奇足球教练薄·辛巴克勒充满激情地对他的密歇根狼獾队演讲时说，"没有人比团队更重要，没有教练比团队更重要。团队，团队和团队！"虽然大多数开发工作和足球的性质相距甚远，但他所说的对开发同样重要。领导力的本质是建立你的团队能力和绩效，你的团队才是第一位的，如果你忘记了这一点，或者团队成员或领导者将自己置于团队之上，那你肯定会遇到严重的麻烦。

在产品和流程开发中，往往是你将具有不同背景和技能的人员聚集在一起，以实现通常难以实现的共同目标。领导者的工作就是创造一个令人信服的，与所有人都有关的愿景，让每个人都能为这个愿景的实现贡献力量，并建立一个团队，让成员放下他们的自负。

5.3.2 建立一个团结一致和专注的团队

许多公司将"一"应用于他们的公司名称，寓意是他们希望公司内部对某些事有共同的观点，并且公司中的每个人共享一套核心价值观、一套核心信念和一个共同方向。然而，似乎很少有人真正实现它。

像丰田这样在创立之初，或多或少就拥有共同文化的企业并不多见，虽然这直到2001年才被记录为丰田模式（Toyota Way），但它可以追溯到近一个世纪前，当时丰田还是一家织布机公司的时候。丰田模式的两大支柱是"尊重人"和"持续改进"，期待员工都有共同的公司目标，这些目标与年度商业计划或公司的方针相关联。尊重人、客户、团队成员和社区是精益领导的核心，关心人对于创建可持续的高绩效团队至关重要。在我们为本书所做的研究中，我们发现非常成功的领导者都有这个理念。

有助于保持丰田文化的是公司高层领导者持续一贯的领导方式，因为高层领导者主要来自丰田家族成员。很少有公司拥有这种奢侈的亲属关系，因此其他地方的领导者经常发现自己处于这样一个境地：他们必须将一家分崩离析的公司结合起来，走向同一个方向，穆拉利是最好的一个例子。

在加入福特担任总裁兼首席执行官并领导以产品为主导的转变之前，穆拉利有很长一段在最具挑战性的条件下领导多元化、高技能，以产品为核心团队的成功历史。他领导了波音757和767高科技飞行管理系统的开发，领导全球数千人完成777的开发，后来担任波音商用飞机部门的首席执行官，整合收购回来的麦克唐纳-道格拉斯和罗克韦尔国防、航天和信息资产，使波音公司成为世界上航空航天领域最大的公司。在我们为这本书对穆拉利进行的采访中，他说在他的整个职业生涯中"一直遵从合作的原则和实践。"

历史上，不论是在波音还是福特，这些以团队为中心的原则都很薄弱。但穆拉利将它们带回了工作生活中，致力于实现"为所有利益相关者——客户、员工、供应商、投资者、工会和全球运营所在社区的利益而创造令人振奋、可行、盈利增长的公司"的目标，所有利益相关者的盈利增长等于收入乘以利润率。可以实现可持续盈利增长的唯一方式，是以一个专注团队的方式来工作，制造人们想要并认同其价值的产品和服务。

对穆拉利来说，有效的领导力是把人放在第一位，并且要有责任创造一个让每个人都能成长的团结一致的工作环境。这些价值观在我们对他的采访中生动地表达出来，我们相信最好的分享方式是用他自己的话来表述：

以人为本，换句话说就是"我把你当成一个人来爱你"。这就是生活的目的，爱和被爱，包括每个人。我一直都很尊重人。我想帮助他们找到所做事情的意义，我想听听他们的意见，我想感谢他们的工作，我想认可他们的工作，我想要包容他们。你所看到的，就是我，这就是关于团队合作的原则和实践，包括了流程和被期待的领导行为。

我爱你们，我真的爱你们。小时候，我的家庭并不是很富裕，但我们家很有爱，我妈妈每天都会说："记住你的人生目标是什么——先付出爱，然后被爱；此外，服务就是生活，成为重要的人很好，但做好人更重要。"这是我做人的基础。

有些人会对我说："好吧，艾伦……我看到这些团队合作的原则和实践，以及你的团队合作的管理系统，听起来你希望我们将'恐惧和恐吓'从管理工具箱中消除？"我总是回答："是的。"然后我们谈论为什么这么做，这是一个竞争非常激烈的世界，每个人都可以接触到有才能的人。这一切都是关于如何让有能力和有动力的人团队合作，创造一个令人振奋、可行、可持续、不断发展的盈利或非盈利组织。

为了让领导者能够创造一个安全和敏捷的环境，让有能力和有动力的人能够充分发挥，以提供世界上最好的产品和服务，并每年提高他们的效率，我们需要他们的智力和心力。

我们从员工调查能看到组织中只有不到一半的人对成为公司的一员感到满意，这意味着大多数员工只为薪水而工作，而不是为公司大愿景而工作。我看过这些数据，我知道，能为全世界尽可能多的人服务的竞争优势，是基于这些团队合作的原则和实践。

我们知道这些原则和实践已经使用了很多很多年了，它们对让人们凝聚在一起完成重要的事情是行之有效的。我很荣幸能够有机会用这种方式让我们负起责任。

我知道人们将会从"格伦德尔的母亲和沼泽地，格伦德尔的大家庭"的黑暗中走向光明。一旦你走向光明，你意识到它是多么温暖，多么有效，经历团队合作的工作，你永远不会再想回到黑暗中。

以人为本，每个人都包括在内，强大的愿景，全面的战略，不懈的实施，明确的绩效目标，一个计划。

在我们与极为成功的席林机器人公司创始人兼首席执行官泰勒·席林的对话中，也得到了惊人相似的回应。该公司不仅在商业上取得了成功，而且是一个真正伟大的工作场所。我们从与之交谈或互动的每位员工那里感受到了这一点，席林分享了他对领导力和人才的看法：

我于 1985 年创办了这家公司，然后在 1992 年将它卖给了一家名为阿尔斯通的跨国公司，然而 11 年后我们决定应该把公司收回来自己运营，这次我们不再将此作为在职培训活动。我想从一些更成熟、发达的组织中聘请有经验的人，确实我们聘请到了一些非常有能力的人。

这很有意思，因为他们有很多重要的经历，但很多人也带来了一些我不想要的东西，那种无情的东西。

事实上，我在招聘过程中犯下的最大错误就是，当我看到一份简历，其中的经历看起来很完美，个人的职业生涯历史与我们想要的完全匹配，让我忽略了软技能。然后，当他们进入组织后，发现他们对我们想寻找的领导力来说是有毒害的。

我只想补充一点，是关于领导者对到达目的地的痴迷的问题。你真正想要达到的是平衡，为获成功不惜任何代价是不可行的，尤其是当成功是以牺牲人为代价时，这是不可持久的。一个领导者所能做的最糟糕的事情可能就是不够尊重人，因为你对一个人做了这样的事，实际上整个组织都受了影响。在我看来，达到了目的但让团队一地鸡毛是不能算成功的。

在这方面我有一个准备申请专利的秘诀，可以在任何情况下都适用于有关人们对你的看法，它是这样的：让别人认为你关心他们的最好方法是什么？就是真正地关心他们。

它适用于所有方面，尤其是在你想知道别人的想法时。我认为至关重要的另一点是尊重别人，引用爱因斯坦的话说，他对待看门人的方式与他对待大学校长的方式相同。

我认为让人知道你尊重他们的最好方法，就是对他们慷慨地花时间……当他们问"泰勒，你有时间吗"时，答案必须是"是的"，除非你被推进了手术室。

5.3.3 拥有它

吉姆最喜欢的关于领导力的书之一是《极端所有权》，它由前美国海军海豹突击队官员乔科·威林克和莱夫·巴宾所著，不仅因为领导力经验是来自一些可想象得到的最困难和最具挑战性的环境，而是因为它强化了基础领导真理——作为领导者，一切错误都是你的错。这个启示应该会激励你，而不是让你失望。这意味着领导力很重要——你可以做出改变，并且完全在你的控制之下做出改变。这不是你老板的错，也不是你公司的错，而且肯定不是让你困扰，表现最差的人的错。

《极端所有权》中有许多很好的故事，但最好的一个是来自基本水下拆除和海豹突击队训练（BUD/S）的海豹突击队初级军官训练。这可能是地球上最艰苦的军事训练，对于那些希望领导精英战士的人来说尤其困难。根据威林克和巴宾的说法，初级军官作为七名船员的领导者，其中包括将大型橡皮艇划入太平洋冲浪，并且在科罗纳多海岸线上竞赛。

在"地狱周"期间，在海豹突击队教练不断骚扰的情况下，团队很少休息，基本不睡觉，而他们庞大笨拙的船只在巨浪中翻转，要求团队迅速返回海岸并继续比赛。在一次特殊的训练演练中，船队Ⅱ几乎赢得了所有比赛。团队努力奋斗，齐心协力，共同执行。但也有一个船队因不同的理由而突出，船队Ⅳ则持续地垫底，他们没有团队合作，队员们争吵并互相指责而远远落后，表现不佳的船队Ⅳ年轻领导者遭到了海豹突击队教练大量特别的关注，"但他似乎没什么策略，好像命运给了他一个弱小的团队——一群表现不佳的人，无论他怎么努力，根本无法完成工作。"教练决定在船队Ⅱ和Ⅳ之间交换领导者，船队Ⅳ在新领导者领导下赢得了下一场比赛，当然击败了船队Ⅱ，然后他们继续赢得了那场演练的大部分比赛。通过交换领导者改变船队Ⅳ的所有事情——指责、谩骂、失败消失了。威林克和巴宾对这个奇迹般的转变有什么看法？这是《极端所有权》一个明显无可否认的例子，反映了这本书最根本和最重要的真相之一："没有糟糕的团队，只有糟糕的领导者。"

5.3.4 做决定——找到方法

电影《船长与指挥官》中有一个令人难以置信的紧张场景，1805年英国军舰上的船员盯着一名茫然的年轻海军军官，等待他的命令。时间一分一秒地过去，船员们开始抱怨，直到最后，年轻军官的同事开始低声说："看在上帝的份上，做一个决定！"在影片中，优柔寡断的军官的表现并不好，虽然这个例子有点极端，但它确实提出了以下两个关键点：
- 成为领导者并不容易。
- 有时领导者必须做出艰难的决定。

你不必完美，不必拥有所有的答案，有时候你会出错，我们都一样，但这并不能免除你为团队找到前进方向的责任，这应是领导者的所作所为，全力凝聚你的团队，寻求他们的意见，做好功课，尽可能地建立共识，但是要做决策，如果你不这样做，人们很快就会在其他地方寻找领导者。下面我们将分享一位总工程师的故事,他对其深思熟虑的信念表现出极大的勇气,并对他的项目做出正确的决策。

乔·萨特被要求领导波音747的开发,改变商业航空的世界。他谦逊地说:"因为我在正确的时间处于正确的位置。"萨特在创造许多人认为不可能实现的产品时,有无数的问题需要解决,并且要做出极其困难的决定。

萨特面临的首要挑战之一是这个庞大飞机的机身结构,一开始的假设是它将被造成一架狭窄的双层飞机,但是,考虑到数十亿美元的利害关系以及数百名工程师的投入,萨特继续研究这个问题,他研究了很多,发现制造宽体飞机更合理。当他把这个想法告诉波音高级领导人时,他被告知波音公司迄今为止最大的客户——泛美公司领导人胡安·特里普到目前为止只接受狭窄的双层飞机。波音从以前与特里普的交易中知道,违反他的意愿是一个非常糟糕的做法,但萨特坚持自己的想法,前往泛美总部与特里普及其工程团队会面。在一次非常艰难的会议之后,萨特被允许先建立宽体版本的模型,在看完模型之后,泛美工程师和特里普同意这是正确的做法。从那时起,它才成为萨特真正的项目。因为他研究现状,做决策,寻找前进的方向,从那时起他才被公认为该项目真正的领导者。

但仅仅因为萨特被公认是领导者,并不意味着他不会遭到挑战,另一个大挑战是来自公司内部。

波音公司的财务那时正经历艰难时期,萨特被他的老板要求从该项目中削减1000名工程师。萨特问道,"那我们可以延期多久完成任务?"答案是不可以。那时,他有大约4500人参与该计划,其中2700人是工程师。他回到了他的团队,并询问他所在领域的每个领导者,看看他们能砍掉多少人。正如他所料,他们都回答了同样的答案——零。

萨特曾与他的老板多次会面,解释他无法进行削减并仍然按时交付,但都没被理睬。萨特被"邀请"参加与公司董事会主席的会面,他意识到:"好吧,我想今天正好被解雇。"主席大步走进房间,宣布他已经晚了赶不上飞机。萨特开始了他的演讲,但他没有展示如何削减1000名工程师,而是展示了他实际上还需要800多人才能在截止日期前完成。他的老板脱口而出,"你不会得到更多的工程师!"萨特回答说,"我知道,但我想让你知道我们还需要这么多加班。"房间沉默了,然后主席突然站起来走出了房间。接下来,其他高管一个接一个地离开了。萨特认为他完蛋了,但两周后没有听到任何消息,他想,"没有消息就是好消息",然后他继续领导一这个成功的项目而没有被解雇。

5.3.5 情绪复原力

事情会出错，你会搞砸它，你的团队也是如此。糟糕的事情总是在你无法控制的地方发生，包括一些有问题的高级管理层决策，这是肯定的，唯一的问题是，你打算怎么处理它？

历史上，任何领导者在压力下完成重大任务时，一定会经历困难时期。两千多年前，希腊斯多葛派哲学家埃皮克提图说："什么事情发生在你身上不重要，重要的是你如何反应。"我们喜欢用"坚韧"这个词来形容这个人格特征。坚韧是一种能够突破最艰难的障碍（内部和外部）并努力实现你的目标的能力，这是实现目标无可回避的道路，对成功而言，它比才能更重要。

通常这是有关如何定义这些局面，以及如何定义困难局面的问题，对你的应对方式有重大考验：由你决定这是学习和成长的机会，还是世界末日？但是当你处于领导地位时，你的反应和你做出的决定会影响整个团队，人们从领导者那里得到启示。信心和复原力具有传染性，反之也是如此。

在美国汽车史上最困难的时期，穆拉利坚持了他的沉着冷静，让公司专注于完成计划——交付业内最令人激动的汽车。这些产品工程师并非由他直接管理，但他做出了承诺，他对未来投资，不是退缩、缩小组织或要求全面降低成本。当媒体对福特末日大肆渲染时，他仍然保持冷静、自信和随机应变。他从不掩饰这种情况，但他也没有对这种情况反应过度。他相信自己的远见，这种远见很有感染力。

2009年1月底，在穆拉利出人意料地拒绝政府救助后不久，福特亏损148亿美元。更糟糕的是，雷曼兄弟的破产使福特9亿美元的流动资金受损，而其他几家对福特至关重要的银行也陷入困境。为继续运营，迫使福特进行循环信贷以维持其运营，这就是最后一个财政把戏，每个人都知道。

穆拉利和他的团队沉住气，深度地审查了数据，这里隐藏着一些好消息：福特的市场份额在增长，说明聚焦于产品是对的，并且由于严格的以产品为中心的成本削减，现金燃烧率正在稳步下降。结论是坚持并加速目前的计划。

因此，穆拉利在与分析师和记者的电话会议上宣布了令人震惊的2008年亏损，他说："福特有足够的流动资金来应对全球经济衰退，并维持我们当前的产品计划，而无需政府的临时贷款。"

穆拉利在这个紧张时期传出了一个故事：穆拉利的一名工作人员早上走进他的办公室，发现他正握挤着一个乳胶球。"哦，不！"她喊道，"如果你紧张，那真是到了让人担心的时候了。"穆拉利笑着说："不，我昨晚打网球扭伤了手腕。"

在组织内外，人们从领导者那里获取信息。领导者的韧性让团队稳定——他们靠此支撑，特别是在困难时期。

5.3.6 真实性

我们都可以成长、进化和改进，我们本应该如此，但往往耗费了太多的精力在试图成为一个你不是的人。虚假无法持久，人们迟早会弄明白，当他们弄明白的时候，相互信任的关系就变得很难保持了。我们认为领导者最好与团队保持坦诚和开放的关系。做你所说的，承认你的错误，并以你知道的最好的方式领导，穆拉利在福特的另一个教训可能会有所帮助。

在业内，许多高管用昂贵定制的西装和运动专用手表或钱包装扮自己，你可以想象穆拉利穿着蓝色小西装和灰色裤子出场的样子。尽管他使用像"酷"和"整洁"这样的词语，但可能不会改变他在同事中的第一印象。最初他习惯拥抱，画微笑的飞机，或者把你的名字写在一个心字形里，这无疑有点令人不安，有点难以确定他是否发自真心。

但随着时间的推移，他的领导方式不仅证明是发自真心的，还具有感染力。他的行为表明了对每个人的透明度和对人的热爱，他也期望他的领导团队中的每个人也都如此，许多领导者都是从这种经历中成长起来的。

那么，穆拉利是否总是笑容满面？当然不是。他还拥有非凡的决心和执行力，并且在很多方面都有所体现。他会向领导人要"一个更好的计划"，或者给出建议"在其他地方如何蓬勃发展。"鉴于他对其他人要求的严格程度，他对人的"强烈的爱"似乎就显得不足为奇了。但我们相信，他的方式是对他的精力、热情和优先事项的真诚和诚实表达。这就是他，过去多年一直如此，他不会为汽车业高管群体而改变。即使他成为明星首席执行官，受邀到处演讲和采访，他仍然表现得一样，而他的团队也因此喜欢他。

席林机器人公司在招募新领导者时，也采用了同样的方式，他们喜欢候选人的真诚，这是一个非常重要的特质。技术问题可以教授，但是人们在童年时期必须学习的东西……通常情况下，只有一部分可以被教授。

5.3.7 个人健康管理

这可能是未被领导者充分认识的方面。对于那些没有经历过艰难转变的人来说，甚至可能不会发生这种情况。但是，领导团队完成困难的计划或组织转型需要大量的个人能量，一部分管理你的能量，就是要照顾好你的健康。无论时区如何，都要有充足的睡眠，吃得好，并且花时间锻炼，都是作为领导者要追求卓越的基础。

将工作和生活结合，通过工作表达自己的个人价值，并在个人生活中保持平衡，这对你和周围的人来说都是有益的。停下来思考你把时间和精力花在哪里，即可展示你是谁和你想去哪里。而最后，投身于你热爱的工作，为重要的事工作，实际上会让你精力充沛而不是消耗你的能量。这也是为什么在个人和组织之间好的"适应性"如此重要。

5.4 产品开发中的领导力角色

虽然每个层级的领导者的工作都有相似之处，但他们的具体贡献取决于他们在组织中的角色。在本节中，我们将重点关注高级领导者如何创造一个环境来增加团队成功的机会，职能卓越中心在提供竞争优势方面的作用，以及总工程师的独特作用。

5.4.1 高级领导者

高级领导者，尤其是首席执行官，负有广泛的责任，对他们的角色进行全面讨论远远超出了本书的范围，我们的意见将仅限于他们在创造新产品中的角色。话虽如此，我们认为新产品开发应该是任何首席执行官的首要任务。正如穆拉利所说："首席执行官的工作是让自己和团队负责制订一个可行的，基于人们想要、有价值和愿意支付的产品和服务的计划，以及每年提高质量和效率来增加组织的利润，永无止境。"

1. 创建成功的环境

在任何中等规模的组织中，高级领导者通常不会在产品开发中直接创造价值，他们不是在设计东西，但高层领导对组织环境有很大影响。我们建议高级领导者以三种基本方式为创造伟大产品做出贡献：
- 创造追求成功的文化。
- 制订和部署组织战略。
- 建立一个运营系统，使组织朝着目标前进。

2. 创造文化

高管对文化会产生巨大影响，他们示范与容忍的行为，以及他们选择谁成为领导团队的成员，都将直接影响组织文化。所有的目光都集中在他们身上，无论他们是否意识到这一点，他们定下基调并影响组织将成为的样子。丰田章男呼吁丰田组织创造"更好的汽车"，将产品开发作为组织的首要任务。这项任务凝聚了整个组织,通过丰田创造的产品为客户提供更大的价值,并明确了公司的指导优先级。

丰田章男说到做到,并以身作则。他亲自赛车,经常出现在经销商处并帮助修理汽车。当公司出现问题时,他会直接领导,例如领导新的雷克萨斯业务部门,在稍晚才意识到电动汽车市场的增长速度后,领导一个新的电动汽车部门。他对期望的文化的塑造,正以一种强有力的方式将丰田分散各地的组织凝聚在一起。在这本书的研究过程中,无论我们去了世界上的什么地方,或遇到了什么部门,我们都看到丰田人为更好的产品做出了贡献,我们看到非常戏剧性的结果——在TNGA平台上发布了新车。

3. 提供战略方向

高管创建并传达组织的战略和关键目标、方针管理和穆拉利的业务计划审查(BPR)流程(本章后面将讨论这些流程)都被证明是部署和执行公司战略的成熟方法。产品应该是这一战略的主要组成部分,它指导或建立组织的产品组合、周期计划和产品执行策略。高管要防止前线停滞不前,他们必须确保组织专注于向前发展。

要做到这一点,高管需要能够将各个环节整合在一起,以帮助组织里的所有人员了解整体情况,以及他们如何做出贡献。席林先生一直在观察席林机器人公司的环境,思考他所看到的事物的长期意义,以及它们对产品决策的影响:

我努力地将事情连接起来,思考"如果发生这种情况,那么可能引起另外一两个结果,这可能发生,然后那就可能发生。"要尽可能深入地思考后果。在我的职业生涯中,曾有三个月前发生的一些看似无害的事情,而最后发展到几乎致命的情况。人无远虑,必有近忧。

这就是我真正喜欢的基于多方案的设计方法。在我的职业生涯中,我经历了太多次,人们早早地就喜欢上一个概念,然后将其余的开发用于这个概念,试图挽救一个坏主意。

席林还发现,今天的即时通信和信息获取方式制造了一个极度嘈杂的环境,这种环境可能使问题变得很严重,从而阻止高管们识别出就在一里之外,但正在迅速接近的潜在致命结果。当他们终于突破杂音时,为时已晚。首席执行官的行程满满会进一步加剧这种杂音的影响。"这让我很害怕。"

4. 建立有效的运营系统

高管不能只是不断地"提高标准",他们还必须建立并不断改进运营系统,使组织能够取得成功。这是组织必须开展工作的框架(我们将在本章后面更具体地讨论运营系统的作用)。这是一套综合的管理和工作模式,它指导组织实现目标,以完成其使命。它是一个现实战略的执行系统。

一个运营系统创建了定期的管理活动节奏,而不是断续地进行管理干预。一个好的运营系统通过提供参与、理解和执行的框架和例行程序来帮助领导者。席林说:"帮助公司找到方向是很重要的,但也许更重要的是为实现目标所注入的努力。据我估计,你真正需要投入全部精力和所有心思的方向就是实现目标……事实上,能够实现目标是区分胜利者和失败者的地方,而不是他们神奇地选择了正确的目标"。高管有责任创建一个帮助组织实现目标并取得最大成功的运营系统。

5.4.2 职能卓越中心

我们的朋友,福特林肯产品开发总监斯科特·托宾曾经说过"职能工程总监在幕后默默贡献"。虽然他们可能没有得到像公众对首席执行官或总工程师(总工)那样的认可,但是他们完成了核心的创造价值工作。无论是领导软件工程、电气工程、制造工程还是其他专业,这些领导者都有责任创建卓越中心(Centers of Excellence,CoE),使之成为企业创造优质产品竞争优势的来源。

如果总工程师负责定义产品要成为"什么",那么确定"如何"实现就是职能领导者在其专业领域的目标。他们在其专业领域内为总工程师提供关键指导,如果符合产品的最佳利益,他们应有能力向总工程师说不。虽然大多数LPPD的书里都侧重于总工程师的重要性,但每个职能卓越中心领导者在公司产品的成功中都扮演着关键角色。在一个成功的产品矩阵组织中,职能卓越中心领导者负责三件事:

(1)实现卓越职能 卓越中心领导者通过建立一支擅长于其专业的团队而为组织做出贡献。要做到这一点,他们必须是终身学习型组织——在所有产品项目中汲取、创造和应用知识。他们从内部产品项目及外部环境中学习,并且能够将学习转化为产品能力。他们在自己的专业领域追求卓越,完全了解竞争对手的能力,并不断挑战"可能的艺术",以通过他们贡献的产品为客户创造更大的价值。

这一责任延伸了他们价值流的长度,包括与其专业领域内的供应商合作。卓越中心领导者有责任发展、应用并不断改进其所在领域的标准。他们还负责制订其责任范围的长期战略,以帮助确保企业在其专业能力上的充分竞争力。当福特高管做出大胆决定制造全铝F系列卡车时,这是几十年来设计、冲压和组装铝制车身的职能学习积累支撑起的信心，最终才使这得以实现。

（2）培养优秀的工程师　卓越中心领导者有责任在他们的专业领域内，聘请和培养工程师和专家，员工是创造可持续竞争优势的关键，而这只是起点。卓越中心领导者负责大部分新产品开发人员的成长和职业路径，我们已经谈过人才发展的重要性和一些方法，不仅是招聘人才，而且是招聘合适的人才和培养人才。在职能层面管理人才是卓越中心领导团队的关键和基本责任。正如我们在第4章中看到的丰田，其高管实际上承担着教授初级工程师专业领域课程的责任。

（3）使产品项目取得成功　前两个责任领域仅限于使产品更好、产品项目更成功的事务。客户并不关心你是不是某专业的最佳人选，或你的工程师有多好，除非这意味着为他们的问题提供更好的解决方案。卓越中心领导者与总工程师合作实现概念图纸，他们分配适当的资源来支持项目内容，并按质量、性能、成本和进度的承诺来交付，以使项目获得成功。虽然卓越中心和项目领导者之间几乎总是存在紧张关系，但这是点子间而非人员间的冲突，且都关注于如何使产品更好。

5.4.3　总工程师——引领为客户创造新价值

总工程师（CE）在LPPD文献中获得了最大的关注，包括我们的《丰田产品开发体系》，这是对的。总工程师是对产品（包括产品的每个方面）成功最终的负责人，并且只有很少数的人直接向他们报告，这是对领导力的真正考验。吉姆在福特的老同事（在我们撰写本书时是福特的产品开发和采购执行副总裁）唐浩泰，称其为"最终支持和交付的工作"。

根据项目规模，总工程师通常会领导一个小团队，其中包括负责财务、市场和主要的卓越中心领导者，以及负责管理开发的项目经理。团队中也可能有一名助理总工程师，他可以负责全球项目的地域化或其他一些例如新技术的关键产品特性。是总工程师的愿景、激情和活力推动整个项目向前发展。虽然总工程师可以在必要时向上级反映问题，但我们在福特和丰田交流过的每个人都表示，他们认为将问题向上级反映就是总工程师的失败。这么做会破坏总工程师的领导能力——可能意味着要么一个想法不够好，要么他们没有做好解释它的工作，责任在他们身上，没有任何借口。

尽管我们和其他人都对总工程师的角色给予了肯定，但许多公司对于尝试任用总工程师犹豫不决，一些人现实地意识到他们没有培养出能够胜任此角色的人，其他人拥有一个依赖于项目经理的既定系统，他们专注于成本和时间安排，担心如果总工程师追求新的奢侈产品功能，会导致计划延迟和成本失控。有些人甚至反对这个名号。他们不相信任何称为"工程师"的人能领导产品项目的所有方面，而更倾向采用向具有商业头脑的项目经理汇报的技术主管。

对于没有培养出深入理解客户，具有系统工程能力和商业意识的独特领导者的组织而言，这些都是合情合理的担忧。丰田以总工程师的角色开启了汽车业务，该公司从航空航天业招聘总工程师，在航天业总工程师是标配。对于那没有如丰田般花费几十年培养人才的公司来说，显然更难将这一角色纳入其中。我们已经看到那些一开始没有这些特殊领导者的公司，仍然坚持不懈努力为这个职位培养合格的人才，并创造一个他们能够成功的环境。在每一个案例中，我们都见证了步骤-职能改进方式（step-function improvements）优于以前的委员会式的开发方式。如果没有总工程师，可能会发生没完没了的评审、不断的监督和妥协，也许不会发生特别愚蠢的失败，但也不会得到令人叫绝的成功。培养总工程师很有挑战性，但值得付出努力。那么，一个没有这个角色的组织，如何为这样一个重要的职位选择和培养人才呢？

1. 选择总工程师候选人

根据我们与成功的首席工程师，以及和已经投资这个新角色的组织高管的讨论，我们已经积累了一套广泛的标准，以供你选择潜在候选人来担任此类角色：

（1）激情　他们强烈渴望引领创造伟大的产品。激情是几乎与我们交谈的每个人所认定的普遍特征。事实上，一些总工程师表示，激情是成功总工程师最重要的唯一特征，缺乏激情自然无法胜任。福特的佩里卡表示，他可以与某人见面后几分钟内确定这一最重要特质。丰田负责工程和产品开发的前执行副总裁和田明宏更进一步地说："你可以通过观察他们的脸来判断一个人是否准备好成为一名总工程师。"这种激情将带领总工程师克服许多困难。

（2）学习者　他们是快速高效的学习者。他们不可能知道项目中所有的一切。因此，随着进展而学习的能力很重要。

（3）大局思考者　他们有能力将各个部分组合在一起，优秀者可以"联结断点"来看整体，他们了解如何将所有部分结合在一起以创造价值，因此可以权衡，做出良好的决策。

（4）沟通者　他们是优秀和包容的沟通者。能够分享他们的愿景并与多元化的专家团队有效沟通是他们成功的基础。

（5）技术理解力　具有很强的技术敏锐性，他们不一定是技术神童或超级工程师，但他们应该有足够的技术深度来理解他们正在开发的产品或流程。

（6）玩家　他们了解公司的非常规做法，他们就是知道如何完成任务。

（7）坚韧　他们具有很强的韧性，在完成他们的任务时，顽强且不会被轻易吓倒。我们并不是说实现目标要不惜一切代价，但作为总工程师是一项艰巨的工作，不适合胆小怕事的人。

2. 培养总工程师

培养总工程师并不容易，我们发现让候选人不断担任极具挑战性和跨职能的领导角色的过程非常有效。

例如在福特，一个总工程师候选人将在某个职能组织中，花费足够的时间来提高熟练程度，然后可能成为该职能部门与特定项目的单点联系人。在这个角色中（在福特称为"集成经理"），候选人需要将各个子系统集成到给定的功能中，并将其展示给整个产品团队。在车身和冲压工程中，集成经理负责车辆项目的子系统，如车身结构、机构、内装、照明、玻璃、冲压等。然后，一个待晋升的候选人可能担任项目经理的角色，直接为总工程师工作，协调所有职能部门的工作，并负责项目交付。项目经理是总工程师团队的关键成员，于是对项目的运行方式有了更深入的了解。最后，候选人可以担任助理总工程师的角色，其重点是产品交付的某个方面（例如，领导特定国家或区域的产品本土化），这也是丰田总工程师典型的职业发展路径。

我们知道培养总工程师没有一定能行的方法，许多人在此过程中会自行选择退出。但是，我们认为这一过程是对产品和流程开发最重要的领导角色的必要投资。丰田还拥有首席生产总工程师的角色，负责开发流程和推出新产品。像总工程师角色一样，这项工作非常困难，绝对不会适合所有的人。我们的建议旨在增大你成功的机会，但该职位的成功不仅取决于个人，还有他们为此所做的准备。经常被忽视的是要为成功创造正确的环境。

3. 创建成功的环境

即使是最好的总工程师也可能因无效的运营系统或功能失调的文化而无法发挥作用。总工程师代表客户，他的成功应该是整个组织的目标。请仔细考虑这个：这并不意味着总工程师说的都对，它也不意味着把所有决定都推给总工程师，它的意思是尽一切努力使总工程师及其计划取得成功，并充分分担这一责任。

组织的重点必须是使横向的价值流——产品计划成功，也等同于总工程师的成功。这个优先顺序应该反映在你的运营系统和整个组织的领导行为中。这在福特转型期间已经很清楚了，表现不佳的总工程师绝不能成为产品不成功的借口。不是所有的总工程师都是超级明星，特别是在早期。有些人真的挣扎于这个角色。有时，这些挣扎会导致优柔寡断和改变优先顺序，从而威胁到职能部门的交付能力。然而，所有人都知道，这些问题最终会得到解决，绝不能成为不履行项目职能承诺的借口。因为最终，整个组织的重点是以客户为中心，创造伟大的产品和服务，为客户提供价值。

以下是有助于为总工程师创建支持性环境的五个建议：

- 让总工程师关注他们的产品，不要为主要的人员培养责任而过度负担，这是职能领导者的责任。然而，总是要征求总工程师对和他们项目有关的人的意见。
- 根据产品的成功，构建最重要的团队指标。
- 在你的开发过程中，构建"以总工程师为中心"的工具和方法。例如，概念报告，启动会议和总工程师评论。
- 在你的运营系统中创建以总工程师为中心的高级领导者论坛，强调以产品为重点。
- 培养一些最优秀的人才成为总工程师，并给予适当的认可。

4．扩展总工程师领导模式

"总工程师做成功一款产品的最好回报，就是让他再做一遍。"这是我们在丰田早期的研究中经常听到的，很有道理。通过领导多代产品的开发，可以对产品的客户有更深入透彻的理解，产品如何为客户提供非常具体的价值，为总工程师提供了强大的见识，可以做出领先的产品。多年来，丰田一直使用这一策略取得了很好的效果。

但从另外的角度考虑，总工程师也可以成为潜在高级领导者的优秀培养对象，他们负责产品的各个方面（设计、工程、制造、财务、营销等），这种独特的视角很难从其他角色中获得。这个角色还需要他们领导那些职能领域的专家们，这些专家在各自的领域里肯定懂得比总工程师多，于是鼓励他们协作并专注于团队目标，就是对总工程师领导力的真正考验。

佩里卡领导着非常成功的 2015 款野马的开发，继而领导福特中端业务，负责福特的专业产品（GT40、Mustang Shelby Cobra、Focus ST 和 Raptor，以及福特赛车队、售后产品和服装），本质上他是在经营一家非常庞大的全球性企业。他认为，他作为总工程师所发展的技能，100% 可以应用到他的新角色。"只要你不认为自己是房间里最聪明的人，你就没问题。"他建议道，"人们希望有远见、专注和坚韧不拔的人，以及会做出决定的人。他们想要一位知道如何充分利用团队所有经验和能力的领导者。"

穆拉利最初是一名航空航天工程师，领导了波音 757 和 767 驾驶舱和飞行管理系统的开发，并最终成为 777 的总工程师。这些经历最终帮助他在 911 灾难后重振波音商用飞机部门，并策划了福特的历史性转变。"我使用了同样的培训、激励团队及团结协作的原则和实践，以应对每一项领导力挑战。"他说，"设计是创造无中生有的东西，让人们的生活更好和有价值；平衡数百个目标，并按时交付，达成承诺，雇用成百上千人，并通过团队合作达到目标。这是至关重要的，无论是小项目还是大项目，无论是商用飞机部门的首席执行官，还是福特的首席执行官，在我看来，它都是项目产品的管理。"

我们并不是在提倡总工程师角色是迈向更高职业道路上的必经之路。事实上，许多优秀的总工程师更适合并且至少更喜欢留在这个角色。据说，洛克希德著名的航空和系统工程师凯利·约翰逊，曾多次拒绝从总工程师晋升为副总裁，因为他担心他远离他的热情所在，不过他最终还是接受了。我们也警告公司不要过早提拔总工程师，我们的观点是，使人们在总工程师中成功的特征，以及他们在担任该职务时所发展的技能，也可以使他们在更高级的领导岗位上取得成功。

5.5 创建管理系统（LB×OS = MS）

研究来自 12000 家公司的管理实践和绩效表明，管理和卓越运营是一种竞争优势："如果你看一下数据，很明显的，核心管理实践不能被视为理所当然……具有强大管理流程的公司在各项诸如生产率、盈利能力、增长能力和可持续能力的高级指标方面表现得更好。此外，这些流程质量和绩效的差异随着时间的推移而持续存在，这表明胜任的管理能力不容易复制。"这项研究的作者进一步指出："实现胜任的管理能力需要付出努力，但更需要的是，不论在好的时候还是坏的时候，对人和流程进行大规模的投资。我们肯定，这些投资是让模仿者无法超越的。"我们同意这个说法。我们一次又一次地看到，那些无法创建有效管理系统的公司为其业绩付出了代价。

虽然管理系统的术语使用方式不同，但我们认为管理系统是两个要素的产物：领导行为和运营系统（LB×OS = MS）。如果任一倍数因子较弱，所得结果就会减弱。领导行为和运营系统是相互依存的，不可能通过设计运营系统来弥补无能的领导力。当然，正如爱德华·德明所说："糟糕的（运营）系统能够摧毁一个好人。"强大的管理系统需要你同时加强这两个要素。到目前为止，我们已经在本书中谈到了领导行为，虽然它们对成功至关重要，但它们只是其中的一部分。领导者为管理系统注入活力和生命力，有效的运营系统可以聚焦和放大领导效率，任一个表现不佳都会削弱它。那么，什么是运营系统？

5.5.1 运营系统及其特点

运营系统由工具、流程、标准作业、有节奏的日常活动及其他能够完成工作的机制组成。如果领导者是工匠，那么运营系统就是他或她的工具包。但是，良好的运营系统远不止其各个部分的总和。

有效的运营系统促进组织朝着目标前进，以完成其使命。它制订了定期管理活动的节奏，而不是断续地进行管理干预。它是一个单一的、集成的系统，而不是一堆杂乱无章无法整合的部门计划。它在整个组织中是透明的、多层次的和级联的。它建立目标，分配资源，并提供清晰一致的角色和职责以实现计划。它提供了一种使能（或抑制）人们完成工作的结构。它紧密结合并推动关键的价值创造活动，如战略部署、持续改进、新产品交付、人员培养和工作环境、制造和供应链，最终，运营系统会对你如何做事给出相应的反馈。

有效的运营系统有助于将战略变为现实，它可以同步关键活动，使组织能够快速应对不断变化的环境，并允许计划和团队随之一起前进。当运营系统被有纪律地执行并结合有效的领导行为时，它为任何组织提供了巨大的竞争优势。

运营系统应完成的六个基本事项如下：
- 部署组织策略，统一你的组织并分配资源以确保成功。
- 推动创造对客户真正有价值的新产品和服务。
- 支持日常运营，为组织的基本工作提供支持。
- 培养员工并创造良好的工作环境，这是为了让其在未来几年内仍具有竞争优势而设计。
- 提供持续的系统性能反馈并实现持续改进，系统应具有内建的改进和原因修正功能。
- 为管理者标准化工作创建框架，该框架应提供管理活动有规律的节奏（每日，每周，每月，每季度），以组织领导者的工作并提高其有效性。

5.5.2 一个聚焦的系统

公司经常谈论他们的最新举措将如何创造更大的"组织协同作用"，然而结果往往更接近于"组织对抗",即整体的表现并不等于个体实力的总和。善意的领导者增加了新的举措,希望挖掘出未被善用人的潜力,但随后发现自己面临更大的熵,因为这一举措让系统更加混乱。

当穆拉利于 2006 年抵达福特时,情况确实如此。如本书一开始在"福特的历史转折"所述,公司不乏提高组织绩效的举措,有为制造设计的项目、引入客户声音的项目、集成供应商的项目等,项目只是简单地叠床架屋,彼此都在争夺宝贵的时间和资源。不幸的是,这些混乱的举措制造了组织拖曳力,浪费了资源并挑剔挖苦人。那么,问题是什么?在很大程度上,是因为缺乏组织聚焦和共同的运营系统来统一公司的行动。

我们并不认为缺乏组织聚焦是一个独特的问题。斯坦福大学教授杰夫·普费弗解释说,"公司设法说服自己,因为能被衡量的东西是已完成的东西,所以他们衡量的越多,就完成了越多。"他分享了与一位在一个大型石油公司工作的女性的对话,她有 105 个指标来衡量所负责事情,她实际注意了多少?她的答案是零,因为真的是太多了。这种行为导致了普费弗教授所谓的"奥蒂斯·雷丁测量理论",这是以雷丁的歌曲《坐在海湾码头》命名的。在雷丁的歌中唱到:"我做不了十个别人告诉我要做的事情,所以我想我会什么都不做。"当面对太多要求时,人们将不可避免地做得很少或什么也不做。

我们相信,艾伦的团队合作管理系统及其所产生的聚焦,是福特转变的最重要因素之一。通过其有规律的节奏,它澄清了优先事项和聚焦的举措,影响他们相互依赖的关系以朝向共同目标,也许最重要的是,它聚拢了所有的人一起努力。

5.5.3 突出异常情况的系统,以便快速响应

一个运营系统要提供高层的产品集规划、优先级划分和资源分配,还必须建立机制和实践,让团队成员能从正常情况中找到异常情况,有效沟通异常情况并对这些情况做出始终如一和有效的响应。

1. 从正常情况中找到异常情况

解决问题、降低风险和缩小知识差距是开发工作的基本组成部分,然而开发人员往往难以从正常中区分出异常情况。因此,开发团队需要有方法来了解它们与绩效标准的相对位置,他们是在他们应在的位置上,以获得成功的高度可能性吗?

工程师通常不会"早"发现问题,因为他们不完全确定"早"是什么时候,他们没有可以对比的模型。我们不主张在你的项目管理标准中嵌入数百

个要求,事实上太多的要求(如果它们被读到)通常会降低开发人员区分真正关键标准的能力。我们建议使用可扩展的指南,为开发人员提供随时间可被接受的风险概况(如每个里程碑可接受的未解决问题数量,以及相应的严重级别)、关闭知识缺口的节奏(如每个里程碑产品设计完成的可接受百分比),以及重点关注跨职能的同步解决方案(如跨职能的时间限制输入/输出需求)。里程碑质量要求,如成本、质量、性能、完成情况和问题/知识缺口关闭图表都很有用。

2. 有效地沟通异常情况

一旦建立了关键标准,就要有方法将异常情况展示给开发系统中的关键参与者。在精益生产中这是用安灯(Andon)来实现的,它通过闪烁的灯光和声音来发出警告,让团队注意生产中的问题。试想用此方法来创建开发安灯系统,大部屋可视化管理和包含至关重要指标相关的"仪表板策略"是实现这一目标最有效的方法。对这些关键指标的每日或每周评审,为团队成员提供"拉动安灯"并请求帮助的机会。虽然里程碑质量要求很重要,但最好的大部屋管理系统是在重要里程碑之前关注"领先指标"。如果你等到里程碑出现异常才采取行动,可能会对更大部分的项目产生影响,因为里程碑也可作为关键的集成点。这个做法是尽早发现潜在问题,以便在影响整个计划之前被解决。

当然,这还不足以让异常情况被显现出来,就像仅仅探测到一个地雷是不够的,你必须要排除或避免它。大多数工程师对"拉动安灯",将问题表面化犹豫不决,因为他们不认为将实际得到所需的支持来解决问题。想象一下,如果生产线上没有及时对安灯响应,你认为人们会继续拉绳子多久?

3. 持续有效地回应

也许管理系统中最重要的部分是对安灯的响应,它让团队感觉到有实际的帮助,这不包括增加向管理层的报告。相反,它应该关注开发团队并使他们成功。

当团队需要帮助时,也就是当他们自己承认需要帮助或相当明显的时候,一种反应是将他们对异常情况的认识与运营系统中被设计来对这些异常反应和提供快速支持的定期活动联系起来。例如,对成本、质量或技术问题进行定期的跨职能领导审查,为团队提供了向上汇报超出其控制范围问题的机会。一个紧密同步的运营系统应该为你的开发团队提供最好的成功机会,特别是在问题出现的时候。

4. 大部屋管理系统

在本书中,我们已经讨论了有效的项目管理的大部屋管理系统。虽然它最初是为交付产品和流程项目而开发的，但我们已经看到它在许多其他领域的成功应用。大部屋会议充当"增压器"以协调参与者，建立团队动能和信心，并不断推进项目。在活动中，大部屋区域可作为中心枢纽，让各小组可聚集在一起分享信息和研究其他团队的进展。

大部屋系统增大了领导效率，并提供了一个展示最佳领导行为的平台。大部屋管理系统为整个团队创造了有规律的节奏和高透明度，从而实现更大的包容性和协作，提高问题解决能力，以及做出更快更好的决策。因此，该系统不仅对产品和流程开发团队有效，而且还赋能高管或职能领导者，作为持续改进中心，为特定的任务提供支持。我们帮助各种行业公司采用这一功能强大的系统，包括医疗保健、汽车、消费电子、重型设备、机器人服务、航天等。也许这是一个你可能会考虑的系统？

5.6 有关适应性的问题

值得重复的是：为了获得有效管理系统的好处，运营系统和领导行为必须对准并保持一致。例如，运营系统元素的大部屋和A3报告在促进透明度、问题解决和协作方面非常有效。但如果领导者"不想听到问题"，打击浮现问题的人，或者实际上没有使用这些工具或与同事合作，你就不要指望它有用。如果你装备了一套运营系统，其中包括年度战略部署和有节奏的评审过程，以促进聚焦，但领导者不断追求下一个闪亮的目标，又有什么用？好吧，你明白了吧。你的运营系统和领导能力都应该不断地、有意地得到培养和发展，从而使它们相互加强并不断改进。

5.7 展望未来

卓越的领导力很重要，而且不会偶然发生。无论是七人船员组成的海豹突击队，还是由数十万人组成的公司，拥有有效领导者的团队都会做得更好。成为一名优秀的领导者并不容易，组织和个人需要投入大量精力和资源来有意识地培养特质和发展技能。领导行为与有效的运营系统相结合，可以创建一个强大的管理系统，使组织始终朝着目标前进，对于产品开发组织而言，最终目标就是卓越的产品。

领导者不会在真空中工作，可视化领导者角色的另一种方法是考虑他们运作的背景，领导者们推销的愿景与公司的战略方向一致，他们的愿景与更高级领导人制订的战略是一样的。开发项目的领导者依靠所有的职能组织，去培养高度聚焦于客户的训练有素的人员。他们在清晰定义角色和职责的运营系统中工作，可以贡献于学习文化，但这学习文化必须建立在每个人的培养计划的背景上。

在下一章中，我们将重点关注构建学习文化。学习文化是什么意思？我们如何创造一个支持性的学习环境？我们如何培养具备技能和不断学习心态的人？

5.8 你的反思

5.8.1 创造愿景

我们从经验中确定了高效领导者的关键特征：
- 很谦虚。
- 说到做到。
- 给予谦逊和建设性的反馈。
- 把其他人和团队放在第一位。
- 建立一个统一的团队。
- 尊重每个人。
- 坚持不懈，有决心实现每一个目标。
- 有情绪韧性。
- 真诚。
- 身心健康。
- 有明确的角色和职责，包括总工程师的角色。
- 创建成功的环境。
- 创建并维持管理运营系统。

我们可以继续列出几十个特征，我们的读者也可以。你如何修改有效领导者的这些特征以更好地适应你公司的情况？

5.8.2 你目前的状况

1）谁最终要为你的新产品的成功负责？你在做什么以确保你的组织团结在这个人的周围，以完成高度成功的产品？

2）在开发新产品和服务时，你如何澄清领导者的角色和职责？

3）你在确定和培养领导者方面投入了多少时间和精力？这足够了吗？

4）你的领导者在多大程度上体现了有效领导者的理想特征（评估每个人的优势）？

5）你当前的运营系统是如何运行的？能怎么改进？差距在哪里？它是否与领导行为无缝协作以创建强大的管理系统？

5.8.3 采取行动

1）在你的组织中选择产品-流程开发中最重要的领导者。根据你为高效领导者制订的愿景评估这些领导者，并确定每个人的差距。

2）可采取哪些行动并提供支持以缩小差距？例如，你的运营系统是否缺乏评审机制和节奏，以让领导者常规地参与并发现问题？你是否提供足够的指导和其他培训，以便有意识地发展并不断提高领导能力？有没有一些领导者被放在错误的职位上？

参考文献

1. Sam Sheridan, *A Fighter's Heart*, Grove Press, New York, 2008.
2. Grendel is a feared creature in *Beowulf*, an Old English poem believed to have been written around AD 1000.
3. Jocko Willink and Leif Babin, *Extreme Ownership*, St. Martin's Press, New York, 2015.
4. *Master and Commander*, directed by Peter Weir, Twentieth Century Fox, Miramax, Universal Pictures, and Samuel Goldwyn Films, 2003.
5. Joe Sutter and Jay Spencer, *747*, HarperCollins, New York, 2006.
6. Bryce G. Hoffman, *American Icon: Alan Mulally and the Fight to Save Ford Motor Company*, Crown Business, New York, 2012.
7. Ibid.
8. James. M. Morgan and Jeffrey K. Liker, *The Toyota Product Development System*, Productivity Press, New York, 2006.
9. Told to authors by John Shook, executive chairman of the Lean Enterprise Institute and former Toyota executive.
10. Clarence L. "Kelly" Johnson and Maggie Smith, *Kelly: More Than My Share of It All*, Smithsonian Institution Press, Washington, D.C., 1985.
11. Rafaella Sadun, Nicholas Bloom, and John Van Reenen, "Why Do We Undervalue Competent Management?," *Harvard Business Review*, October 2017.
12. Luis E. Romero, "The Ultimate Guide to Team Synergy," *Forbes*, December 1, 2015.
13. Alan M. Webber, "Why Can't We Get Anything Done," *Fast Company*, May 31, 2000.

第6章 作为学习型组织创造和应用知识

"学习不是强制义务……生存也不是。"

——W.爱德华·戴明

6.1 学习挑战

我们似乎一直以来都在谈论学习型组织,早在20世纪80年代中期,W.爱德华·戴明博士就敦促美国公司提高学习能力,以便与日本公司保持同步,如丰田这样开始主导其行业的公司。1990年,彼得·圣吉开创性的著作《第五纪律》向我们介绍了成为一个真正的"学习型组织"的巨大潜力。哈佛大学的克里斯·阿吉里斯在其出色的《组织学习》一书中更详细地介绍了这一点,区分出单环学习只纠正与既有方向的偏差,而双环学习则更进一步地持续质疑方向。1995年,野中郁次郎得出结论:"知识是持久竞争力的来源。"藤本隆宏写道:"通过快速学习周期产生的信息及信息传输是丰田产品开发和生产系统的关键驱动因素。"在《丰田产品开发体系》一书中,我们详述了丰田如何发挥其强大的学习网络的杠杆作用,以不断提高新产品质量。无数其他书籍和学术文章也显示了创造和应用知识的能力是组织成功的核心。

人们的认识水平越来越高,生存环境日益变化,新信息以惊人速度增长,我们遇到的大多数组织仅仅创建存储知识的工具——书籍,数据库或网页,只在少数情况下他们可能在项目结束后进行反思。尽管如此,我们仍然听到同样的担忧,无论怎样多次地次努力,公司还是没有实现他们希望得到的益处。

1999 年，罗伯特·科尔观察到，20 世纪 80 年代日本的优势，主要是因为他们的组织型学习能力，而在西方，我们更擅长个人学习。他将组织型学习描述为将个人学习转变为组织惯例的过程——超越任何特定个人的标准：我们传递和发展组织惯例的过程是通过组织学习。当然，我们可以学习好的和不好的事情，但是，我们希望通过识别和创建最佳工作惯例，标准化这些实践，在整个组织中传播（即实现它们），最后更新流程等方面来定义组织学习。

创造和应用新知识是卓越产品和流程开发的关键，这是创造新价值的本质。成为一个高绩效的产品开发组织，本质上意味着成为有效的学习者，许多公司都认识到这一点。我们经常被问及用哪些工具或新技术来帮助他们更熟练地掌握此一领域，肯定有一些有用的工具，比如 A3 报告。然而，根据我们的经验，大部分公司所遭遇的，很少是由缺乏工具或技术造成的，而是根植于更基本的组织问题。我们发现有效学习的四个相当常见的组织障碍如下：

（1）人们害怕公开分享信息　这是成为学习型组织的头号抑制剂。恐惧在很多方面影响学习，首先，自负的领导者通常害怕提倡敞开的探究文化，因为担心他们会被发现是错误的，害怕他们的自负被挫伤和权威被削弱。其次，对工作保障的不安全感会导致人们不愿分享他们的知识。知识成为保护职位和/或就业的一种力量和方式。第三，恐惧环绕的组织中，人们将大部分时间花在自我保护上，不愿面对错误，而这是强有力的学习来源。恐惧产生压力和焦虑，抑制学习，此外，如果这种情况持续时间过长，它甚至可导致员工觉得无奈。而且，谁想要在这样一个糟糕的地方工作呢？这听起来像是职场地狱。因此，最聪明最有能力的人可能会离开，进一步削弱组织的学习能力。

（2）学习并未被真正重视　虽然组织的领导者可能会谈论学习的重要性，但他们的行动却经常在说："现在只关注交付结果。"而且每个人都知道他们会这么做。花时间学习被推到次要地位。组织具有以下症状：不规律地实施反思活动、出勤率参差不齐，知识库和标准很少被领导者使用甚至引用，没有分配学习和试验的时间，诸如检查表或 A3 报告等促进知识的工具只是最低限度的被运用，新思想很少被给予机会，真正的试验几乎不存在。

这些情况可能有很多原因，也可能公司现在盈利不错，公司不愿做出改变。也可能领导者还无法理解花时间学习的价值，学习与产生实际成果的行动相比，被认为是模糊和不确定的活动。也可能他们没有勇气在即时见效的压力下投资学习。无论如何，这些公司经常面临困境，以至于面临迫在眉睫的威胁时，也无法学习和应对。

（3）公司混淆说和做　　这一见解来自斯坦福大学两位教授杰弗里·普菲弗和罗伯特·萨顿精彩的著作，名为《知行差距》。据作者称，知行的差距来自于许多经理人认为演示、讨论甚至做决定与实际做事是一样的。因此，对话取代了行动，选择旅程如同已经旅行过一样，PPT 演讲稿替代了真正的变化。更糟糕的是，普菲弗在快速公司的一篇文章中报告说，说竟真的比做变得更重要："具有批评性被认为是聪明的。让我看起来很聪明的最快方法就是打击你。所以当你提出了一个想法，我想出成千个理由说明这个想法不起作用。现在，每个人都认为你是愚蠢的，我是聪明的——我们创造了一个没有人愿意提出想法的环境。"

（4）学习并没有无缝地融入组织的"实际工作"中　　当然，这可能是不重视学习的结果，但也可能是由于不知道如何学习而引起的。组织需要积极地学习和探索学习方法，并将这些方法融入他们每天的工作中。这是一项技能，与任何其他技能一样，通过练习可以变得更好。组织必须学会利用日常活动作为杠杆来促进学习和改善。任何项目、设计评审、测试及许多其他开发工作中出现的无数问题，都为学习提供了丰富的机会，但公司往往没有利用这些活动的潜力。

我们相信，学习型组织具有一套重要方法，这些方法是和学习、存储和共享关键信息相关的（见表6.1）。最初我们用一个等式来表示学习型组织，这在数学上可能没有意义，但如果我们把它看作一个等式，它更像是一个产品术语而不是加法术语。换句话说，如果一家公司的任何一个因素是零，那么它就不是一个有效的学习型组织。

表 6.1　学习型组织 = 文化 × 场合 × 科学思维 × 把关者 × 沟通

文　化	支持学习的文化
场　合	学习的机会（设计评审，反思，大部屋）
科学思维	人们养成科学系统思维的习惯
把关者	具有专家知识的技术把关者
沟　通	清晰，简明的沟通，促进协作和知识传递

6.2 支持学习的文化

什么是学习文化？描述起来可能有点困难。彼得·圣吉将学习型组织定义为学习和能力得到扩展并不断取得成果的组织。我们认为学习文化有点像艺术，因为当你看到它时，或者更恰当地说，当你体验它时你就会知道。你可以在丰田感受到它，当你与席林机器人公司的人交谈时，或者是穆拉利在福特的时期能感受到它。再次引用戴明的说法，这是一件脆弱的事情，并非偶然发生，它需要不断的努力和"坚持不懈"。在我们看到学习文化的地方，我们也注意到下面一些共同的重要特征。

6.2.1 学习型领导者

这始于那些致力于将恐惧驱逐出组织的领导者，我们注意到穆拉利如何要求领导者消除恐惧，那只是一个开始，创建学习文化要求领导者以身作则，表现出对知识的好奇心，并自我努力学习和成长，只有这样，他们才能期望别人能同样的这么做。

凯莉·约翰逊是著名的洛克希德臭鼬工厂的标志性负责人，他是另一位优秀的学习领导者。本·理查德（约翰逊的工程经理和接班人）及共同作者里约·简诺斯在他们一本出色的书《臭鼬工厂》中，描述了充满变数的和艰苦的试验和学习文化带来了前所未有的科学和产品水平的突破。约翰逊坚持要有一个实作环境，工程师与实际的工作之间只有一间之遥。在这个工作环境里，想法可被验证，进行预期性的试验和定期地进行可行性评估。据报道，约翰逊对工程师期望很高，对在自己领域一知半解的人很没有耐心，然而，他对自己有更高的标准，并且知道学习是提供开创性产品的关键。

约翰逊对学习的热情是他在密歇根大学工程专业求学期间开始的，并延续到他早期做航空工程师的时候，那时他用假期解决《飞机螺旋桨设计》和《微积分》的每一个问题，以让他保有工程先进性。他后来乘坐试验飞机，以更好地了解飞行员面临的挑战及第一手的产品性能信息。他还定期地参加加州理工学院的夜校课程，之后通过加州理工学院在洛克希德亲自为他的工程师和经理们举办研讨会。

6.2.2 问题、问题和更多问题

对于许多现实世界的从业者而言，很难理解精益社群中某些人所倡导的

"问题的喜悦"。事实上，问题通常会使他们产生一种与快乐相反的初始反应——如果没有其他原因，他们似乎总是在最糟糕的时候发生。吉姆非常肯定他在产品开发项目中遇到的问题已经让他少活了几年。话虽这么说，问题无论大小，都是产品开发中不可或缺的一部分，而忽视它们或者更糟糕的是批评那些找到问题的人，这会使情况变得更糟，并且随着时间的推移会对组织文化产生潜在的影响，它将创造一种倾向沉默和看好戏的文化。开发领导者必须认为有问题是正常的，并将其视为学习和改善的好机会。

艾伦·R. 穆拉利经常将他们称为"宝石"，并坚持福特领导人积极挖掘他们以寻找突破机会。而且，由于问题是产品开发（和一般商业）的基本组成部分，因此只要从问题中学习得越好，开发就能做得越好。因此，不要忽视或隐藏它们，而是抓住它们并解决它们。

首先，你必须创造一个认为发现和提出问题很正常的环境，在这里不会因为"一个人带来坏消息"而影响其职业发展。穆拉利会说："你可能有一个问题，但你不是问题。"其次，你要认识到，领导者的角色是在解决问题时采取真实有用的帮助，而不是仅仅要求做更多的汇报。

真正的学习型组织开发并采用强大的问题解决办法，使他们能够有效地解决和学习他们不可避免面临的问题。在本章的后面部分，我们将更多地讨论公司如何使用 A3 报告、设计评审和其他机制来不断改进这种能力，这一切都从建立试验文化开始。

6.2.3　试验文化

战胜"知行差距"的最佳对策之一是发展一种鼓励试验的文化，这种组织偏向于在现场中积极学习，而不是无休止的会议室演示和无意义的论证，如果你问，"我们怎样才能更好地理解这一点？我们现在可以做些什么简单的试验来证明或反驳我们的想法？"那么想象一种文化，它不仅允许失败，而且失败被认为是我们作为一个组织向前发展的基本组成部分。

据报道，托马斯·爱迪生在新泽西州门罗帕克的实验室就是这样一个地方，在那里不断测试创意并扩大边界。这是一个总有事情发生的地方（无论是比喻上还是事实上），而失败只是其中一部分，它也是一个产生了惊人数量的技术突破的地方。门罗创新也是这样一个地方，就像它的名字一样，试验是门罗 DNA 的一部分。在为本书的采访中，《欢乐公司》的作者，门罗的联合创始人兼首席执行官理查德·喜来登告诉我们："如果我们不尝试新事物，我们就不会学习，如果我们不学习，我们就会落后。"

喜来登说，为了让人们尝试新事物，你必须"将恐惧从房间中赶出去，并允许犯错误和失败。"这是他们在不断努力的事情。"作为专业人士，我们不愿犯任何错误。然而，作为人类意味着我们的错误不可避免。"如果你真的在试验并扩展你的能力，尤其如此。"在门罗，我们接受我们会犯错误的事实，我们快速地犯错并根据我们学到的东西进行调整，然后继续前进。"

6.2.4 将学习融入工作中

在最好的学习文化中，学习是非常普遍的所以不引人注意。学习不是由额外的事件所组成的，而是融合到每天所做的工作之中，它被认为是"我们做什么"而不是"我们必须做的额外事情"。人们公开分享信息，而高透明度是常态，学习已经被设计到日常工作之中。

学习几乎是丰田所有事情的核心，无论是完成日常任务，还是与通用汽车公司合伙的新联合汽车制造公司，还是开发和建造"未来"（Mirai）以了解氢燃料电池，丰田是一家将学习无缝融入其工作的公司。

在我们的《丰田产品开发体系》一书中，我们谈到了丰田令人难以置信的学习网络及其对产品开发能力的影响。无论是在研究检讨（kentou）阶段的工作，结构化问题解决，供应商技术演示活动，检查清单或者是技术诀窍数据库，反思反省（hansei）活动，还是项目经理会议，学习都是丰田发展的核心。根据我们最近的研究，这个网络比以往任何时候都更强大。在前面的章节中，我们分享了许多关于丰田如何将人员发展融入每个人每天工作之中的例子，他们还抓住每一个可以建立学习的机会。

6.3 学习机会

创造性的问题解决和创新对于产品开发能力非常重要，并且为了实现这些目标，公司通常采用特殊策略并推进公司外活动，虽然我们不一定反对此类活动，但在组织中培养创造力和协作方式将更为有生命力、无缝且有效。这可能是你已经进行的一种做法，有助于创造一个持续的开发节奏，并成为强大的文化转型杠杆。

6.3.1 设计评审

设计评审是一个经常被忽视，甚至是受到诟病的实时学习和创新机会。

但我们并不是在谈论许多公司的设计评审所经历的那些情况：类似状态评估；拿着"钢丝刷"对付看出问题的人；为设计发布和工具启动日期盘问工程师；在里程碑前的双簧表演，主要是为了给高级管理层提供非常期待，但通常是虚假的安全感。在这些类型的"设计评审"中，大多数工程师的主要目标是尽量少暴露问题好让自己下台，并且从不违反潜规则——"如果你不挑我的刺儿，我也不挑你的。"

有效的设计评审可以成为你开发项目的核心，也是整个开发运营系统的关键部分。它们为不同团队提供了一个项目节奏的平台，并且是学和做的主要机制。一般来说，我们考虑两大类设计评审：

（1）有规律的评审用于及时发现和解决技术问题。它提供了一个持续的、循环发生的论坛，需要跨职能的参与者来处理开发中不可避免的技术挑战，从而避免浪费工程师时间到处寻找急需的支持资源。

（2）以系统为中心的评审被当成关键的集成事件。它通常涉及整个开发团队的代表，他们专注于接口和相互依赖性的评审，安排这种类型的评审是为了在不中断项目的情况下有足够的时间进行评审后工作。

任何一种类型的设计评审都应具有挑战性和严谨性，最重要的是，充满活力和能量。他们应该提高产品和团队的绩效期望以便做到更好，这不是一个只求最低标准的活动，当然比这要求更高，这是一个考验、挑战和改善的创意熔炉，可以产生光和热。

有效的设计评审不是 PPT 秀，参与者应该只带来他们已经在开发中用到的材料，例如早期原型、测试数据、模拟结果或 CAD，或许还有一页的问题陈述。评审应尽可能在现场举行，这创造了一个很有效的动态环境，在这里有问题不是异常，即时学习才是目标。

正如第 4 章所讨论的，设计评审也应该是人才培养和文化改变的巨大机会，他们是领导者通过提问所发现的问题并立即指导来评估设计方案及其背后思想的机会。更重要的是，他们也是领导者对他的团队所期待的行为和特质以身作则的机会，如协作、试验、严谨、注意细节和承担责任。这样的氛围不是为了惩罚人，事实上，领导层应该承受更大的压力，他们必须专注于迅速发现机会并给出建设性的提问与反馈。这是延展团队成员并自我加压，让团队表现得比单打独斗更好。

尽管最初感到不舒服，但只要领导者记得提出棘手的问题，挑战想法并始终支持他们的员工，你的团队就会开始在这样的活动中茁壮成长，享受与工程师和领导者互动和成长的机会。这不是个人表现回顾或指责人的地方，它是为了寻求团队合作并不断改善，以便为你的客户提供更大的价值。

在你考虑下一次设计评审时，可考虑以下几点：

1）积极管理议程和计划安排。确保所有正确的人在讨论正确的话题（包括主题专家），并且当他们不需要在时（浪费）就不用出席，还要确保留出足够的时间进行深入主题的对话。

2）做好准备：这适用于所有参与者，尤其是领导者。尽可能提前发送关键信息，演示者应该有明确的问题陈述，展示迄今为止的工作，并探究替代解决方案（A3报告可能对此有用），这里不是一个只将问题扔给团队以收集反馈的地方。

3）尽可能在现场进行审核，确保提供实际产品，关键数据和CAD。

4）询问探究性和有意义的问题：领导者不应该玩"公开羞辱"的把戏，来表明他们是多么聪明或只是给出答案。如果选择前者，人们就会闭嘴；如果采取后一种方法，你很快就发现自己会遇到很多麻烦。

5）鼓励强有力的坦率对话——提出棘手的问题。创造性的张力是创造伟大产品的重要组成部分，但绝不允许攻击他人。考虑接口和相互依赖性，以及项目在开发过程中的位置。

6）记得去"做试验。"这不是辩论俱乐部。问问你自己怎能简单有效地检验一个假设。

7）汲取并应用知识，这些是你的学习周期，也是你通过学习强化、更新和创建标准的机会，确保充分利用现有知识的杠杆作用并获取新信息。

8）使设计评审成为整个开发运营系统的基础部分，在较大型组织中，设计评审的集成网络可能是合适的，而参与是必需的。

9）对产品和参与者都抱有很高的期望，但是要为自己设定更高的期望。

6.3.2 领导力学习周期

当工程师忙于设计、测试、学习和获取知识时，他们的领导者也应该做同样的事情。领导者们不仅需要监控项目的内部进度，还要持续观察外部环境，了解可能影响组织的变更，他们需彼此交换这些信息并进行相应的调整，这些学习周期应该贯穿整个组织并紧密相连。我们将分享创建有效领导学习周期的两种机制。

1. 大部屋学习

大部屋是学习的鼓点和项目的汇聚点，大部屋是人们不断更新信息或从其他人取得更新信息的地方，大部屋的墙壁展示概念文件中最重要的当前状态与目标的可视化信息。在此，任何团队成员随时可以看到时间表、客户反馈、试验结果、故事板、指标性能变化曲线、关键测试、最新绘图或原型，以及其他信息。

大部屋的定期会议与设计评审类似，但对于某些组织而言，它们每周甚至每天都会频繁地发生。在每次会议上，项目团队一个一个领域审查整体设计项目，并分享状态更新、课题和新发现的风险。尽管具体工作一般不在大部屋会议中完成，但每个人都参与其中，每个人都互相学习。每个职能的更新通常都很简短，侧重于不符合标准的问题，尤其是严重问题。课题被分配给某个人解决，通常由跨职能部门团队来解决，并在未来的大部屋会议中汇报结果。

这样的学习讨论也有助于展示有效运营系统的本质，由于学习周期的透明性、参与广度和紧密节奏，其效果可以渐进地增强。如果你学会将里程碑或其他机制作为内置的反馈事件来使用，你就可以创造一个阿吉里斯所说的双环学习机会。"单环学习"就像一个温度自动控制器，设定一个标准，然后进行调整以使流程恢复到标准状态。在双环学习中，在将其作为调整目标之前，你会定期质疑标准，例如，这种设计是否能满足客户的需求？我们有信心这是正确的冗余度吗？我们在项目中遗漏了什么吗？

不幸的是，一些公司在可视化管理系统做得不够，他们意识到每周让团队聚集在一起的好处，但仅仅用大部屋来管理项目的状态和日程，虽然这比把信息藏在某人的计算机里更好，但它错过了用包含项目所有可以做到的事，来共同学习的巨大机会。进入大部屋应该有一种身临其境的体验，所有最新和最重要的项目信息都能看到，但这也并不是乍听之下那么多的海量信息。请记住，你应该处理最重要的几个关键项目因素，并且责任由提供不同关键信息的团队成员共同承担。大部屋的一个角色是将重要信息与围绕着每个项目的干扰信息区分开来。事实上，这是团队应该从大部屋学到的第一件事——这个项目真正重要的是什么？

2. 企业计划评审作为快速学习周期

这可以被认为是领导力的一个大部屋系统，而事实上，它也需要一个自己的可视化计划室。公司最资深的高管应该启动这个周期，穆拉利在福特的企业计划审查（BPR）使每个职能部门和各地组织的高级领导人每周聚集在一起，分享他们在项目过程中的变化及他们特定外部环境的变化。如果任何这些变化被认为足够严重或需要更进一步深入理解，那么他们就会采用特别注意评审（SAR），其中一部分领导者，特别是知识渊博或受变化影响的人，会花费额外的时间在这个课题上。然后，SAR 小组会根据需要向 BPR 更多的人汇报。

报告的简单性、透明度及 BPR 的每周频次，使领导团队能够在最短的时间内创建高效的快速学习周期。BPR 为领导团队创建了自然的 PDCA 节奏和框架。然后，这种做法通过高层领导贯穿整个组织，扩展到各个层面。通过不断的一起学习并根据需要进行调整，他们才能够引导组织度过现代商业史上最动荡的时期。

6.4　培养人们科学地、系统地思考和行动

个人学习能力是组织学习的关键，学习科学化思考可以提高个人的学习能力。提起教导工程师科学化思考的必要性似乎很奇怪，难道他们在科学和创新方面所受的培训不是既有的吗？也不一定。

通过改善他们的科学化思维能力，工程师和开发人员可以通过两种方式解决固有的弱点，从而改善他们的绩效：

- 开发工程师通常更关注他们的设计，而不是他们用于开发的工作流程。有些人觉得他们不需要任何框架，他们是工程师，他们会在需要的时候弄明白。科学化地思考他们的工作方式，为他们的工作流程提供了框架。
- 尽管它们在开发的许多方面都非常科学化——分析压力和张力、计算、测试原型，并创造性地思考替代方案，但在其他情况下，他们容易在深入思考之前直接跳入结论，如了解客户阶段。科学化思维可以应用于他们的活动的各方面。

精益里最代表科学化思维的可能是 PDCA，让我们首先从一种常见但做得不好的 PDCA 思维方式开始，然后将其与更科学的方法进行对比。

人类似乎有一种自然倾向，工程师也无法避免，就是认为世界是由我们控制，有序和可预测的。这不是我们简简单单的情绪，而是与我们的进化遗传有关，因为基因的幸存者是那些每天都能打赢敌对动物、天气和其他人的人。生存是一种审视与反应，而不是深入分析和思考，人类不得不处于高度警惕，虽然他们也要随时随地地跟随着直觉去做正确的事情。这需要快速思考和行动的时期称为"反应性 PDCA"（见图 6.1）：

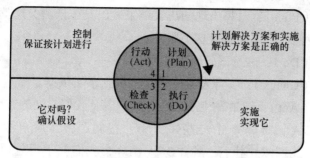

图 6.1　带着确定性假设的反应性 PDCA

（来源：《丰田套路文化》麦克·罗德，NY：McGraw-Hill，2017）

1）计划（Plan）解决方案和实施方案：这主要是根据你当前的知识和技能快速应对问题的方式。

2）执行（Do）意味着实施：尽可能快速有效地实现。

3）检查（Check）意味着确认结果：我们赢了吗？动物死了吗？

4）行动（Act）意味着控制：确保情况得到控制并为我们为下一次危机做好准备。

反应性 PDCA 用在很多场景，在这些场景我们非常确定我们知道做什么和怎么做。如果我们是对的，那我们就赢了，但如果我们错了，那就没办法了。那些总是对的人可能会成为领导者。在一个做得比较差的产品开发项目中，特别是那些前期很匆忙的项目，最后导致紧张纠错和不停救火，很多人都很擅长这个，从而被认为是英雄。

但是当我们处于未知领域并有时间采取更系统的方法时，会发生什么？如果我们在前期就用科学的方法，包括深刻理解客户，我们就不太可能发现自己落后于计划和处于危机状态，这种情况我们称之为"反思型 PDCA"（见图 6.2）：

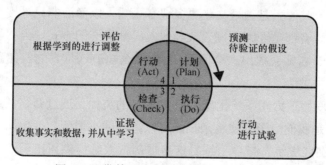

图 6.2　带着不确定假设的反思型 PDCA

（来源：《丰田套路文化》麦克·罗德，NY：McGraw-Hill，2017）

1）计划（Plan）：对将出现的决策结果做出具体预测，这就变成了一个假设，然后我们计划如何检验这个假设。

2）执行（Do）：进行试验以检验假设。

3）检查（Check）：实际发生了什么？找到事实依据。

4）行动（Act）：评估发生的事情，原因以及我们学到的东西。

一个 PDCA 循环将产生一些知识和一些问题，然后自然进入下一个 PDCA 循环。我们越快执行一个 PDCA 循环，我们就学得越快并更快地得到所期待的结果，这就是为什么丰田那么喜欢快速原型设计的原因。第 1 章讲了很多关于通过使用最简单的原型来快速迭代和学习以解决手上问题的内容。

反思型 PDCA 可以应用于产品和流程的开发，从了解客户和制订要求开始。它也可以应用于开发流程本身："我们从中学到了什么？我们把什么做得好的带到下一步骤？什么是替代方法？接下来我们应该试验什么？"

不幸的是，我们所需和手上所有的往往存在差距。由于我们的遗传基因，反应性 PDCA 感觉更自然，然而我们需要更具反思性的方法。要缩小这种差距，人们需要学习这种不太舒服的反思型思考和行动方式。在丰田，这是领导力的关键角色。2001 年，丰田首次发布了"丰田模式"，这是一份内部文件，描述了所有高管的培训项目。此后不久，丰田发布了"丰田企业实践"（TBP），这是实施丰田方式的具体方法。TBP 是一个八步解决问题的流程，需要经过五到八个月的内正式指导。它遵循 PDCA，强调前期规划。

TBP 教学过程的领导者角色非常明确，领导者必须先学习，与教练一起完成一个 TBP 项目，然后他们必须指导他们的直接下属来做 TBP 项目。最初，TBP 的引入是从丰田的最顶层逐级开始的，是因为领导者首先做学徒然后成了教练。其愿景是领导文化更多地基于授人以渔而非只是授人以鱼，在各职层，领导者都是导师，每天教导他人科学思维的方式。当"学生"认为他们知道时，老师会提出一个问题："你怎么知道这是真的？你确认了这个假设吗？"

麦克·罗德致力于系统化反思型 PDCA 的流程，通过套路训练将其变成习惯，套路是我们为了发展复杂技能可以练习的小惯例。理想情况下，每天"学徒"都在"教练"指导下练习这些惯例，教练提供纠正反馈，以便我们开发新的、习惯性的思考和行动方式（见图 6.3）。

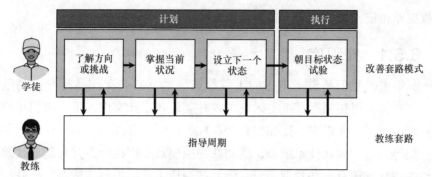

图 6.3　改善套路和教练套路的练习惯例，是初学者发展科学思维方式的练习
（来源：《丰田套路文化》麦克·罗德，NY：McGraw-Hill，2017）

"改善套路"专门用于让学习者走上科学思维的道路：

1）它从实际的科学思维的模型或模式开始，分为四个步骤：了解广泛的组织挑战，掌握与挑战相关的当前条件，建立有助于应对挑战的目标条件，通过试验达到目标条件。

2）开发了帮助初学者一步步练习的练习惯例，这些被称为"初学者套路"。

3）有一个补充的"教练套路"，它可以帮助初级教练练习感知学习者的思维方式，并在日常互动中提供有效的纠正反馈，称为"教练周期"。

4）学习者和教练每天重复上述循环，学习者通过迭代追逐目标条件，或者如果达到，再开发和追求下一个目标条件。与反思型 PDCA 一样，是渐进且有意义的改善。

套路被许多论文引用，许多应用印证了科学思维和行为可以被教授，套路不仅仅是作为一个概念，而是作为一套新的习惯来取代反应型 PDCA 的坏习惯。就像任何复杂的技能，如音乐、体育、艺术甚至格斗一样，我们需要每天通过刻意练习来学习，我们还需要一名教练来检查我们正在做什么并提供反馈。很少有人擅长自我反馈，特别是在试图改变根深蒂固的习惯的时候。教练，也许就是你的老板，必须学会教授而不是告诉，通过提问而不是直接给出答案。

6.5　知识库的技术把关者

深度专业技术知识的积累和应用是许多组织成功进行产品和流程开发的重要因素，有许多强大的技术让这些知识的使用变得容易，但它需要的不仅仅是复杂的技术，还需要专家验证并帮助应用这些知识，通过这种方式，知识数据库和技术把关者结合起来成为一种竞争优势。

6.5.1　知识库

多年来，我们听说了丰田的工程检查清单及它们在产品开发中的重要性。这些都是用铅笔写在纸上的清单，并装订在三孔文件夹里，它们用职能专业或汽车部件来组织，比如塑料保险杠、冲压车身部件、玻璃、加热和冷却系统等。它们包括技术细节，例如在冲压模具上产生应力并可能导致缺陷的部件特性，还有一些管理细节，例如在图样上正确填写"标题"框并标注日期。当工程师工作时，他们照着清单检查他们的工作。解决问题并不总是意味着遵守标准，但可能意味着："当我偏离了标准时，我有一个经过适当考验的对策。"

丰田工程师用心地在每个设计上使用清单。当他们处理每项工作时，会浏览笔记本、检查并签名。然后，他们的主管会确认清单上问题得到适当处理并签署他们的名字。一些读者可能已经认识到就像飞行前进行的清单检查，这对航空公司的安全性产生了巨大影响。

在写完清单后，很多人问是要用铅笔和纸、手工记录还是用计算机数据库，最后丰田也开始转向"知识数据库"，信息大致和手工相同只是增加了CAD数据、各种数码照片、3D扫描及从各种来源提取的技术信息。与之前的手工记录一样，知识数据库允许工程师解决了一个问题就打个钩，主管来检查每一项是否已经完满解决。因此，它只是用数字方式代替了手工过程，并增加了一些功能。

特洛伊设计与制造公司是一家中等规模的工具和工程公司，在了解这种方法后不久，决定将知识数据库理念应用于工艺工程应用。由比尔·安格林、斯蒂夫·吉多和斯蒂夫·莫滕斯领导的跨职能部门工程团队记录并编纂了成功的冲压工具的设计，并按部件类别向工程师提供信息。这些"数字模板"，以及3D扫描、试用笔记和清单要求成了基础，为零件的新工具设计（按冲压类别分组）提供了先行经验。该项目非常成功，内德·奥利弗和提姆·贾戈达在公司的夹具和构建区域领导了类似的工作，其中还包括可重新配置的组件。这些努力降低了成本和交付周期，并显著提高了首件质量。

其他公司也采用了越来越复杂的技术，开展了重要的知识记录和应用工作。许多人都渴望分享他们的成就及他们计算机系统的能力。有一个问题：这些公司经常无法让工程师将信息放入数据库或发挥该工具的全部潜力。与公司代表进行的一些讨论后了解，工程师将该工具视为IT解决方案而非工程工具，实际上，因为它经常被分配给 IT 部门管理，导致程序员恳求工程师向他们提供加载到数据库中的技术信息，这极大误解了这个工具的功能，是个大问题。

正如我们上面所说那样，我们意识到这些公司在知识获取和使用的过程反而向后退步了。知识是在做工程工作的过程中产生的，它起源于人，然后由人来决定要获取什么，什么要存入计算机，以及什么在设计中需要认真对待。他们缺少的是人——知识数据库的主题专家和把关者，这是我们在丰田和 TDM 能看到的关键角色。

6.5.2 技术把关者的角色

当查理·贝克还是通用汽车公司的一个年轻产品开发工程师时，他读到了《改变世界的机器》这本书，这对他对工作的看法产生了重大影响。他对日本汽车公司在产品开发方面所做的工作非常感兴趣，他决定了解精益产品开发，这样他就可以与全世界分享。他给美国本田的一位高管写了一封信，当他被要求前往本田参加会议时，他感到很震惊。那次会议变成了面试，他被聘用了，成为第一位美国车型大改款项目负责人（总工程师），并最终成为本田北美第一位美国产品工程副总裁。

当贝克离开本田去江森自控（JCI）工作时，他充满热情地去了解他们目前的状态，他发现在 JCI 观察到的和他在本田经历过的成功因素存在巨大差距。其中明显的差异是具有深度专业知识的角色。

在本田，他被认为是学习工程行业的学徒，这样的高级老师大多在日本。作为首席工程师，从讴歌 CL 到讴歌 MDS，再到本田领航者，然后是本田雅阁，他必须先在这些主题专家面前进行设计评审，重点关注功能是否满足可制造性。这些评审并不是为了庆祝他的成功的轻松聚会，对于每个专业（车身、底盘、电气、动力系统、外观、内饰等）都有一位投入整个生涯于该专业的专职专家。评审过程是非常紧张的，因为专家一看图纸就知道设计中的每一个弱点。查理向我们这样描述：

通常是有一个初级工程师创建和展示设计，由他们的直接主管来支持。开发团队（我，我的直接员工）从客户和价值的角度提供了可接受和适当的建议，包括权衡需求、时间和成本；技术专家就风险和如何优化（权衡曲线），适当的解决方案集、需求、时间和成本进行讨论。人们跳出他们的思维框框和提出冒险想法，整个讨论相当激烈，但重要是要达成一个向前迈进的共识或至少有一个清晰的计划。

本田、福特和丰田都拥有这种专业水平，人能够分析和验证知识数据库里的信息，未经该专业的技术把关者批准，任何信息不允许进出数据库，IT部门的任何人都不得哄骗他们将知识添加到数据库中。数据库不仅仅是当成一个清单来使用，正如查理指出的那样，有很多积极的讨论：

并非所有知识都是打钩项，有些知识是围绕在各种情况下如何应用一些基本原则的讨论，判断和讨论是必须进行的。我听到一个丰田有关吱吱声的知识清单的例子，许多传统公司都是许多关于定义 0.1mm 间隙的数据，而丰田的方法是通过以下方式防止吱吱声：保证间隙（讨论在特定的例子中这意味着什么）；保证无间隙，没有相对运动（需要讨论）；材料不会因为相对运动产生噪声（更多讨论）。这是精益设计清单的精髓：研究为什么而不仅仅指出是什么。

在 JCI 他们没有这样的角色，在贝克所做的许多改变中，包括了创造主题技术专家（SMTE）的角色，他很高兴 JCI 中已经有这种专业知识水平的人："JCI（和大多数公司）拥有合格的技术专家，但这些人通常只是在一个项目中作为项目工程师，这样很浪费（尽管他们通常被授予具有挑战性的项目）。我最大的创新是将 SMTE 的角色定义为不属于任何项目，但负责一种技术专业的所有项目。一旦你这样做，并运转 PDCA，你就可以迅速成熟。根据我的经验，没有它，你永远不会成熟。"

6.6　清晰明了的沟通促进协作和知识转移

产品开发通常是压力巨大、时间有限的环境，其中复杂的问题必须由跨职能部门团队通过不同的方法沟通以快速解决、分析和决定。有三种独特的方法（A3 报告、权衡曲线和反思活动）有助于以清晰和高效的方式应对这些挑战。

6.6.1　A3 协作

在我们之前的书中，我们写过丰田的四种 A3 报告及其在丰田产品开发体系中的应用。从那以后，有很多关于 A3 报告的文章，包括我们最喜欢的用 A3 报告作为人才培育工具的书——约翰·舒克的《学习型管理》。如果能很好地运用 A3 报告的探究及持续改善的精神，我们还没有见过比这更有效的协作解决问题、沟通和学习的工具。

A3 报告以国际大小的纸张命名，是一种结构化构建和共享信息的方式，有助于团队协同实践科学思维。在他的书中，舒克将 A3 报告定义为："问题解决思维过程的视觉表现，该过程涉及问题所有者与组织中其他人之间的持续对话。是一个鼓励通过科学方法学习的基础管理流程。"虽然 A3 报告是向所有丰田员工讲授的基本工具，但它在产品开发方面特别有效。使用 A3 报告作为学习和协作工具的好处包括：

（1）促进协作　许多工程师倾向于自己解决问题。这是让他们学习工程学的原因，他们是很好的问题解决者，在大学培训期间，这种做法得到进一步加强。不幸的是，现实世界的产品开发环境比工程类课程更加复杂和更需要相互依赖。孤立地解决问题可能导致局部优化和缺乏沟通的解决方案。如吉姆·沃马克常说的："你无法独自做出 A3 报告。"开发 A3 报告是一项团队运动，需要工程师寻找其他人的不同角度并共同解决问题。领导者和导师在评审 A3 报告时，应该询问是否考虑了所有关键参与者。

（2）减慢你的思考　亚瑟·柯南道尔爵士笔下的侦探夏洛克·福尔摩斯曾经说过，"没有什么比一个明显的事实更具欺骗性。"人类天生会跳跃到结论，我们认为我们知道，事实上显而易见的是，人类倾向在真正理解情况之前直接跳入解决方案模式，在产品开发项目中的紧张压力进一步加剧这种倾向性，成本、质量和性能带来很大压力，比这些还严重的是来自时间的压力，你总是在赶时间，必须满足最后期限，在紧张行动中，人们并不总是花费必要时间来充分思考定义问题、原因、可能的对策，以及如何快速测试对策。

诺贝尔奖获得者丹尼尔·卡尼曼在他的具有里程碑意义的书《思考快与慢》中提出了两种控制我们思考方式的虚构性格：系统 1 是一个自动化、不伤脑筋的系统，系统 2 是一个慢些、费力些的系统。他有效地证明了我们经常犯错误，因为我们太快接受系统 1 中的信息而没有充分分析它。事实上，他假设大脑天生"懒惰"并寻找捷径，他认为这些错误是由一些特定的偏见造成，例如对"我们所知道"的过度自信，这是我们思考中的缺陷，他建议你可以通过慢下来并认识到你可能会掉进其中的某个偏见中来战胜这些偏见。系统 2 是慢些，更系统化的分析信息与计划出可测试的有用主张的方法。他还说，组织可以通过强制执行有序流程，定期地定义问题、收集必要的数据、应用检查清单、进行反思及评审来改善效率，组织也应该不断关注于改善这些流程。

精益企业研究院教练埃里克·埃辛顿和特蕾西·理查德森建议检查 A3 报告质量的一个"技巧"是从后往前读你的 A3 报告，将 A3 报告与检查清单结合，与使用于设计审查将会很有用。

(3)提高沟通准确性　产品开发的主要挑战之一是涉及许多职能部门：财务、工程、设计、市场和制造。各部门不仅有不同的观点（他们看待世界的不同方式），而且还有不同的专业语言，这让解决问题甚至沟通变得困难。因为 A3 报告要求你将问题分解成主要要素以便都能写在一页纸上，所以它鼓励使用图表来最小化文本使用和空间，这有助于减少过多的术语，并提倡简单明了的语言。A3 报告还要求你一起解决问题，从而鼓励直接的面对面交流，在这里可以提出问题并做出澄清。

(4)成为知识库　A3 报告流程产生的知识对你的组织来说可能是非常宝贵的资产，因此，它应该像任何其他资产一样受到保护和利用。A3 报告不仅包含团队实施的解决方案，还包含其待解决的具体问题，并且可能包括试过但不成功的对策。

通过组织 A3 报告并使其可用，你为开发人员创建巨大的知识资源并获得可能的竞争优势。我们看到丰田已将不同制造工程师的 A3 报告装订成本，按主题组织，并将其提供给所有员工。此外，每位开发 A3 报告的工程师都有责任考虑谁可以从这些信息中受益，并通过电子邮件发送给这些人。工程师们还广泛传播"白皮书"，这让人想起冗长的报道，但丰田的"白皮书"就是 A3 报告的故事，分享的是一些技术知识。

对于产品开发工程师，尤其是那些分处各地的人员来说，可以通过数字方式来写 A3 报告。即使对于手工制作 A3 报告的忠实粉丝来说，通过引入光学字符识别（OCR）技术，也可以简单地拍摄 A3 报告，在世界上任何地方就可以搜索到。当然，这仍然需要一套监管流程和一个负责人，就像任何有效的标准体系一样，在福特，我们利用每个专业的工程质量小组成员担任该职位，评估 A3 报告在标准数据库中的价值，或者，鉴于现代产品开发中数据的指数增长，你可以像玛丽·摩根所建议的那样，让一个信息科学专家来组织和担任这些信息的管理者。考虑其重要性，这个投资不算大。在任何情况下，如果你仅将 A3 报告用于解决最初的问题，那么你损失了一半的好处。

(5)提高设计评审的效率　虽然 A3 报告在许多不同情况下都很有用，但它们在设计评审中尤其有效。如上所述，它们促进了科学思维并鼓励合作。此外，A3 报告要求工程师制定简洁的问题描述，用数据描述现状，概述具体的潜在对策（试验），并提供有时限的行动计划。同时单页格式迫使人们将问题减少到其基本要素，这使得设计评审讨论更为有效率。A3 报告也可作为商定好的计划的记录，并可在特定问题解决后进行存储和调用。我们不主张在你的设计评审议程中的每一项都执行 A3 报告，但是，如果你有一个涉及多个专业的具有挑战性的问题，需要权衡才能得出结论，或者一个反复出现而未决的问题，或者是一个相对新的现象而你需要更好的理解，A3 报告对你的评审将相当有益。

6.6.2　权衡曲线

在艾尔·沃德和杜沃德·索贝克的书《精益产品和流程开发》中建议："如果我只教你一种精益工具，那就是权衡曲线。"权衡曲线是显示多种信息的有效方法。正如沃德常说的那样，他们将数据转化为可重复使用的知识。通常，展现设计背后的物理或化学特性及理解它的相对和最终性能的最佳方式是权衡曲线。

在沃德和同事的第一篇有关丰田的产品开发系统的文章中介绍过权衡曲线："第二个丰田悖论：延迟决策如何能制造更快更好的汽车。"他们的工作引入了多方案的并行工程概念。标题给人的印象是，尽可能保持多种设计可能性，事实上，只是一种可能性。丰田使用多方案的思维有很多其他方法，其中一种是通过权衡曲线来表示所有可能的解决方案。

在这篇文章中，作者采访了日本的丰田工程师和供应商，权衡曲线经常被提到。让人好奇的是丰田供应商制造出来的原型比美国同行多得多，日本的一家排气系统供应商证明了这一点。他们没有制作相同设计的大量原型，而是对每种不同设计制作一个原型，他们对这些进行了测试，并在权衡曲线中展示出来。供应商向我们展示了消声器背压增加与降低噪声之间权衡的一个例子。他们说："总工程师希望看到权衡，以便做出最终决定。"

在本田，查理·贝克也了解了权衡曲线的好处并将其引入 JCI："在 JCI，一个严重的问题往往没有找到根本原因，或者因为大量无关的信息而导致根本原因过于复杂。我向组织提出挑战，必须找到一个需要超过一个权衡曲线才能解决的问题。我确实输了，花了 3 个月（和数百个问题），才得到一个需要超过一个权衡曲线来解决的问题。"

6.6.3　反思以汲取经验

古希腊哲学家苏格拉底说："未经检验的生活不值得过。"我们不确定我们会说未经检验的产品开发项目不值得做，但如果你不刻意地从你的开发项目中学习，你将错过改善产品和开发能力的巨大机会。

在我们之前的书中，我们分享了丰田反省（hansei）或反思的细节，这活动类似于美国陆军创建的行动后评论（AAR）的做法。这两个组织都将这些活动作为学习系统的一部分，以获得显著的竞争优势，从那时起，许多其他组织也引入了这种做法。我们还发现了有效反思事件的主要障碍以及成功评审的关键特征，我们不会在此重复这些信息，但值得分享的是，自《丰田产品开发体系》编写以来，我们所获得的一些额外的见解是有价值的。

6.6.4 将其融入工作

等到项目结束才进行反思活动，是我们在试图将反思当成一种学习机制的组织中最常见的失效模式之一。一直等到最后，很多信息会丢失，参与者已经离开，时间长了记忆也越来越模糊。

凡事不易，从过去中学习确实非常具有挑战性。在《黑天鹅》一书中，纳西姆·塔勒布描述了我们不断尝试使世界变得有意义，结果导致过去的错误故事最终影响了我们的世界观。在《思考快与慢》中，卡尼曼还提醒我们，由于内置系统1的偏见（快速思考），从过去中学习是很困难的，例如，它们使我们专注于一些已经发生的引人注目的事件，而不是无数未能发生的事件，从而将过多的荣誉或责任归咎于这些事件。根据卡尼曼的说法，影响我们对过去的判断的另一个重要因素是"事后偏见"。事后偏见或结果偏差使我们根据项目是否成功来判断过去。以失败的冒险项目为例，我们所做的许多事情可能都非常好，值得分享，项目的失败可能与这些好的做法无关。重要的是要了解这些偏见，并在反思事件时去掉这些偏见。

另一种克服从过去中学习的困难的方法是更频繁地进行反思。在开发过程中建立多个小型反思节点。例如，你可以在里程碑评审中加入反思部分，或者甚至可以在每次大部屋会议结束时做几分钟反思。通过这种方式，信息容易从记忆中想起，并且更少受到时间的影响。此外，通过更频繁的反思，你会因为额外的练习而变得更好，感觉更自然，团队更有可能开放。最后，来自每个小型反思事件所积累的信息为最后的反思事件提供信息，使其更加有效。

卡特彼勒是个很好的例子，该公司习得定期安排反思活动的好处，用来加速学习和持续改善他们的开发项目。卡特彼勒已经练习LPPD十多年了，在早期阶段，他们主要关注价值流图和大部屋系统，用来加速针对新排放标准的超多数量的PD项目。随着他们逐渐成熟，他们意识到他们并没有很好地完成PDCA中的C和A部分，他们决定举办正式的反思活动，用此学习并以此为基础。他们从小组设计"中型轮式装载机"做试点开始，早期的中型轮式装载机团队主要进行正式反思及我们之前的书中所描述的相关问题。

在早期，他们发现了许多代价昂贵且费力的设计问题，这些问题需要投入大量时间来解决根本原因。事实证明，正式的反思事件对于深化学习和做出更好的决策具有重要价值。

随着经验的积累，他们开发了一个"决策 A3 报告"故事作为理清他们思想的方式，传播文档以获得广泛的意见，并记录他们的思考过程、考虑因素和理由，以便为将来的类似决策提供信息。用这些决策 A3 报告"即时"获取知识已经证明是为未来有效反思的一个关键使能工具，因为它为团队创建了让团队可以依循的"面包屑"（译者注：面包屑这个名词源自于格林童话里的"糖果屋"故事，主角在前往未知的森林时，沿途放置面包屑，以便在迷路时能够顺着面包屑的"足迹"回家），帮助他们了解"为什么"要做出这样的决策。对于卡特彼勒的团队来说，增加正式的反思事件和决策 A3 报告带来了变革。

丰田在每个开发项目结束时举行为期数天的重大反思活动，每个项目组被带进一个房间，他们在活动挂图上写下他们的反思。不同的职能专家被指定与相关各方分享重要经验教训，项目经理在全球项目管理会议做分享。但是，这一重大反思事件实际上是整个开发过程中许多小型反思活动的高潮。

丰田的反思活动和陆军的 AAR 都回答相对简单的问题，例如：

- 我们打算做什么？
- 究竟发生了什么？
- 差距是什么？
- 为什么会出现这种差距？

对于任何实际回答过上述问题的人来说，都知道一开始是比较困难的。特别是当你缺少支持数据、实际发生的事实证据或你尝试做的记录时。但是，如果你创建了概念文件并使用了大部屋，就可以获得各种数据。

你的概念文件应该非常清楚地说明你要做的事情，大部屋中的实绩推移图、有标记的时间表和许多其他证据提供了项目计划与实际结果的绩效比较的丰富历史记录。事实上，许多先进的精益组织在大部屋举办他们的反思活动。如果你一直使用 A3 报告来解决问题，那么你将获得非常棒的参考文档，知道你采取哪些操作及其原因。如果你在里程碑举行迷你反思活动，你将获得在这些活动中生成的报告。通过利用这些文档，以及公开、诚实、非责备的对话，你应该能够看到项目的完整历史，并为讨论改善未来产品和开发绩效的机会提供基础。有效的反思活动有助于加速你的学习并在整个组织中传播知识。

6.7 总结

我们在撰写本章时的观点非常简单：组织学习不再是选项，那些没有去提升学习，发展和改善能力的公司将无法在产品开发方面取得成功。我们已经建议采用一些方法将学习融入你的工作。然而，学习是一种选择，它需要领导带领着成为组织优先事项。

6.8 展望未来

追求产品完美可以对你的产品和组织产生变革性影响。在第7章中，我们着重介绍优质产品和服务的终极方法，是什么造就一个伟大产品？你如何衡量产品的有效性？如何发展团队思维，用工匠精神进行开发，以卓越产品为目标？

6.9 你的反思

6.9.1 创造愿景

成为一个学习型组织似乎有点抽象，成为个体学习者则比较容易让人理解。然而，独立学习的个人集合还不算是学习型组织，它需要有分享、存储和重复利用知识的方法。我们已经描述了学习型组织的一些关键特征：

- 个人学习被编成标准，并共享和使用。
- 具有开放地分享学习甚至从错误中学习的文化。
- 随时将学习融入设计过程中（如设计评审、反思、大部屋会议）。
- 人们通过日常实践和教练指导来培养科学系统思维习惯。
- 技术把关者对他们的技艺有着深刻的掌握，是知识库的关键守护者。
- 沟通清晰、明确、简洁，鼓励合作和知识转移（如通过 A3 报告）。

这个愿景是否符合你认为公司成为学习型组织所需的内容？你如何修改这一愿景以更好地适应你公司的情况？

6.9.2 你目前的状况

1）根据学习型组织的特点评估你的整体组织。
2）哪些组织上的制约阻碍了你公司的学习？

3）你是否从设计评审中获得最大收益？你如何改善它们？

4）你从遇到的问题中学到了什么？你反复遇到同样的问题吗？

5）你使用大部屋吗？你的大部屋是你项目的汇聚点吗？它是沉浸式学习的中心吗？

6）你是否教会你的员工通过由合格教练指导的实际改进项目持续地运用科学思考？

6.9.3 采取行动

1）制定学习策略 A3 报告，并在开发它的过程中寻求跨职能支持。

2）在这 A3 报告中，清楚地确定学习系统需要被开发的原因（背景），产品开发中的当前学习条件，以及你当前的能力与你希望实现的目标之间的差距。

3）制定一些旨在缩小差距的试验性对策，获取和分享从试验中的学习，并反思发生的情况。

参考文献

1. Peter Senge, *The Fifth Discipline*, Doubleday/Currency, New York, 1990.
2. Chris Argyris, *On Organizational Learning*, Blackwell Publishers, Malden, MA, 1992.
3. Ikujiro Nonaka, *The Knowledge-Creating Company*, Oxford University Press, New York, 1995.
4. Takahiro Fujimoto, *The Evolution of a Manufacturing System at Toyota*, Oxford University Press, New York, 1999.
5. Robert E. Cole, "Reflections on Learning in U.S. and Japanese Industry," in Jeffrey K. Liker, W. Mark Fruin, and Paul S. Adler, eds., *Remade in America: Transplanting and Transforming Japanese Production Systems*, Oxford University Press, New York, 1999, chap. 16.
6. Jeffrey Pfeffer and Robert Sutton, *The Knowing-Doing Gap*, Harvard Business School Press, Boston, 2000.
7. Jeffrey Pfeffer, "Why Can't We Get Anything Done?," *Fast Company*, May 31, 2000.
8. Ben Rich and Leo Janos, *Skunk Works*, Little, Brown, Boston, 1994.
9. Fred E. Weick, *Aircraft Propeller Design*, McGraw-Hill, New York, 1930.
10. Clyde E. Love, *Differential and Integral Calculus*, Macmillan, New York, 1947.

11. Clarence L. "Kelly" Johnson and Maggie Smith, *Kelly: More Than My Share of It All*, Smithsonian Institution Press, Washington, D.C., 1985.
12. Richard Sheridan, *Joy Inc.*, Portfolio/Penguin, New York, 2013.
13. This is explained in Jeffrey K. Liker and Gary L. Convis, *The Toyota Way to Lean Leadership*, McGraw-Hill, New York, 2011.
14. Mike Rother, *The Toyota Kata Practice Guide,* McGraw-Hill, New York, 2017.
15. James P. Womack, Daniel T. Jones, and Daniel Roos, *The Machine That Changed the World*, Rawson Associates, New York, 1990.
16. Chronicled in Jeffrey K. Liker and James K. Franz, "Transforming How Products Are Engineered at North American Auto Supplier (with Charlie Baker)," *The Toyota Way to Continuous Improvement*, McGraw-Hill, New York, 2011, chap. 11.
17. John Shook, *Managing to Learn*, Lean Enterprise Institute, Cambridge, MA, 2008.
18. Daniel Kahneman, *Thinking, Fast and Slow*, Farrar, Straus and Giroux, New York, 2013.
19. Mary Morgan, "Lean Thinking and Information Flow," *The Lean Post*, Lean Enterprise Institute, October 30, 2014.
20. Allen C. Ward and Durward K. Sobek III, *Lean Product and Process Development,* 2nd ed., Lean Enterprise Institute, Cambridge, MA, 2014.
21. A. Ward, J. K. Liker, D. Sobek, and J. Cristiano, "The Second Toyota Paradox: How Delaying Decisions Can Make Better Cars Faster," *Sloan Management Review*, Spring 1995.
22. James. M. Morgan and Jeffrey K. Liker, *The Toyota Product Development System,* Productivity Press, New York, 2006.
23. Nassim Taleb, *The Black Swan*, Random House, New York, 2007.
24. Kahneman, *Thinking, Fast and Slow.*

第7章 追求完美的产品

完美不可得；但是我们若追求完美，就会掌握卓越。

——文斯·隆巴尔迪

数千年以来追求完美俘获了人类的想象力。完美是提升自我的原动力，自从历史有文字记载以来，我们就在探讨它到底是什么，如何成就它。亚里士多德认为完美不是一个目标级的成就，它是存在的一种方式，这个观点深得我心："你习惯是什么样的人，你就是什么样的人。因此优秀不是一种行为，而是一种习惯。"在今日，这种心境能够让超凡的组织和个人脱颖而出。

在《精益思想》中，作者詹姆士·沃迈克和丹·琼斯表示"追求完美"是精益思想的基本信条，也是持续改善的基础。对产品和流程的开发者而言，这是强而有力的忠告，也是这本书从头到尾所叙述的流程、工具和方法的终极目标。

在这一章中，我们将讨论卓越产品应具有的几个重要的特征，也会分享几家公司做法的例子，这些公司始终一贯地开发出成功的产品。最首要的是，卓越的产品和服务为顾客创造价值；他们以创新和愉悦的方式为顾客解决问题。而且不止于此，最好的产品以优美的设计和高超的制作工艺胜出，由可靠、耐用、有效率的工程来成就一个优雅的解决方案。简言之，它们实现了一个让竞争对手难以超越的经验。

发展这种实现卓越产品和服务能力的第一步，是在努力的过程中全面动员你的组织。创造一个追求卓越的大环境，让你的员工大展身手。

7.1 追求卓越的激情

我们相信"掌握卓越"不是靠天分,是无止境地努力追寻一个似乎就在面前却不可及的东西。它需要自身投入到工作之中,但是很不幸的,在每天的经验中这是很少见到的。实际上,我们每天的经验有点像罗伯·帕西格的经典著作《禅与摩托车维修艺术》中所叙述的。书中主角人物追求真理,其中让他挣扎的一件事是我们生命之中"质量"存在的意义。他在一家摩托车修理店开始他的探讨。在三次不同的发动机翻修之后,故事叙述者来到店里取他的摩托车,当需要再度打开阀门盖时,他观察到:

这位年轻人手持活扳手,没有做正确的设定,很快地便将两个铝片挺杆盖给磨损了。他说"我希望我们有备用配件可用。"我点点头。他又拿出一把锤子和凿子,开始敲打试图松动它。我眼见他用凿子打穿了铝盖,直接打击在发动机头上。接下来的一击他完全失误了,锤子没有打中凿子却直接打在发动机头上,把两片冷却翼打裂开了。"就此打住吧。"我礼貌地说,感觉这是一场噩梦。

帕西格的摩托车骑士终于将满是油污的摩托车拉到路上,却又发现了修理店的疏忽,没有将发动机螺栓完全紧固在车架上。他很怀疑:

为什么他们如此肢解机车?……他们坐下来做工作,表现得像大猩猩一样。好像和他们无关一样……最大的线索是他们的表情。很难解释清楚。本性善良,友好,随和,但不投入,他们就像是旁观者。你感觉他们漫游一般地走进来,有人递了一把扳手给他们。没有对工作的认同感,不会说:"我是个机械师。"下午五点钟一到,或者任何时刻只要干满八小时,绝对没有犹豫立刻走人,他们早就没把心思放在工作上了。

帕西格的故事启发我们在追求卓越时人的因素。这个追求始于人们真心在乎他们的工作。我们曾经见到各种形形色色的人们,从事各种各样的工作,变得干劲十足,对他们的工作充满了激情。领导们必须为团队工作的目的,勾画一个明确令人信服的愿景,然后以身作则。领导们要倾听,也要教导。团队成员受到尊重而不只是个帮手,了解他们的贡献如何影响重要的事务。

无法营造氛围使员工完全投入的公司,经常沦于"照章行事"或"工具为重"来做质量的工作。对员工而言,质量好坏是质量部门的事,因为他们总是想尽办法来强行实施公司的标准。汤姆·彼得斯和罗伯特·沃特曼在他们的划时代的著作《追求卓越》中说道:"毫无例外的,具备优越性和凝聚力的文化是卓越公司的基本特质。"优秀的公司让员工完全投入，给他们机会去激发他们的潜能，并且成为团队成功的一分子。你的文化是创造卓越产品的基础。

那么，你如何创造优秀产品所需的文化呢？大体上，就是应用本书第4章和第5章中谈到的员工雇用、发展和领导力的实践。高效的团队加上卓越的领导者们通常会产生超凡的结果。对追求卓越产品而言，真正的领导力至为重要。夸夸其谈很容易，但是领导们该如何行动呢？他们都在哪儿花费他们的时间？他们会设定什么期望值？他们如何激发团队的员工投入？

福特从谷底再造的初期，车身及冲压团队致力于车身外部的质量改善。这个团队以世界最好为基准，目标是如此设定，甚至超过目标。但是很明显的，并不是所有的经理们都承诺这样的努力。在一次产品评审会议中，针对零部件的质量要求爆发了激烈的口角，一位恼怒的资深福特经理开口咆哮："我们绝对不会因为较尖锐的角半径和较小的加工余量而多卖一部车子的！"这个说法不仅不正确（车身外部的齐平度和光洁度是新产品最受关注的特征之一），而且没有抓住要点。这个要点就是去营造一个认同卓越的环境。当你有这样一个环境的时候，卓越就会渗透到每一个角落。领导者肩负这样的责任，尤其是当公司处于艰苦时期，你无法选取何处要卓越，何处安于平庸。

专注于追求卓越的实现或许有一个意想不到的效果——对身在其中的人们造成震撼。我们赞同伦敦经济学院社会学百年教授理查德·桑内特的观点，大多数人具有一种先天的欲望，为其本身而把事情做得很完善。这就是工匠精神。它具有普遍性，将人们和他们的工作因为自豪感而紧密地连接起来，也对工作赋予了意义。所以，成就感让人们衷心喜悦，它是一种只有亲自完成非常困难的挑战才会获得的喜悦。可以肯定的是，这个艰巨的旅程对于选择走这条路的人们会有深远的影响。然而，身为精益思考者，创造价值和追求完美是我们的本分，同时也造就了我们。工匠精神是创造具有恒久价值的关键要素。

7.2 顾客定义价值

根据沃迈克和琼斯的说法，精益思想的第一条原则是理解和交付顾客所定义的价值。这也是产品卓越的基础。如果你的产品不能解决顾客的问题，或者提供顾客所想要的经验，那么顾客就不会认可这是卓越的产品。在第1章中我们讨论了总工程师、沉浸感、高科技人类学家、编程马拉松、快速试验,以及概念报告等,如何围绕着交付最大化的顾客价值,扮演了认知和调整组织的角色。然而,增加顾客想要的价值值得进一步的讨论,这是任何讨论产品卓越的核心。

同时我们强调,想要成功专注于创造顾客价值,这不仅仅是某一个团队的事,它必须渗透到整个组织之中。彼得斯和瓦特曼在解释"紧贴着顾客"主题时,写道:"卓越的公司传出的好消息是,他们能够做到让顾客深入其事业的每一个角落和缝隙——销售、生产、研发、会计等。"

丰田针对顾客满意有一个非常简单而且具挑战性的思考方式:"如果有一个顾客收到一个不良品,对顾客而言,这代表着我们 100% 的产品。"而且,"这个产品包含顾客买的车子,和他们在经销商和售后服务的整体经验。"(见图 7.1)

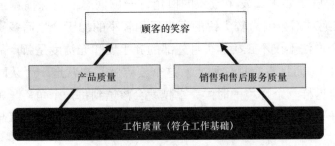

图 7.1 丰田顾客定义价值模型

丰田的顾客至上理念可追溯到多年以前丰田佐吉的创新思维,后来,丰田喜一郎进一步将它体现在持续改善的精神之中。这引导着丰田文化专注顾客质量的经验,以及通过现场现物(到现场亲自动手的经验)持续改善来完善它。这可以解释为什么丰田的总工程师们花许多时间去观察顾客在自然状态下如何使用他们的车子。

对顾客的激情不仅有助于让顾客快乐,反过来人们总是会因为快乐的顾客而感到振奋。这种振奋是你无法从 PPT 中有关成本、好处和预期利润的介绍中获得的。专注于顾客让团队成员更有动力,更加以顾客为中心,更专注如何深入为顾客创造价值,也将让你更了解团队每一位成员能够如何贡献他的一份力量来完成使命。

7.3 顾客驱动设计

杰出的设计触动心弦,可以是一辆车子、一部智能手机、一台家电,或者一个剃须刀。唐纳德·诺曼是认知科学家、实务工程师、加州大学圣地亚哥分校荣誉退休教授，在他深具启发性的书——《日常事物的设计》中说道："设计的本身是在做一个沟通，也就是设计者对他沟通的对象要有非常深刻的了解。"因此，这也是精实设计要求的本质。

我们很容易陷入运行效率和卓越执行的误区，只见树木不见森林。顾客不买卓越执行，他们买的是优良的产品。当埃隆·马斯克将特斯拉 Model S 介绍给全世界的时候，整个汽车业响起了警铃。设计的各方面，从外形、加速到电子仪表与使用者简洁的界面令人感到激动，似乎已经超越了竞争对手。但是如果看车子销售的背后，特斯拉在执行层面远远落后汽车业的标准——财务损失、质量问题造成延期交付（见第 8 章）。然而顾客依旧对产品充满激情，他们纷纷抢购 Model S，并成群结队地签下 Model 3 的购买定单。我们不是说执行不重要——它很重要，但特斯拉在执行方面的短板依旧可能是它的致命伤。无论如何，这个产品的确和顾客产生了一种特殊的连接。

7.3.1　苹果对设计的承诺

史蒂夫·乔布斯对苹果产品的外观和感觉很痴迷。总设计师乔尼·伊夫也痴迷于美观、感觉，和用户体验的每一毫秒。乔布斯深切地了解与顾客情感上连接的价值，认定人们会为了他们产品的卓越设计付出高价。他的押注得到了回报。

乔布斯于 1997 年回归苹果之后，设计上开始显著地和竞争对手不同。设计是产品最关键的要素，它将苹果从破产的边缘救回，而且成为当代最成功的公司之一。乔布斯自传作者沃尔特·艾萨克森，形容乔布斯对设计激情的近乎痴迷，他坚持他的计算机必须里外同样的完美："独特的设计——干净舒爽、友善、有趣，成为乔布斯时代苹果产品的特点。在这么一个缺乏杰出工业设计者的时代，乔布斯和哈特穆特·艾斯林格在 20 世纪 80 年代合作，后来的乔尼·伊夫从 1997 年起开创了一个工程和设计上的美学，将苹果和其他科技公司分开，最后帮助它成为世界上最有价值的公司。"

众所周知，乔布斯最看重设计上的简单。1977 年，苹果的第一份产品介绍小册子自诩"简单"是最终极的经验。乔布斯的看法是："把事物变得简单，真正了解最根本的挑战，进而发展出优雅的解决方案，需要历经一段艰辛的努力。"当许多公司在增加特色方面下功夫，寄望能够增加顾客价值之时，苹果的做法对顾客来说有如一股清新的空气，公司以此得到极大的回报。

和苹果公司讨论的时候，吉姆很幸运地和伊夫会面。他对伊夫的谦逊，创造优良产品的激情，以及不只对设计，还有对工程、材料和制造各方面深广的知识留下了深刻的印象。

如同本书之前谈到的领袖们，伊夫明确地肯定和赞赏能够创造出好产品所必备的特质。他在提及做了什么的时候多次使用"我们"而不是"我"。珍视团队合作是创造苹果标志性产品的关键，他对团队的思路不仅仅限于直属的设计队伍，还包括苹果内部其他队伍和供应商。他说："我比以往都更加认识到，我们所完成的设计绝大程度地仰仗许多不同队伍为解决同一问题而共同努力的承诺。"

在伊夫的眼里，新产品在求新、变化方面必然是顾客在意的事："我们多数的竞争者只想做点不同的事，或是让外表看起来新颖——我认为这些都是错误的目标。一个产品必须是真正的更好。这需要具备真正的纪律来驱动我们——一种诚挚的、纯正的欲望去创造更好的事物。"

伊夫对材料和制造也有深广的知识，认为设计不仅仅是理念和造型而已。他尽可能地去了解材料和制造，让他和他的团队能够继续地挑战设计的极限，而且他乐意付出非凡的努力。苹果带动钢化玻璃的应用众所周知，还有将一个铝块机械加工成为产品的故事也同样的出名。伊夫带领团队去拜访传统武士刀制作者，想了解他们所用的材料及他们的工艺原理。这个故事也让人津津乐道。

7.3.2 丰田章男对卓越设计的激情

2016年1月，丰田章男出席底特律汽车展，向爆满的人群发表讲话。他让来宾们知道他倾听了雷克萨斯顾客们的心声，他同意雷克萨斯的设计开始令人感觉枯燥。他继续说道："我不希望再度见到'雷克萨斯'和'枯燥'这两个字出现在同一个句子中。"接着，他揭示了LC500新车，这是量产车中最大胆设计之一。丰田章男并没有就此打住，在丰田车阵容之中，从小型运动型多用途跨界车C-HR到凯美瑞新车，都展示出大胆、前卫的设计。赛车手出身的丰田章男热爱汽车，他真切地听到了丰田顾客的心声——不要枯燥的车型！在不失原有价值的定位之下，丰田借助设计来增强和顾客的连接。虽说令人激动的设计从来就不是丰田的强项，但是，它目前的总裁已经认识到它在创造顾客价值方面的潜能，而且决心改善。

雷克萨斯经由设计来强化与顾客连接的努力一直没有停滞。在我们和雷克萨斯国际总裁泽良宏的讨论中，他充满激情地谈到设计的重要，以及和全世界下一代中富有创造力的人建立坚固的连接。雷克萨斯认同和支持世界各地的艺术家和其他具有创意的人，通过讲故事和关键的设计语言，例如无缝、零重力、优雅、锐利的简约、流动的边缘，与他们分享雷克萨斯精神。然后这些设计者（来自欧洲、日本或美国）在传媒平台上创造他们对雷克萨斯世界观的看法。有些艺术家会继续参与雷克萨斯设计室下一代车型的设计工作。同时，雷克萨斯也是第一个在米兰等地举办设计大赛的汽车厂家，这不光是对青年艺术家们的支持，同时经由密切的合作向竞赛参与者学习，来强化雷克萨斯与下一代豪华车买主在审美上的连接。

7.3.3 福特赋能工程设计

令人激动的"动感美学"设计是福特振兴重要的一环，也证明它是福特产品的一个强有力区分。野马、Fusion和福克斯（Focus）等车型的设计超越同类型车辆，引领了业界的新风潮。但是，动感美学设计虽然前卫和令人鼓舞，但从工程和制造观点而言，却也存在不小的挑战，特别是在福特问题丛生。过于漫长的工程期（包含设计和生产两者）抑制着优秀的设计，如同保护生产作业一般，让工厂远离前卫设计可能造成的问题。这种做法扼杀了许多福特最优秀的设计。

车身及冲压工程团队决心去改变它，他们要成为优秀设计的推动者——他们和设计工作室与生产工厂的同僚们密切合作，找出如何才能交付优秀设计，却又不至于搞砸工厂本身的工作。交付产品达到最严苛的设计保真度和精确度成为车身及冲压工程团队的新任务。工程师团队与上游的设计工作室一起工作，而设计师也到下游和工程师与工匠们直接合作。对几位设计师来说，这是他们第一次到车辆组装工厂或工具车间的现场，这对他们未来如何看待自己的手艺产生了极大的冲击。结果是福特史上创造了一系列具有令人兴奋的设计为突破性产品。而且，这也是卓越生产新思路的原动力，让它成为开发优良产品的一个竞争优势。

7.3.4 制作工艺

吉姆对制作工艺的激情大概是从1992年雷克萨斯的广告开始的，广告中摄影镜头聚焦小钢珠毫无阻碍地沿着ES300车身外板的边缘精确地滚动。或许他的激情产生得更早一些，当他身为模型制作熟练工时，在众目注视之下和身怀绝技且要求严苛的高手们一起制作工具，手工制造和焊接精确的车身钣金。无论是哪一个，他开始注意到精美的制作工艺和粗制滥造的明显对比，一个更明显的差异来自于制作的工匠们。他直觉地知道他想怎么做，想成为什么样的人。于是，吉姆开始了他长达数十载对制作工艺，以及其内所蕴含人类精神的痴迷。

我们这里不谈过去年代某些伪神奇、浪漫的手工艺，而是谈目前生气勃勃和创造的力量，人们不但创造独特和具有恒久价值的产品，而且主动培育各行各业真正杰出的人才。桑内特在他的著作《手艺人》（*The Craftsman*）中描述制作和思考的关系。"木匠、实验室技术员和乐队指挥都是手艺人，他们为了自己的缘故努力地奉献把工作做好。"他解释道，"制作工艺可以说是一种持久、根本的人类动力，一种为了自己把工作做好的欲望。"这是在现今组织中经常被忽视的强烈的原动力。这种有机而且令人有满足感的工作本质在《摩托车修理店的未来工作哲学》（*Shop Class as Soulcraft*）一书中有精辟的注释。然而，作者马修·克劳福德也说，这个原动力不限制于独自工作的人们，它一直在屈指可数的一些组织中完好地存在着。

7.3.5 独具特色的产品

那么，新产品和服务的制作工艺是什么？我们认为，它不外乎是一个产品在视觉、触觉和听觉特征方面让顾客感受高品质。卓越的制作工艺加强顾客的整体经验，创造独特的价值。你能够从简约优雅和无缝吻合的角度来辨识产品和服务中的制作工艺。它们体现了对多余事物的消除和对必要事物的精确执行。那种产品中"制作精良"的特质，真正地吸引着你。像是苹果设备外壳的简约优雅、齐平、光洁、奥迪汽车的内饰，或是一个卡特里娜家具项目中的教堂座椅（由卡特里娜飓风遗留的废木料制作而成），它引出了深邃的情绪。优良的制作工艺不光在传统的实物上才有。我们见到门罗创新中具有创意且深入探索的使用者界面，一位手艺精湛的外科手术医生精确的动作，甚至马塞洛·加西亚严格的巴西柔术等，这些都让观察者目瞪口呆。

吉姆已经多次见到工程师们对精工制作产品的反应，这些工程师原本工作负担沉重，对制作工艺抱持怀疑的态度，但当他们第一次见到由勤奋工作和制作工艺标准相结合所获得的实际结果时，露出恍然大悟的反应——"现在我了解了"。这绝对不是魔术，创造真正非凡产品的过程是针对人和产品两者实施严谨和具目标的性能标准所得到的产物。它需要不可置信地关注成千的细节，一份对卓越的固执，尤其是设计、工程和制造部门之间无缝的协作才能产出独具特色的价值。

7.3.6 福特制造出工艺精湛的车身

福特车身及冲压工程团队领导成员从参观底特律国际汽车展开始，开启了提升制作工艺之旅。他们发现自己不只是有点麻烦而已：尽管福特的汽车和北美的竞争对手可以互较高下，但他们却远远落后于欧洲和日本最好的公司。特别是奥迪和雷克萨斯不仅仅是好一点——它们为外观制作工艺订下一个新的标准水平。这种来自对产品质量感知的差异是如此令人震撼，无疑是一个催促行动的警钟。

车身及冲压工程团队成员回去之后制订了一个计划，它由五个关键要素构成，除了显著的强化已有的制作工艺赋能之外，还做了增添，包括改进制作工艺标准，每双周举行一次全球制作工艺论坛，每个产品开发流程中为内置产品制作工艺计划，更加重视车辆功能试制，以及加强评审活动与更新评审人员的培训。

1. 改进制作工艺标准

车身及冲压工程团队以世界上最顶级的汽车为基准，在每一个类型的车中再挑选出最佳车型作为代表。几乎每一个类型中，团队立下的标准都是以此为准，甚至是超标准的。团队成员和福特设计工作室会谈，统一目标，然后根据特定的设计主题订立实施的优先顺序。金属标准包含"世界最好的"（BIW）的必要条件——余量、半径、表面、齐平度和接缝。此外，一些表面看不到的结构也有标准，包括车门把手的阻尼感、隐匿的紧固件，甚至关车门的声响。团队建立了一个容易使用的知识库，里面有BIW例子的详细图片和每一项标准的可接受和不可接受的级别，每一个级别都以数值表示。

新标准带来许多技术上的挑战，跨职能部门团队一起努力，在实施新标准之前提出解决方案——没有人在新目标前退却。每个项目中，团队成员在工作中了解能够让他们交付的真实赋能者，也只有这样他们才能够认可标准。举例来说，有几个供应商在初始的时候犹豫不决，因为前后保险杆较窄的半径规格会增加涂料不良附着的风险，福特工程师们立即奔赴现场和供应商们直接合作解决问题。跨职能部门团队成功地提出金属成形性、尺寸链公差叠加和紧固策略的解决之道，而且，他们在过程中有改进时也会更新标准。

2. 创建制作工艺论坛

在面对所有的挑战时，团队成员们迅速意识到他们需要举办一个经常性的活动，让世界各地的制作工艺专家、设计师、工程师，和制造的领导们齐聚一堂，协作改善新产品的制作工艺。为了达成这个目的，他们组织了每两周一次的全球制作工艺论坛。

制作工艺论坛促成跨职能部门，全球性的群组共同参与新标准的评审与辩论，并启动试验来验证。论坛也让人们追踪个别项目达成制作工艺目标的进度。这样定期的督导让团队们有一处场所将问题升级讨论并谋求解决之道，同时各项目团队之间能够分享所汲取的教训。

3. 开发流程中内建制作工艺

若想要一贯地成功，制作工艺不能是流程中一个事后的想法，或者只是一个"附加物"。它必须成为总体开发流程的中心，完全整合的一部分。为了达到这个目标，团队在整个开发过程中建立了特定的、稳定发展的制作工艺活动。

制作工艺活动在项目的初期就开始举办，跨职能部门团队评审旧的福特车型和竞争者之间的差异，然后为新车型设定目标。这些活动用数字化方式解决设计和制造问题，识别尺寸链公差叠加和金属成形性的问题，然后在设计评审会上，或制造工艺论坛中解决这些问题，时间点远远早于工具或零部件的制作。到现场确认（walk-around）式活动最初由造型设计工作室开始，随后在原型、功能，以及初期生产试制等单位陆续实施。制作工艺中的必备条件，尤其是尺寸控制，成为福特完工前兼容性检查（CbC）作业中重要的一部分。

4. 车辆功能试制

车辆功能试制是实现制作工艺这个艰难尝试的关键方法之一。它最初由丰田和马自达发展和应用，是一个根本上完全不同的理念，是关于在开发流程中将上百金属零部件组装成为复杂的车身的思路。

冲压金属零部件的问题在于，要精确地预测零部件最终的样子是很困难的事，除非你尝试冲压制造它们。尤其是当多种特殊合金被用来减轻重量和增加强度时，更是难以预测。这就造成有必要再度研磨模具，然后经过反复试验，直到接近车身工程师所要求的规格。传统假设车身工程师一定是对的，所以将金钱花在每一个零部件的反复研磨和返工上，相信"完美的零部件制出完美的车身"。结果是，模具工匠们花大量的时间、金钱和精力精确地制作每个单一的零部件去符合工程师们规格的要求。讽刺的是，他们依然面临一个重大的困境，那就是这些零部件如何能够吻合在一起，成为最终所要的车身。如此一来陷入耗钱耗时的返工循环，即将完工的模具需要修改来解决制作的问题，经常耽误车辆生产线的正式启动。传统的做法也减少系统层面上优化的机会,各职能部门之间相互推诿的职能壁垒问题——人们将精力花在证明自己的零部件是对的,任何齐平度和光洁度的问题都是别人造成的上面。

车辆功能试制完全颠覆了传统的理念。它假设为了优化整体车身系统,细部的调整工作是永远存在的。这需要通过设计和制造之间的协作和系统上的途径来解决,这也是完工前兼容性检查(CbC)的绝佳例子(见第 2 章)。在工具和模具制作的初期,个别的零部件加工至最低可接受程度的尺寸精确度后,将它们紧固在特殊的夹具上。使用这些夹具让一个由设计师、车身工程师、生产工程师,以及工厂工程师组成的跨职能部门团队一起研究车身,评鉴整体车身的齐平度和光洁度。个别零部件的修改是依据整体车身的制作工艺作决定的,这当然是顾客看得到的部分。团队如果有选择的话,它们会选择最容易修改的模具。经由这样的迭代学习过程,一个车身逐渐地成形,它满足所有的标准而且符合外形设计的要求。这个流程不但完善了车身制作工艺的改进,并且显著减少了模具开发的成本和时间。

福特团队为了实施车身开发中,这个从根本上完全不同的车辆功能试制做法,特别委托特洛伊设计与制造工厂(Troy Design and Manufacturing,TDM)协助模具的制作。TDM 是福特的子公司,在此之前,它已经负责管理大多数 CbC 作业中有关电子尺寸的部分。它有制作特殊夹具的能力,有胜任的技术员来完成功能试制的流程。除此之外,TDM 属于中立的第三方,是面对许多跨职能部门代表们的主办单位。

对于建立这么重要的实践来说,福特工程师们的参与非常关键。但是,如果没有约翰·劳瑞、内德·奥利弗,以及其他 TDM 团队成员的努力,整个功能试制及其显著效益是否成为可能都是值得怀疑的。

5. 制作工艺的评审

福特已经有制作工艺的评审,博学的专家们为产品做评审和打分。然而,福特需要修订评审标准,显著地加重评审专家们的分量,让他们和开发人员结成伙伴,提供再教育。评审专家是一支小队伍,和工程师们组队最能够在跨职能部门的制作工艺活动中发挥他们的专业技术。这支队伍在制作工艺论坛中回顾评审结果也加强了评审所造成的冲击性。

6. 一切只是开始

我们所做的分享只是福特制作工艺之旅的起步。一旦奠定好基础,福特团队继续改进计划中的所有因素,并且将它扩充到触觉的要求之中,如车门把手和关车门声音的技术音频要求(我们的双耳"评审团")。目标很简单但是具挑战性：提供顾客一个崭新的福特产品体验。经由这些努力，福特超越许多竞争对手，其中包含日本品牌，而且开始和世界最好的（BIW）相匹敌。这一切对福特产品感知质量的改变是深远的，顾客们的反馈也非常正向。

7.4 可靠性

我们谈及的可靠性意味着产品的表现如预期设计一样，在设定的状态之下，使用一段设定的时间，能够做到以上所述就表示产品符合顾客在安全、可靠性和耐久性的期望。在某种意义上，这是对质量最基本的期望。也是质量传道人约瑟夫·朱兰所形容的"符合顾客需求"（即实用性，是指在预期或规定的操作条件下，产品能满足客户的需求）中很重要的一部分。此外，也符合顾客满意度权威狩野纪昭的二维Kano质量模式中的"必须是"（must be）维度。两位大师针对这个题目有许多深入的论述，我们引述了他们的书的同时，也介绍W.爱德华·戴明的论著，以期对可靠性有一个详细的技术讨论。以下的部分，我们分享一些精益公司实践可靠性的具体做法。

7.4.1 丰田的可靠性

2017年10月19日，底特律自由新闻报的头条新闻是"消费者杂志：丰田可靠性居首，凯迪拉克殿后"。对许多汽车业的研究者而言，这消息并不令人惊奇。实际上根据文章所述，丰田和雷克萨斯陆续5年在这项问卷调查中分别排名第一和第二。这根本不是新闻，2007年，托马斯·斯图尔特和艾南德·雷曼写道："近15年来，根据J.D.Powers和其他研究机构连续的评鉴，丰田和它的豪华品牌雷克萨斯的可靠性、初始质量和长期可靠性在汽车品牌中名列前茅。"实际上，回顾《消费者杂志》的汽车可靠性问卷调查，从20世纪70年代以来丰田产品一直在汽车的可靠性排名中领先或居前。

丰田在整个企业内营造了一个杰出长久不衰的关于质量和可靠性的文化，从它强调安灯（Andon）显示异常状况，到聚焦创造一个属于解决问题者的公司，到"问五个为什么"调查问题方法，以及纪律性地使用A3报告书。比较不为人所知的是，其产品和工艺设计对可靠性的巨大影响。本书所叙述的一些工具和做法对丰田的成功有大贡献。然而，其中的两个设计-质量的做法值得我们再探讨。如同本书叙述的每一个做法，它们同样适用于流程和服务之中。

1. 丰田主动预防问题发生

丰田强大的学习能力（在我们先前的书和本书第 6 章中有描述）使公司能够掌握、分享和充分应用知识，并且普及和深入全球性的组织之中。其中有关设计和开发流程知识的应用，是公司产品无与伦比的可靠性和坚固性的关键之一。使用先前或已经熟知问题的知识，来判断一个新设计遭遇"客户处失效"（field failure）或其他质量问题的可能性。丰田能够在新的组件和子系统中设计出有效的对策。这个系统后来被正式称为防患于未然方法（Mizenboushi），第一次由丰田退休的前质量高管暨日本九州大学教授吉村达彦介绍给丰田以外的世界。我们同样期望这个来自丰田的系统是一个训练有素且涵盖基本本面的方法，而不是一个外挂的计算机算法。

吉村是《丰田式防患于未然方法—GD3 预防措施—如何防范问题于未然》的作者。这个方法包含三个阶段，如书名所示，以 Good 英文缩写 "GD" 作开头——好设计，好讨论，好剖析。它们被用来减少或消除潜在的产品问题可能性。

1）好设计。强调作为多方案流程的一部分，创造一个好设计应该尽量优先考虑已经验证过的组件和之前获得成功的设计特征。再者，开发人员应该减少零部件的改变次数，并且主动解决任何新技术和新材料的破坏性影响。最后，产品特色设计的问题在萌芽之初就能够显露出来，而且越早越好。你可以想象烟雾警报器在电池低电量时发出的叽喳声音。

2）好讨论。应该是跨职能部门的设计讨论，聚焦在新零部件、新特色、新界面，或针对之前设计的改变，或不同用途的改变。吉村教导我们不要轻视改变——我们经常会这么做——要充分了解这些改变带来的风险，越早开始这个讨论越好。为此，他发展了一个工具，称为基于失效模式的设计评审（DRBFM），与失效模式影响分析（FMEA）相类似。但是，吉村的工具聚焦设计或界面的改变，和风险管理有关系，所以它可能比 FMEA 更有效率一些，它和一个完善的 FMEA 都是同时有效的。高效率通常是受欢迎的，在一丝不苟的评审和记录失效模式之下，又经常被要求缩短交付期，所以有些工程师难免走流程上的捷径。DRBFM 可以和其他设计评审所做的改进相结合，见第 6 章。

3）好剖析。是一个分析测试结果的方法论，详细地审查测试中不可接受或不符合性能的任何迹象。"解剖"测试过的零部件，仔细地研究磨损或退化的痕迹，这可能是设计中有潜在弱点的信号。这个做法是现场现物产品开发中重要的一环，本书先前有过讨论。吉村介绍这个工具——根据测试结果的设计评审，要启用这个进程，记录结果，观察和实现针对可能问题的坚实讨论，这个过程由验证（测试）工程师领导一个跨职能部门团队进行，决定是否采取任何纠正措施。

我们可以预期一些读者对如此热切强调可靠性的反应——创新会蒙受挫折，产品会变得枯燥。丰田的确有这样的名声。反过来说，丰田的理念侧重了解如何将产品的价值交付于特定的顾客群，专注那里的创新，而不是为了创造而创新。本书谈到第一部雷克萨斯车，在莱克的《丰田模式》中有一个例子，总工程师根据他对顾客的了解制订突破区，他完成许多"这个还有哪个"，最终超越了竞争对手。每一个总工程师制订创新突破的目标区，车辆其他部分则依赖经过验证的设计，来减少因为创造特征而对顾客没有价值的不必要风险。

2. 丰田项目级别问题的预防

了解防患于未然方法对个别工程师级别的预防工作很重要，但关键的是所有这些优秀的工作如何表现在项目的层级上。为此我们询问丰田2018年亚洲龙（Avalon）总工程师暨整体产品质量的负责人兰迪·斯蒂芬斯：个别工程问题的预防工作如何汇总到项目层级上？

斯蒂芬斯解释，在项目重要里程碑之前的几周，会举行三四次有规律性的设计-质量评审。在评审时，每一个工程团队分别向总工程师汇报文件记录。这些评审根据讨论的议题，可能发生在车旁、制造地点，或使用特定的零部件来进行。总工程师可能要花数周的时间，来消化这些评审所产生的数据。当该车型在项目中的每一个里程碑达到适当的质量要求时，总工程师都必须签字核准。最后的评审发生在生产启动之前，同时签字核准的，除了质量因素外还包含安全因素，这是移交给生产部门的程序。

3. 生产流程中使用GD3

马克·道尔森、埃里克·雷戈里和穆雷·菲利普斯叙述曾经在TRQSS Inc 的高产能生产流程中应用防患于未然的GD3方法。TRQSS Inc 是丰田车辆座椅安全带系统的供应商。在IEOM年会发表的一篇论文中，作者们分享了TRQSS案例，是关于如何利用防患于未然方法的框架，聚焦于生产流程中的改变——来自需求量的波动、生产线换线、生产率改变、新供应商、操作员、物料，以及其他的变化。他们也报告流程中的GD3框架，如何创意性地与迈克·罗瑟的套路结合，以进行持续改善。

4. 测试到失败以了解极限

我们之前的研究发现丰田实施"测试到失败"比它的竞争者多很多，一般的测试都是"测试到规格"（也就是"通过-失败"测试），然后依据预先决定门槛来批准原型。虽然测试到规格是许多任务业界共同采用的做法，在某些应用上完全合适，但是组件或子系统通过这个测试，除了显示它达到一个门槛之外，真的没有学习到什么。测试到失败的做法是测试不停止一直到失败发生，然后进行根本原因的调查。

在丰田，测试到失败被称为恶意测试（ijiwaru testing）。Ijiwaru 在日文中的意思是"坏脾气或恶意的人"，术语完全抓住了这个测试的精神。这个测试越艰巨困难越好，超越组件或子系统的极限，就是为了鉴定和深入了解它们的失效模式。丰田工程师得以使用他们解决问题的技能和工具来制订对策。

不是每一个组件每一次都要实施恶意测试。我们在第 1 章原型部分提到，测试的范围是根据团队的需要，在特定时间点去学习某一特定的零部件。这个做法产生许多新知识，被丰田强大的组织学习能力吸收。使用权衡曲线是掌握和保存这个知识的其中一种方法。

7.4.2　福特新模式——质量矩阵

当你成功地解决一个问题之后，将问题对策适当地和其他车型一起分享很重要。这样同样的问题不需要重复地解决。为此目的，福特使用一个既简单又实用的工具质量矩阵。

质量矩阵是一个可链接的 Excel 电子表格，将目前车型-质量对策依照子系统分类组织罗列。其中的信息包含零部件名称、问题、对策，以及每一个问题的主要联络人。新车型项目的相关输入，用红色（不在目前计划内，需要采取行动）、黄色（在计划内，尚未执行）或绿色（已执行，完成）来保证这些对策（或有更新版的）合并在新设计之中。矩阵也帮助保证新项目有足够的经费来完成对策的实施。

7.5　可持续设计

鉴于我们所创造的产品和脆弱的环境之间的关系，以及珍贵的自然资源有限的本质，任何卓越产品的讨论必须包含设计的环境可持续性。设计的可持续性是关于整体价值流的——不只是产品，这个宽广的定义呈现着更困难的挑战。LPPD "设计价值流"开发方法使得设计者周详地思考产品或流程对环境潜在的影响。詹姆斯·沃玛克最近在地球精益（Planet Lean）上的一篇文章提醒了我们这一点。例如，沃玛克告诉我们，根据阿贡国家实验室的温室气体、监管排放和交通能源使用（GREET）模型，一部电池动力汽车产生的排放是类似内燃发动机的一半（按距离）。但这只是故事的一部分，这个数字假设电力来自传统的发电方法。如果以煤替代太阳能发电则总排放会显著地变化。在公式中另一个很重要但是经常被忽视的，是产品开发和生产所消耗的资源和产生的排放。最好的对产品设计和价值流造成影响的途径就是在开发的初期。设计和开发中的"精益和绿色"的思路能够创造重大的价值。

丰田生产方式长久以来是全球的基准，以创造最大化的价值，并消耗最少的制造和物流资源，而此能力来自于开发阶段。同样的，丰田可持续的产品和做法在汽车业界居领导地位。1997年它向业界介绍了第一部混合动力汽车，目前它生产销售居第三位的电动汽车（普锐斯 Prime），并且在氢燃料动力方面以"未来"（Mirai）这款车领先。丰田工厂的混合动力电池的再使用已经连续12年赢得美国环境保护署（EPA）的明星年度最佳合作伙伴奖。

在第4章中，我们分享了丰田产品和生产工程师如何降低车辆的重量，增加燃油经济性来发展更加具有环境可持续性的车辆，同时，开发一个热冲压零部件的生产价值流，让可持续性远远超越竞争对手。因此，丰田在引用精益和绿色的思路将其应用在设计和开发上足以成为标杆。但是，我们相信还有许多可以做的事。

一般公司想要有好的开始，可以在各项目中设立特定的目标，为可制造性加一个"可持续价值流"，并对其他开发流程进行完工前兼容性检查（CbC）。并且，如同其他重要的特性一般，在大部屋中张贴追踪其执行。你可能还记得，福特车身及冲压工程团队使用这个方法，就是设定及追踪目标，如此显著地减少冲压的废料，创立一个有效率的废料回收流程。环境的可持续性必须是公司思考有效率设计的一环。

7.6 高效设计——获得优雅的解决方案

第1章中我们曾经讨论，认知你的产品如何为顾客创造独特的价值是设计流程的开始。这个价值有许多途径来实现。一个设计的创造可以不考虑废料（亦即尽管尝试用各种方法解决问题），或者，将任何数目特性或特征通过优化使其变得有效率。有一种可以用来区分产品特性的方法，是属于降低顾客价值的，例如过重、成本高，或太复杂（浪费），其他的特性则属于增加顾客价值的，例如增强效能、安全或性能。目标是当然是减少前者，最大化后者。有两种基本的途径可以同时使用来达到设计的效率：一种是以时间为基础的或有节奏的，针对跨项目的方式；另一种是以项目为中心的方式。

（1）年度跨项目的效率改善　这些改善通常用来支持每年的方针或战略部署流程，或者，它们是许多单独项目最佳实践所累积的结果。换句话说，一个项目所做的改善成为下一个项目的基线。有许多机制可以实现此做法，如一个强力的战略部署流程、商品经营计划、一个起作用的标准化系统和可以支持的知识库。要完成这些目标肯定是对你的组织内部学习能力的一个考验。标准工艺清单、第一选择料单、通用紧固件和标准体系结构等都是推动跨项目效率改善的好例子。

（2）项目为中心的效率改善　有些情况是，特定的效率目标是为了最大化某一产品的价值来满足某一顾客群。例如，一个福特野马汽车顾客对乘坐和操纵的卓越价值要求会高于一个福特探险者汽车顾客，而一个探险者汽车顾客对"走遍天下"耐用性的价值更加认同。这些和其他顾客的偏爱在开发过程中对设计–效率的决定有具体的影响。总工程师的角色和前期作业（如前期负载和检讨、研究阶段）就非常关键。每个项目必须为每一个零部件的关键特性设定目标，包含正向的和负向的，然后制订一个计划去完成它们。深切地认知顾客价值和一篇优秀的概念报告将会是你的罗塞塔石碑（重要历史三语里程碑），致力于制造（monozukuri，制造有价值的东西）将会是你最有力的前期工具。

减小负面因素的冲击

实现产品和流程的卓越不仅仅是完成一套产品性能目标。几乎任何公司只要投入足够的金钱、复杂性和重视程度都可以完成一个实际的设计工作。设计上追求卓越是为困难的问题寻找优秀的解决方案。同样的，精益产品和流程开发是为了交付最大化的价值和造成最少的浪费。更重要的是，我们通常发现最具创意的设计解决方案，往往是来自于对所受到的限制的理性面对。这些限制，如果适当地应用，可以是一种改善整体产品和价值流的压力，帮助交付最佳的顾客价值。

1. 开发之成本管理

设计的浪费有各种形态——重量、复杂性、零部件数目等。然而，成本通常会成为多种浪费的简单替代物。首先要了解的是，你的顾客支付一切，你最好的机会是在开发流程中增加价值和减少成本。所以，产品的总成本对你所交付的真正价值有莫大的影响。我们相信，成本像其他的产品特性一样：一定要清楚地了解，开发过程中要不时地做权衡的工作。此外，成本还在资源的使用和环境的可持续性上有重要的意义。

我们绝对不是说便宜就是好，绝对不是这样。我们是说，完全了解你的成本很重要，知道如何以最低的成本来交付最高性能水平，而且有计划的用成本-性能的权衡做决定。成本有许多类别，每个类别有它的一套意义。虽然各工业界的成本分类也有些差异，但是基本上成本可归类为开发成本、投资成本、变动或单位成本，以及持续性或经营成本（见表7.1）。

表 7.1 成本类别

成本类别	示例	降低成本方法
开发成本	工程时数，原型和测试	采用标准结构，重复使用零部件，开发流程优化，精益测试和原型设施工作，减少工程变更，有针对性的原型设计
投资成本	模具，工具和设施	将工具和制造流程标准化，例如标准工艺流程或PDPD，权衡与供应商的合作，改善工具制作能力
变动或单位成本	产品制造成本（人工，材料，组件）	采用面向制造的设计，优化材料使用，采用通用的材料和紧固件，重复使用零部件，降低重量和复杂度，降低供应商成本
持续性或经营成本	安装，维修和服务费用	完工前兼容性（CbC）中面向安装和维修的设计，以防患于未然方法（mizenboushi）和测试到失败（ijiwaru testing）实现坚固的设计

2. 积极性的目标和权衡管理

本书中讨论的工具和方法会帮助你的产品减少浪费和增加创造价值的特征。但是，它们只有在你的设计中积极的减少浪费和增加自己的效率时才会发生作用。在福特，吉姆和他的团队学习管理成本，就像其他特性一般，用简单而总结的文件来显示浪费（所有成本、重量或复杂性）对比创造价值的特征（如安全、抗扭强度和制作工艺），然后设定目标。他们积极地管理这些特征的关系，将它们的下滑轨迹的变化张贴在大部屋里。同时，他们也和他们的配对伙伴和供应商密切合作，在整个流程中不断沟通设计、工艺和商业方面的目标。

有一个强有力使用LPPD工具和方法达成显著有效率产品设计的例子，并不是发生在汽车业，而是在充满挑战的海底石油天然气工业。

7.7 高效的产品设计——海底2.0项目

TechnipFMC公司应用LPPD原则是最戏剧性的一个故事，它不仅在设计上更有效率，而且在经营管理上产生了革命性的新方法。TechnipFMC公司是全球海底石油天然气工业中，能源技术、复杂的工程系统和服务方面的强势企业。此外,这家总部设在伦敦的公司,设计和建造海底石油生产系统,能够在深达3000m的海底控制和混合液体;人类深潜的极限大约是700m,这项世界纪录由法国专业海事公司(Compagnie Maritime d'Expertises)保持。所以在某些方面来说,这些系统在太空中组装、运作和维修可能还容易些。

生产系统由巨大的组件构成,包含"圣诞树"(见图7.2a)、歧管、阀门和连接器,散布于30km^{2}的海床上(见图7.2b)。它们必须承受破坏性的压力和难以置信的温度,抵抗腐蚀、沙子和碎片;在没有维修的情况之下,以遥控的方式运作25年。另外,绝对不会有泄漏发生,同时要管控每一口井每日生产一万桶的原油,在68个大气压的压力的情况下作业。

a)

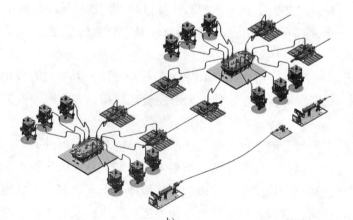

b)

图7.2 生产系统示意图

a)单独的"圣诞树"　b)海床生产系统范例

原油和天然气是有限的资源，较容易挖掘的油田被耗尽，石油公司被迫迁移到更具有挑战性的环境。石油依然提供着世界大量的能源，根据库托报道，预测海底石油的产出比例将稳定地增加。

石油天然气工业面对的一个环境是，越来越困难的工程挑战，以及不断上扬的成本。TechnipFMC 公司的副总保罗·库托和他的同僚认为这样的情况不能够再持续下去。库托负责全球海底技术和工程业务，总部在里约热内卢的巴西技术中心。他们必须要找出一条新的途径去面对如此艰巨的挑战，而不是只管投入金钱。这个想法在原油价格从每桶 100 美元跌到将近 50 美元的时候被肯定了。

库托知道公司的生产部门曾经引用精益方法做了显著的改善，所以他从那里开始调查。然而，很快就有两件事凸显出来：生产部门的改善虽然让人印象深刻，但是永远无法将公司提升至它所需要到达的地位；生产部门用的一些方法和技能无法帮助公司的工程和开发部门。于是，他进一步寻找，开始熟悉精益产品和流程开发（LPPD），他迅速地指派团队成员尽其所能地去学习。

公司高层也挑战技术和工程团队作为公司级运营管理全面变革的先导。为此，在巴西的团队继续学习和试验 LPPD。库托向他在世界各地的同僚们伸出了双手——大卫·麦克法兰，迈克·蒂尔尼和安迪·胡克。他们分别是休斯顿、苏格兰和加利福尼亚的工程部门领导。艾伦·拉布斯被指定为公司的第一位总工程师，他领导"海底2.0"（Subsea 2.0）项目的开发，这个产品的目标是不但是一个公司的变革，而且还包含了整个工业界。为项目订立目标很容易：尺寸大小减半，零部件数目减半，重量减半，成本减半。这些会成为一个崭新的运营管理的基础，但是，想要完成这个挑战一点也不容易。

技术和工程团队应用了许多 LPPD 工具和方法。其中对开发海底 2.0 最重要的是：总工程师，概念报告，大部屋管理体系，多方案并行工程和权衡曲线。

（1）总工程师　除了拉布斯担任所有项目的总工程师外，每一个子系统各指派一位总工程师。这个做法的结果未能尽如人意，因为技术和工程团队没有来得及营造一个让这个角色成功的环境或景况。后来，一些内部的专家们有所抵触情绪，这些人不了解团队想要完成的事情及总工程师这个角色和担负的责任。此外，与生产和市场行销部门的互动也需要改进。不过，领导层对拉布斯有非常明确的期待，和对他和子系统的总工程师们始终如一的支持。最后，技术和工程团队宣告总工程师的试验是一项重大的成功，没有总工程师这个项目不可能完成。总工程师对项目的成功负完全的责任，一个以产品为中心的心态对总工程师成功与否至关重要。

（2）概念报告 拉布斯最初以一份概念报告为项目的愿景做澄清和统一思想的工作。他发现这份报告的第一个好处是帮助他厘清对项目的思路，指出他逻辑上的漏洞和愿景中的冲突之处。他使用它来更明晰地理解和沟通公司目前所处状态的急迫性——而且解释了"为什么"。报告中除了愿景和目前状态外，还建立目标，设定全球的时间表，并且指定世界各地工程中心的设计任务。概念报告也用来帮助和生产部门的连接，因为生产将需要显著地改变工艺来完成团队的目标。横跨整个团队的一些极困难但是必须进行的讨论也通过这个报告开展，它界定范围和功能要求，扮演着合约的角色。因此，拉布斯得以向前迈进，再也没有在最后时刻，或由上而下改变的状况发生；它为团队创造了一个"真北"来度量表现；它基本上完全地消除了团队在项目后期提出"偏离申请"的要求。

（3）大部屋管理体系 团队需要一个高层次的透明度、协作和快速的决策，这在过去是不可能的事。于是团队成员们同意参访位于密歇根州荷兰城的赫曼米勒（Herman Miller）公司。这让他们豁然开朗。他们不光见证了大部屋系统的实际运作，也学习了如何更有效地使用里程碑来管理项目。成员们回到巴西之后满腔热忱地应用其在密歇根州所学。大部屋系统彻底改变了团队如何在一起工作的方式。同样的，TechnipFMC 也在其他的工程中心建立了大部屋系统。根据拉布斯的说法：

当从零开始建立一个新系统时，各种针对系统、子系统和组件的测试必须极快速地进行，而且覆盖范围内所有的可能性，权衡发生于结构上的决定。除此之外，大部屋系统使所有团队成员们深入了解并对其系统内最有价值的特征达成共识，他们必须以工作成果的交付来支持它。大部屋管理系统显著地改进了流程——尤其是来自于如长篇小说般的项目本质、开发流程中许多团队必须面对和处理的未知，以及必须学习的教训。

（4）多方案并行工程（SBCE）和权衡曲线 这些做法和具目标性的快速原型开发相互结合实施，使团队能够探寻许多可供选择的方案，并了解这些方案的影响。用这种方法，团队成员可以辨别那些技术公司必须要投资的项目，也得知根据各种不同的配置，整体系统会是什么样子。拉布斯和库托对整个流程的叙述如下：

流程从总工程师锁定界限、限制和可变因素开始，例如材料强度、扭力和其他机械性质（如摩擦、公差和产品架构）。然后总工程师和跨职能部门的团队进行头脑风暴来激发不同的设计概念。团队随后建立一个"取消选择"（de-selection）的流程，将所有的概念排序，其中已被证实不可行，或排名非常低的迅速被排除，直到概念的数目达到一个可以管理的程度。流程继续进行，经过每一轮"取消选择"之后，留下的概念逐渐增加其工程的分量。随着有关概念的知识被开发，团队的想法也不断地演化。流程进行过程中，新概念经由已存在概念的"异花受粉"而诞生的情况并非不寻常。

一旦可选项减低到 3~5 个，团队就会开始进行仔细的评估每一个概念如何对之前叙述的可变因素的改变做出反应。这是一个紧张的过程，因为每一个概念都必须进行计算机模拟和／或实体原型制作，然后根据问题相应地做设计的调整。在这个过程之中，团队观察到某些概念对其中一个可变因素相较之下更敏感一些，此外，他们确认哪一个概念会交付最大的利益，以及设计上的改进已经到达定点，再改进也不会增加设计的价值。这些知识在权衡曲线的图表上标示出来，以视觉的方式来沟通每一个概念的整体设计效率，显示它如何受到全范围可变因素的影响。团队对于这些曲线能够很好地沟通一套复杂的技术关系感到非常惊奇。事实上，一位总工程师约翰·考尔德曾经评论："权衡曲线是对一个庞大工作的简单、优雅和强有力的描述——类似爱因斯坦的 $E=MC^2$。"

这不是短跑冲刺，而是一个漫长而艰苦的流程。团队开始的时候无法预期海底 2.0 项目（包含多个复杂而同时进行的开发项目）的结果将会如何。多方案并行工程（SBCE）和权衡曲线是团队能力的中心点，用来开发一个具颠覆性的系统，如果不采用这些方法，团队是绝对不能完整地探究设计空间的。进入测试之后，设计的微调周期时间很长，这是一种确认，无论你对设计有多大信心，只有等到测试完成的时候，才可以宣告胜利，所有知识才完全被掌握。

团队完成了重量减半、尺寸大小减半和零部件数目减半的目标，而且显著地降低了价格点；图 7.3 所示为传统歧管与海底 2.0 歧管的对比。团队还准时、按成本地完成项目，预测未来订单的交付前置时间可以减少三分之一。最棒的是，团队喜爱这样的工作方式！现在，TechnipFMC 正在向全球的公司扩散这个设计理念和做法。

还有，团队不但准时完成目标，还为公司创造了一个明显的竞争优势和新开发的流程系统。投资者和分析师们都注意到了。库托将突破性产品和新方法向一群外界的分析师们做介绍，结果是公司股票从"持有"升级到"购买",股票价格立马蹿升3个百分点。Tudor,Pickering,Holt & Co.的总经理拜伦·普伯,写下其中之一的好评:

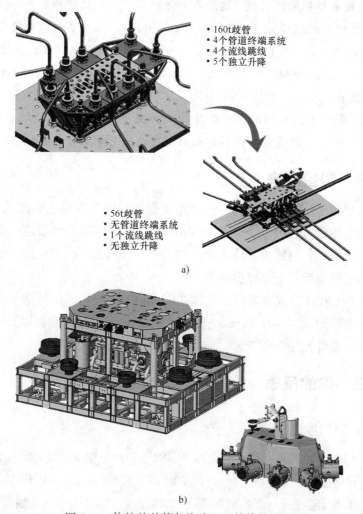

图 7.3 传统的歧管与海底 2.0 歧管的对比
a)构造的对比 b)功能相同,但大小和重量减半

眼见为实。我们非常喜欢分析师日那一天的所见和所闻。TechnipFMC 分析师日这一天,公司展示了彻底的令人信服的再思考,对于探勘和生产(E&P)的顾客来说,在改善离岸和海底项目的经济效益方面有极大的幅度。它促成了公司海底系统(FTI's "海底 2.0")构成和功能方面的改进和贡献。这预示着,在 2018 年以后被批准的海底项目将最终复兴。海底 2.0 的精髓和为什么它是众所周知的游戏改变者……试着去减少 50%+ 的尺寸大小、重

量和零部件数量，如海底生产系统的关键要素（树、歧管等）。诸如此类的创新让我们信心大增。证实来临的时刻让人眼前一亮，在我们分组参观公司的创新&技术陈列室的时候（这是我们近距离……不允许拍照……短暂地查看海底2.0的关键组件），我们得知，TechnipFMC领导层向组织提出从不同的角度思考的挑战，时间点远在最近的油田服务工业开始严重衰退之前。

的确，TechnipFMC团队设计了未来。库托如此描述TechnipFMC在LPPD的经验：

LPPD是让我们找到颠覆性改变的一个关键。而且远远超越初见激情，我们学习得越多，激情就越强烈。我们现在无法想象没有它要如何工作。

7.8 展望未来

你的产品（无论是实体的，软件还是服务）体现你为顾客创造的价值。任何行业之中最好的公司，像TechnipFMC，都会驱动去理解这个价值。他们不断追求卓越，持续改善这个价值的交付。公司若不追求完美，很快就会发现他们已经落后且无足轻重。

我们的LPPD模式的根基，就像TechnipFMC公司系统所揭示的，早已在丰田中牢固地体现。在下一章中，我们将探讨丰田长久以来如何经由产品和流程开发设计汽车业的未来，如何时至今日地持续这么做。

7.9 你的反思

7.9.1 创造愿景

如果你在开发人才、基础设施和之前叙述的六个原则的精益流程方面下功夫，那你已经走上一个正轨，有非常好的产品，能准时交付，做到预算之内的成本管理。但是想要更上一层地追求产品的卓越，必须以人为本，来创造一个追求卓越的文化。这一章我们聚焦追求产品的完美——一个很难捉摸的追求，但却是下一个层次产品卓越的秘密。它很难度量，很难以方法或行动来指示，但当你看到它时，你就会知道。我们曾经议论过下面这些达到产品卓越的条件：

- 追求卓越的激情存在于你所有员工的心思和意念之中。
- 制作工艺的精神，以完成难以置信和极困难的产品获得深入内心的快乐；同时交付给顾客无与伦比的体验。
- 与顾客在情感上的联结。
- 产品或服务中可度量的特征具有"世界最好的"（BIW）的要求。

- 评审和分享制作工艺的方法和论坛。
- 世界级可靠性的度量。
- 积极主动防范问题。
- 狂热地使用所有最好的质量方法。
- 环境可持续的设计。
- 以一种对有效率设计的执着来交付最高的价值。

你认为这个的愿景符合你公司的需要吗？你会如何修改这个愿景来更贴切地符合你所说的状态？

7.9.2 你目前的状况

1）你的员工投身于创造卓越的产品吗？你做了哪些努力去建立一个环境来鼓励卓越的产品？你还能够多做些什么？

2）你用设计来差异化你的产品并和顾客形成紧密联结了吗？

3）制作工艺是否增强了顾客对你产品的体验，沟通着"制作精美"？你还如何能够改进它？

4）你产品或服务的可靠性是你的竞争优势吗？你已经采取了什么行动来改进它的表现？

5）你在努力地解决产品设计的效率，将浪费从产品和价值流中消除吗？你能够采取什么行动来改进？

7.9.3 采取行动

1）聚集两三个来自跨职能部门，不同层级群组的人，一起辨认任何阻碍你的组织创造追求卓越文化的障碍。考虑其对策并且优先排序。

2）组织一个跨职能部门的产品拆解活动，比较你和最佳竞争对手的产品。如果需要，可以看看别的行业。获取来自设计、产品工程、生产部门和供应商的意见。依据以上四个分类掌握改进的机会，制订其改进对策并且优先排序。

参考文献

1. James P. Womack and Daniel T. Jones, *Lean Thinking*, Simon & Schuster, New York, 1996.
2. Robert M. Pirsig, *Zen and the Art of Motorcycle Maintenance*, William Morrow and Company, New York, 1974.
3. Thomas J. Peters and Robert H. Waterman, *In Search of Excellence*,

Warner Books, New York, 1982.
4. Richard Sennett, *The Craftsman,* Yale University Press, New Haven, CT, 2009.
5. Peters and Waterman, *In Search of Excellence.*
6. Donald A. Norman, *The Design of Everday Things,* Basic Books, New York, 1988.
7. Walter Isaacson, "How Steve Jobs' Love of Simplicity Fueled a Design Revolution," *Smithsonian,* September 2012.
8. Ibid.
9. "Jonathan Ive, Celebrating 25 Years of Design," Design Museum, 2007.
10. Jonathan Ive, *Innovation Excellence* post, which accompanied "Jonathon Ive, Celebrating 25 Years of Design."
11. Robert Waugh, "How Did a British Polytechnic Graduate Become the Design Genius Behind £200 Billion Apple?" *Daily Mail,* March 19, 2011.
12. Sennett, *The Craftsman.*
13. Matthew B. Crawford, *Shop Class as Soulcraft,* Penguin Press, New York, 2009.
14. katrinafurnitureproject.org.
15. Phoebe Wall Howard, "Consumer Reports: Toyota Tops for Reliability—and Cadillac Is Last," *Detroit Free Press,* October 19, 2017.
16. Thomas A. Stewart and Anand P. Raman, "Lesson's from Toyota's Long Drive," *Harvard Business Review,* July–August 2007.
17. "Consumer Reports' Reliability History: A Look Back at Our Survey Results over the Years," *Consumer Reports,* updated October 2017.
18. James. M. Morgan and Jeffrey K. Liker, *The Toyota Product Development System,* Productivity Press, New York, 2006.
19. Tatsuhiko Yoshimura, *Toyota Styled Mizenboushi Method—GD3 Preventative Measures—How to Prevent a Problem Before It Occurs,* JUSE Press Ltd., Tokyo, 2002.
20. Explanation of GD3 phases is based on Yoshimura, *Toyota Styled Mizenboushi Method*; a presentation by Yoshimura; discussions with Toyota; and James McLeish and William Haughey, "Introduction to Japanese Style Mizenboushi Methods for Preventing Problems Before They Occur," a white paper published by DfR Solutions.
21. Mark Dolsen, Eric Legary, and Murray Phillips, "Mizen Boushi in Mass Production," IEOM Society International, September 2016.
22. Jim Womack, "Jim Womack Drives the Toyota Mirai and Talks Lean and Green," *Planet Lean,* June 28, 2017.
23. Travis Hoium, "The 5 Best-Selling Electric Cars of 2017," The

Motley Fool, Yahoo! Finance, December 30, 2017.
24. "COMEX Hyperbaric Experimental Centre," Comex SA, 2004.
25. "World Total Primary Energy Supply (TPES) by Fuel; 1973 and 2015 Fuel Shares of TPES," Key World Energy Statistics, International Energy Agency, September 2017.
26. Extracted from Tudor Pickering analyst report upgrading TechnipFMC stock, dated November 29, 2017.

Designing the Future

第8章 战略+执行以设计未来——特斯拉和丰田的比较

> 没有什么是无法做到的。如果你有什么做不到，那是因为你还不够努力。
>
> ——丰田佐吉

8.1 航向运输的未来

哪些汽车公司会在即将来临的世代中存活，成为21世纪的福特或梅赛德斯-奔驰？哪些会像斯图贝克（Studebaker）或帕卡德（Packard）一般的凋零？运输的未来正在迅速地展开，战略路线被规划出来——引起混乱的技术在一边，经验和卓越运营在另外一边。但事情并不总是如它们表面所显示的，依然有许多值得学习的教训——在汽车行业和其他行业中，正如这场工业变革所上演的那样。

这个工业变革提供了一个极好的研究案例，来观察战略、产品开发和卓越运营之间的关系。战略指引所有产品开发努力的方向。让人振奋的是，标新立异的企业家挑战既定的行业，并且获胜，如同大卫（David）与巨人歌利亚（Goliath）的对抗。行业的后起之秀的大胆具颠覆性的战略，足以克服新手在执行方面的短板吗？本书中的LPPD原则能否应用在一个快速改变的世界中？就像本书开始的时候指出的，我们相信这个答案是一个短期和长期视角的问题。短期内适用的突破性技术可以获胜，但是就长远而言，可持续的竞争优势来自联结深思熟虑的战略，以及开发和交付优秀的产品。

威胁传统汽车业的主要颠覆性的力量是电子技术，包含产品和工艺两者。自动驾驶电动车、网络约车，甚至完全自动工厂被认为是未来运输的一个大转变，就像从马和轻便小马车到汽车的转变一样。特斯拉成为一个亮眼的偶像，正在向未来冲锋。首席执行长埃隆·马斯克的愿景是自动驾驶车辆，使用特斯拉超级工厂生产的电池，用特斯拉太阳能技术为电池充电，特斯拉已经被许多人认为是汽车行业的伟大颠覆者——就像亚马逊（Amazon）和优步（Uber）一样。将特斯拉 Roadster 跑车送进太空的特技表演可以提升对形象的信心。但是从启动到成为汽车行业的龙头，这是一条漫长而且颠簸的路。

蒙罗联合公司（Munro & Associates Inc.）将一部特斯拉 Model 3 拆解成组件，发现了许多质量问题，例如，必须用双手才能够打开车门；车身板块远远不合规格，造成严重的齐平度和光洁度问题。很棒的产品但是恶劣的执行成为特斯拉的名片。首席执行长桑迪·蒙罗（Sandy Munro）研究拆解后的车，说道："如果我们看这里，我几乎无法将指甲放进去……然后再看这里，我几乎可以将大拇指放进去。这，这是非常不寻常的；这部车的尺寸链公差叠加程度是我完全没有见过的。从 20 世纪 70 年代以来就没有见过。我实在不了解这部车是如何过关的。"

特斯拉 Model S 的问世造成极大的冲击。全电力的车子让许多早期接触的人们感到激动，行业分析家将之视为一个具颠覆性的产品设计。2017 年 7 月，埃隆·马斯克充满活力的性格和 Model S 的早期成功使得特斯拉的股票价格一飞冲天，其市值在行业中超越福特，紧追龙头老大通用之后。另一个大的跨步，是降了价格之后但仍然昂贵的 Model 3 量产。到了 2018 年 2 月，特斯拉已经延误了许多 Model 3 的交付日期。生产延误一再发生，因为生产线无法运作，仅仅生产了少量用"手工"制造的车。随后生产电池的特斯拉超级工厂，由于供应商零部件问题也有生产延误的现象，造成 Model 3 生产的困难。

彭博新闻克雷格·特鲁德尔（Craig Trudell）报道埃隆·马斯克做了三个主要的承诺，却失信无法交付：

从西岸到东岸自动驾驶的巡航

马斯克在 2016 年 10 月曾说，公司计划在去年（2016）底以前完成一趟从洛杉矶到纽约的旅程，全程"无须以手碰触"方向盘，来示范自动驾驶的能力。特斯拉承诺驾驶员辅助系统最后能够完全自主。

这件事没有取得进展。2 月时，马斯克说特斯拉会在 3~6 个月后尝试这

第8章
战略+执行以设计未来——特斯拉和丰田的比较

段旅程。

产品上市失败（未能准时）

特斯拉推出的每一款新车都是进度落后。第一款车 Roadster 在 2008 年 3 月来临，延迟了 9 个月。Model S 在 2012 年 6 月问世，较马斯克的目标晚了 6 个月，Model X 则晚了两年在 2015 年 9 月上市。

同样的，Model 3 也远远晚于特斯拉的博客 2006 年 8 月所公布的马斯克有名的"总计划"预计的出厂时间。他当时说，有一款比较容易负担得起的车型，约只有 Roadster 价格——89000 美元的一半，将会是特斯拉的第二款车型。

这位首席执行长将 Model 3 的车钥匙交到顾客手中时是在 2017 年 7 月，价格在 35000 美元，但早些时候价格更高一些。

令人烦恼的产量

马斯克 2016 年 5 月告诉分析师，特斯拉计划在 2017 年下半年生产 10 万～20 万辆 Model 3……2017 年 5 月该公司预测在年底之前，每周将生产 5000 辆车。随后，这个目标又被推到 3 个月之后。

你或许期待由于高度的自动化，特斯拉对劳力的需求会少于传统的汽车厂家。然而，一位记者报道："工厂里有'比造车实际需要多一倍的劳动力'，一位已离职高级员工说道。去年（2018 年），大约一万名工厂员工制造 10 万辆车，特斯拉的弗里蒙特工厂每一位员工约生产 10 部车子，这个工厂在之前通用和丰田的合资企业时代，每位员工生产不少于 26 部车（最多时达到每人 74 部车）。"这还是在 5 月特斯拉的报告之前，它们需要雇用更多的操作员来每周生产 5000 部 Model X。

每个月特斯拉的损失都更加恶化。AutoWeek 在 2017 年 11 月报道，特斯拉每分钟损失 8 千美元，每季花费 10 亿美元，2017 全年销售 5 万辆车（相当于大汽车公司的单一低销售量的车型）。尽管如此，2018 年初投资者继续排队购买特斯拉的股票；顾客依旧付定金预约购买 Model 3，他们可能在 2019 年才会收到车；一些公司提前付费预订特斯拉仍旧在概念车阶段的电力超重型卡车。2018 年 6 月特斯拉架起帐篷，很快地组装另一条生产线，总算达到了每周 5000 辆车的产量。

特斯拉的真实情况完全违背我们的忠告，例如，质量内建的设计，精准的执行，面向制造的设计，设计出每一分钱的成本。我们也认为 LPPD 需要横跨整个企业有效的沟通和协调，包含外部的供应商。在启动阶段与外部供应商一起合作是特斯拉的一个弱点。CNBC 曾经报道："根据数位现任和已离职的特斯拉工程师所说,特斯拉正处于一个困局,由来自供应商的大量不良品或损坏的零部件造成,且已送交一部分给本地的机械车间做返工的修理。公司也说从供应商收到货品之后,它们还对一些零部件的设计做了调整。"Model 3 生产的最大瓶颈之一是内部供应商的电池超级工厂。"特斯拉说目前没有影响生产进度的问题。相反的,过于依赖自动化和新的生产方法已经产生如银河繁星一般的小问题,必须一一加以解决。"

按理说,特斯拉正在经历成长的痛苦,作为一家初创企业进入一个新的技术领域,特斯拉将会想出解决的办法。虽然已经入行 15 年不像是一家初创公司了。有人认为,电动车的组件比较少,会比较容易制造,任何人都可以做,尤其是当 3D 打印车身可以实现之后。这引出了一个有趣的问题——难道一个大胆的具有颠覆性技术的愿景能够赢过有效率的执行和成本吗?大多数汽车业的公司好像是在黑暗时代中,它们要被看起来较超前的汽车新兴公司如特斯拉、Waymo、优步所取代吗?传统的汽车公司会走向没落吗?

公司战略权威迈克尔·波特(Michael Porter)在 1996《哈佛商业评论》文章中警告:"卓越运营不是一个战略。"他又警告说,日本公司正在螺旋下降式地迈向衰落:"日本式竞争的危险现在变得较容易识别。20 世纪 80 年代,当竞争对手的生产效率远远落后时,在成本和质量方面的无限期胜出比较有可能……但是当运营成效的差异减小时,日本公司正在逐渐地陷入它们自己做的局之中。如果它们想要逃离这个对双方都具有破坏性的竞争,日本公司必须学习战略。"

我们执笔时,已经时隔波特预言日本汽车业者必须学习战略有 20 余年,日本汽车业者无疑的有大的挣扎。日产在破产边缘时被雷诺接收,马自达、斯巴鲁、铃木和三菱都被接收了;本田较多元化,相对比较健康;丰田依旧很强劲。虽然波特认为一个深思熟虑的战略要在前指引路途,但是他并没有提议将运营成效丢开。事实上,他忠告公司要将战略和运营成效相互结合。关键在于有独特的产品,以及一系列独特的做法能够和战略对口,以达到竞争的优势。我们相信丰田的历史一直是如此,这和丰田对未来的做法非常贴合。

8.2　丰田是一个颠覆者吗?

丰田作为行业颠覆者的历史从 20 世纪 70 年代就开始了,它引进高质量、省油、低成本的汽车,完全地改变了顾客的期望,震撼了汽车制造业,迫使整个行业做出戏剧性的改变。当时欧洲和美国的汽车公司想找出丰田是如何做到这一点的,结果他们发现了从二战以来不断完善的丰田生产方式(TPS)。TPS 的工具很容易仿效实施,但是它蕴含的驱动力和理念却不容易模仿。接着,丰田冒险进入豪华车市场创造了一个新品牌——雷克萨斯。最早的雷克萨斯车在 1989 年问世,它的开发打破了行业的规范,以迷人的造型实现空气动力学,马力足,燃油经济性高,噪声和震动小,以领先行业的成本实现了更高质量。丰田扰乱了欧洲豪华车的现状,设定并提升了标准,三年之内领先豪华车的销售量,几乎使北美的豪华车品牌黯然失色。然后在 1997 年,早在汽车业界的大多数考虑为环境可持续性而设计之前,第一部油电混合动力车——普锐斯从丰田驶出。在普锐斯这部车中,丰田设计的产品创造了前所未有的需求,迫使行业其他公司跟随其领先地位。最近,因应一个"氢动力社会"的未来车(Mirai),以及为它提供动力的固态电池技术研究的正式导入,丰田继续通过其学习方法和新产品的流程开发,来突破传统思维的界限。

我们认为自从丰田章男就任总裁之后,丰田学习了更多"创造性思维"的思考方式,并采用大胆的战略,最明显的证据是领先行业在自动驾驶与互联车辆技术的投资。单就软件而言,丰田已经投资数十亿为无人驾驶车辆开发人工智能软件,寻求成为全球的领导者——在丰田内部以自己的方式进行。不过,当检视丰田 2018 年的车辆阵容,谈到未来的运输模式时,人们可以合理地质疑它是否正走在领先的路上,或甚至只是跟上而已。丰田的名言是"谨慎承诺,超额交付。"你不大可能听到丰田吹嘘它先进的互联运输技术,但是我们很怀疑,数十亿美元的投资和以往丰田研发资金获得大量回报的历史,是否将使丰田保持在最前沿。

根据马斯克所说,汽车业的未来很明确,而且只有一种解决方案:自动驾驶,使用可再生能源的各种类型和大小的电动汽车,随时随地打车到你想去的地方,不必拥有和操作自己的车。老旧的耗油发动机和它们复杂的排放控制网是旧时代的恐龙。电动车大大地简化了传动系统的设计和制造,也降低了进入汽车业的门槛——这是许多高科技公司声称它们将制造电动车的一个原因。

我们和整个行业都同意,传统的运输业正在达成一个主要的颠覆,导向是环保、自动驾驶、可再生能源,以及新的商业模式。在我们执笔写书的时候,自动驾驶车辆已经上路了,而且会陆续的上线,会得到更多媒体的关注。对于每一个竞争者来说,有关战略的问题是,我们该如何计划一个过渡期以到达这个新世界,并得取竞争优势?开始进行战略规划时第一个要回答的问题是，什么时候？公司必须对未来做预测，预报这个新时代的车辆什么时候会主宰市场。这是一个长期预测，意思是它一定会是不准确的，但还是要做最佳的揣测。我们相信，而且丰田也认同的是，自动驾驶和电动车辆的主宰销售的愿景，还需要数十年才会达到，而不是数年。下面我们解释原因：

1）改变很少是简单、线性和可预测的。互联网公司泡沫和它壮观的陨落现在成了传奇。ATT和NCR互联网在1991年上线。这个泡沫在1995—2000年期间迅速成长，2001年爆裂，许多泡沫公司破产，损失高达70%~80%的价值。回顾2002年，我们可能会说互联网是一个大的迷思，预测互联网将改变一切（实体商店将彻底消失）的人们感到失望。然而现在，互联网已经改变了一切，实体商店正在面临巨大威胁。它的发生比预期要长久一些，大约20年，但是距离互联网预言家的极端愿景还很远。

2）接受新技术需要时间。一般总会有早期的接纳者，但是大多数人不会很容易地改变习惯，接受自动驾驶和互联网打车成为常态将需要时间。我们和许多人谈话，他们对使用智能手机招呼打车，让在附近的机器人开车送他们到任何地点的主意感到激动不已。同样这些人也说："我不信任这些机器人和汽车载着我的小孩以70mile（113km）的时速奔驰。"

对未知的恐惧很自然。媒体将恐惧袭向平凡的人们，他们宣称丰田车辆被计算机接管，加速失控，即使这是一个荒诞的说法也会影响人们。自动驾驶车辆的每一次撞车都引起媒体的密切关注和调查。克服自动驾驶出岔子的恐惧需要时间。多数的分析家预测，起始点将会是限制自动驾驶车辆行驶于城市区域内为该类型车辆专门配备的特定道路上。而互联网打车属于大众运输的一种，特别是在美国，大众从来就没有强烈地接受过公共运输，因为美国人民崇尚独立和掌控。美国人喜欢车辆停在住家旁边，随时想用就用。许多人们喜爱他们的车子作为身份的象征。这些可能会改变，但是不会来得太快或太容易。

3）普通市民不会轻易放弃他们的汽油动力汽车。各汽车制造商已经做出承诺，在一定的期限内放弃纯汽油动力汽车，只卖电动汽车，譬如说在2030年。我们假设这将会发生，所以2025年时依然在销售汽油动力汽车。人们可能使用目前拥有的车子一段时间，至少10年。如此汽油动力车辆在路上至少会一直到2035年，或者更晚。实际上，在2025年以后，只要世界上的某地还有需求，汽车制造商们将会继续卖汽油动力或者油电混合动力汽车。

4）电气化意味着不仅仅是纯电池驱动的车辆。许多汽车制造商已经承诺在某个期限之前停止销售汽油动力车辆。丰田承诺在"2025年前后"车辆阵容之中，每一款车型都会有电动型。但是，丰田预测纯电动汽车仍旧是一个少数派，主要集中在城区中心内的短距离行驶。最主要的是，丰田期待它在2025年以前，将会销售油电混合动力和充电式混合动力汽车。它预测从长远来看，城市中心范围之内的电动车和长距离行驶的氢燃料电池车的需求会日益增加，除此之外，更大更重型的车辆则需要非常昂贵的电池组。稍后再详谈。

汽车研究中心（CAR）同意我们的展望，它在2018年初预测："电动汽车和自动驾驶将在数十年内不会被广为接纳。"在针对行业专家们做了一项预测未来的问卷调查之后，CAR预期："在2030年之前，第四和第五级自动驾驶车辆的销售量将少于新车销售的4%，不过，到2040年时这个数字会稳定地增加到55%左右。"研究中心预测，2030年之前替代动力系统车辆，包含电池动力电动车和燃料电池车，将占据8%的市场。那意味着市场的92%仍然将会是汽油动力和混合动力的车辆。到2030年时将有很多的电动汽车，到2040年时将有许多自动驾驶汽车，但是，这绝对不是许多汽车界专家所预期的那种立即的行业混乱。根据这项预测，主要的汽车公司如果准备在10年内放弃汽油动力或混合动力传动系统的车辆，将会有极大的麻烦。虽然它只是一个预测而已……但肯定会让你思考。这或可帮助解释为什么丰田在2018年宣布，它开发了世界上最高热效率的2.0L汽油发动机，降低排放至少18%。如果汽油发动机将成为历史，为什么还要这么麻烦呢？答案是丰田相信它将会继续销售汽油发动机多年，无论是唯一动力来源，还是混合动力的一部分，届时将有足够的时间来判断投资的合理性，同时公司所学到的知识将有助于它开发新的电动汽车。

8.3　比较特斯拉和丰田的战略愿景和运营理念

8.3.1　以战略为导向

一个真理是我们不能确定未来。我们所相信的是，丰田的思维方式是一个强有力的模型，可以灵活地通过一条毫无疑问的崎岖不平之路进入未来。丰田的战略愿景和实现方法与马斯克形成了鲜明的对比，这两者之间的区别能够提供很有用的信息。我们做这个比较不是为了把丰田作为模型而把特斯拉作为一个警示故事，更确切地说，这些差异说明了相互竞争的战略性运营理念越来越普遍——"大爆炸"颠覆者基于一个新的理念，对抗当前的行业领导者，这位领导者一贯地交付价值，以审慎的步伐迈向未来。两者对于终点的长期观点可能是相同的（在这种情况下，他们的概要是相同的，细节则不同），我们对如何到达那里的途径感兴趣。下面让我们研究他们的做法。

8.3.2 特斯拉的颠覆者愿景

我们以简化的图示（见图 8.1）来解释马斯克对特斯拉车辆的愿景（特斯拉也生产电池、太阳能电池板和独立的发电系统）。目前的状态是，特斯拉已经展示了它的突破性的电动车产品 Model S、Model X 和 Model 3，还有一款超重型卡车原型车。在执笔写书之时，它们全部具备"自动驾驶"的功能，这是属于第二级（总共有五级）自动驾驶，也就是必须在驾驶人的控制之下。我们无法区分特斯拉的中期和长期的目标因为我们无法辨别差异。特斯拉非凡的愿景是高效能的电动车结合完全的自动驾驶能力。

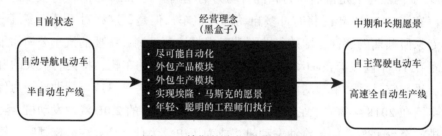

图 8.1　特斯拉大爆炸战略愿景

波特教导我们，战略很关键的一部分是支持它的独特做法。马斯克似乎认识到了这一点。事实上，他宣称他真正的愿景不是汽车，而是他将如何制造这些汽车，在高度自动化的工厂以比传统工厂更快的速度生产。2018 年 2 月 7 日，他在向股东发出的盈利通知中为股东们解释："特斯拉长远的竞争强项将不是汽车而是工厂。我们将工厂产品化……Model T 不是产品，而是胭脂河工厂（River Rouge）。我们将会有一个优良的产品。但是，工厂将是具有长期持续竞争优势的产品。"

最近和约翰·舒克针对这个话题的一次谈话中，他澄清了胭脂河工厂的历史，以及丰田的贡献：

亨利·福特在一个多世纪以前弄清楚了这一点（流动的原则）。但是，那是一个简单的例子，实现高速生产（像目前马斯克所追求的）相对简单。产品简单，更重要的是它们都一样。一旦加入复杂性（以产品类型和选项的形式，以及更复杂的技术如电子技术），亨利的简单系统就出故障了。在高地公园工厂（Highl and Park）的初步尝试运作良好，但是当他在胭脂河工厂扩大规模生产时，事实证明那是一场灾难，增加复杂性而系统无法胜任。半个世纪之后丰田来到，并且弄清楚了这个公式中的下一个必要部分，在混合车型生产的复杂性之中，如何增加速度，同时做到内建质量。

特斯拉尝试扩大规模快速地迈向胭脂河工厂的理想愿景，会重复亨利·福特的不幸吗？2018年初，特斯拉显现的致命伤是它面向制造的设计和执行能力。然而准确地说，这正是该公司想要与拥有数十年制造经验的传统汽车制造商竞争之处。马斯克解释："最根本的区别在于将工厂真正视为一种产品，一种在很大程度上垂直整合的产品。"总技术官J.B.斯特劳贝尔（J.B. Straubel）补充道："特斯拉把它更多地看成是一个工程和技术问题。"马斯克展望世界上最自动化的汽车工厂，那里物料运送、制造和组装的完成没有人为干预。他的生产线将比传统的手动组装线更快，他嘲弄道："老祖母用助行架也能够超越最快的生产线的速度。"

我们喜欢斯特劳贝尔的观点，将未来的生产系统想成一个设计问题，但我们将以LPPD的视角来审视它。回顾设计流程中的前期加载原则和使用多方案并行工程。特斯拉似乎跌进了陷阱之中，跳进一个全赢或全输的解决方案，略过任何严肃的分析或尝试去探索方案的空间——电动车是好的，氢燃料电池不好；自动化工厂是好的，手工作业工厂是老派的。在考虑未来工厂的设计要求时，有一个基本的设计问题。这纯粹只是一个技术性的设计问题，如斯特劳贝尔所说的，或者，这是一个社会技术体系方面（sociotechnical）的设计问题？谁将控制每天的自动化作业？谁将对问题做出回应？如何做？谁将改进技术？我们提交的答案是"人们"，在一个复杂的自动化环境中，对有积极性、敬业精神和有能力的人们的需求会更大。

史蒂文·圣安吉洛（Steven St. Angelo）是丰田拉丁美洲和加勒比海地区的资深总经理和首席执行长。他回忆在20世纪80年代，当时他还是通用汽车公司的年轻工程师，他记得首席执行长罗杰·史密斯（Roger Smith）也曾经讲过类似大胆的话。讽刺的是，在那同时，史密斯同意和丰田办合资企业新联合汽车制造公司——在当时是北美最有效益的工厂，而且没有多少自动化生产。正当新联合汽车制造公司成功的时候，史密斯花费数十亿美金和机器人制造商发那科（Fanuc）成立合资企业，购买电子数据系统公司（EDS），以及投资他的愿景，一个完全自动化，关灯作业没有人员的工厂。圣安吉洛回忆："他（史密斯）想用自动化将通用从问题之中解脱出来。真是一场灾难。我拥有许多自动化的专利，我学到如果你不能以手工操作……那你也无法应用机器人来做。而且，所有的自动化在实验室的环境中都运作良好，但是，当你加入变异的因素时，那又是一番新的情况。"

特斯拉超级自动化生产线依赖雇用大量聪明的年轻工程师，他们从来没有在一起工作过，特斯拉为他们提供所需产品和工艺特性的自上而下的愿景，强烈要求他们设计和构建它。同时，它还取决于大量购买的产品子系统，和来自内部和外部供应商的可立即使用的生产线。谈到特斯拉的电池超级工厂，马斯克称迄今的经验是"生产地狱"。但是他在股东盈利通知中向投资者保证，援助已经在半路上了，德国自动化公司会交付一个完美的系统，只要接上电源，立刻发挥到极致："我们期待新的自动化生产线在下个月（3月）的时候抵达，然后它就准备好了——一直就是如此的，它在德国的时候就运作良好。所以，它将被拆解，运到超级工厂后重新组装，然后在超级工厂启用生产。问题不在于它能不能用。只是一个拆解、运输和重新组装的问题。"

实在很讽刺，特斯拉接管这个工厂曾经是属于新联合汽车制造公司的，一个丰田生产方式（TPS）的偶像。在特斯拉生产的早期，丰田曾经派遣资深人员来帮忙。然而，特斯拉生产愿景有许多和 TPS 完全背道而驰：花费大量的资金来实现一切可能的自动化。依靠雇用许多工程师来让它成功，而不是从内部精心培养人才。修理质量而不是在设计和制造中内建质量。目标是一个超快的组装线，而不是依照顾客的需求（节拍）生产。请注意，人们持续改善的想法似乎没有出现在特斯拉的行动手册中。它似乎是一种由机器范式，而不是由生命系统范式而产生的愿景。有趣的是，在超级工厂的"生产地狱"中，马斯克对人们在危机管理中的价值发出了一些赞赏："它在某种程度上重新唤起了我对人性的信念，在进步的快速演变中，人们迅速适应的能力是非常了不起的。"

一周又一周的过去，特斯拉重复地错失 Model 3 的生产目标，埃隆·马斯克花更多的时间在工厂内，甚至睡在一间会议室里。他宣称接近行动点使他快速地看出问题，然后出动帮助解决问题。也许在生产现场的这种紧张的经历唤醒了一些新的想法，因为突然间马斯克谈到了公司使用太多的自动化、太多的机器人，人们的价值被忽视了。他说公司需要更多的人，少一些机器人。在 CBS 节目《今天早晨》的访谈中，马斯克被问到特斯拉所经历的"生产地狱"的产生原因。他解释公司"自满于一些我们认为是核心技术的东西。我们一次性在 Model 3 中投入了太多的技术。应该分阶段来做的。"他还承认,一套复杂的能够自动将零部件送到使用点的输送机的概念并不是什么好主意。"我们有这个疯狂复杂的传送带网络。但它不起作用。所以我们将它们全拆掉了。"听起来他好像已经开始发觉这本书中谈论的 LPPD 原则的重要性。

我们不知道特斯拉最终会是一个挣扎的企业,还是极其地成功。有趣的是,特斯拉的愿景和做法我们已经看了太多。很明显的,马斯克博得许多投资者的喝彩,他们把钱包都押在他身上。他的形象是一个有着大胆颠覆性愿景的强大企业家,愿意冒险并坚持到实现自己的愿景为止。毕竟像微软、苹果、亚马逊和脸书都是如此做的。马斯克的贝宝公司(PayPal)也是如此做的。这个"如此做"并没有比领袖魅力来的重要,他们总是在正确的时机,拥有正确的大创意。

这似乎是我们实现未来的美国梦的方法:由具有远见卓识的领袖们领导初创公司,以具颠覆性的愿景起家,随着公司的发展壮大,他们将创造数十亿美元财富,然后公司发展成为一个失去创新优势的大型企业,最终只能捍卫现有产品,直到下一轮颠覆性创新使这家老公司破产,等等。这就是适者生存,最适合者通常被认为是杰出的个人梦想家,他们的深谋远虑完胜竞争对手。有了愿景,执行就会随之而来。丰田实现愿景的做法是 180° 的大不同。

8.3.3 丰田的平衡愿景

丰田从来不是大声宣布承诺要发展纯电动汽车的领袖。相反的,它的战略是并行开发各种类型的电气化。丰田在特斯拉成立之前的几十年开始发展电动汽车,它在 1997 年首创大量生产普锐斯。最近,它针对自主车辆在大数据和人工智能方向做了巨额投资。位于美国的丰田研究所(Toyota Research Institute)在 2015 年成立,已经花费至少 15 亿美金在自动驾驶车辆的研究和发展方面。2018 年丰田宣布再投入 28 亿美金在东京成立丰田研究所-先进开发部(Advanced Development)。丰田正在应用 TPS 原则加速开发无人驾驶车辆所需要的数百万条计算机代码。丰田执行副总裁友山茂树(Shigeki Tomoyama)说道:"如果我们想充分利用丰田的优势以创建新的商业模式,就需要应用 TPS。我们要向丰田内部和外部的人们展示 TPS 依旧是丰田的中心。"丰田没有拒绝自动驾驶电动车,它已经承诺 2020 年之前将高度自动化的车辆送上公路。丰田只是预见一个较长的过渡期,混合动力和充电式混合动力车的销售会增加,之后跟随的是电动和氢动力的车辆。

但是，丰田根据它的两个核心原则（尊重人和持续改善）向愿景逐步地迈进（见图 8.2）。

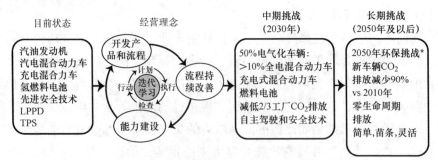

图 8.2 丰田的战略愿景和经营理念

1. 中期和远期挑战

丰田坚决相信人类引起的气候变化是真实的。它在公司网站上说道："世界各地极端的气候现象正在肆虐社会，证明全球变暖的事实。如果不采取进一步的措施来减少温室气体的排放，预测到 2100 年之前，和前工业化时期相比较，平均全球气温将增加 3.7~4.8℃。"

于是，丰田展开了"丰田环境挑战 2050"。一个"愿景"是一个长期的理想，未必可以实现。一项"挑战"是一个可度量的目标，丰田承诺去实现它。它从车辆生命周期中的 CO_2 零排放开始做起，但是丰田想要超越这点："要超越'零'环境影响，和实现一个净积极影响，丰田为自己设定六个挑战。这些挑战无论是气候变化，还是资源和水的回收，都会困难重重，然而我们承诺继续向 2050 年前进，以稳健的做法与社会共同实现可持续的发展。"

丰田定义六个挑战，聚焦新车 CO_2 零排放、生命周期（整体价值链）CO_2 零排放、工厂 CO_2 零排放、最少化用水量、无污染、废物填埋地零使用和环境保护。不满足于对环境没有伤害，丰田希望对环境有净积极影响。

对于新车而言，最长期的愿景是 100% 的电气化，包含电动车、氢动力车和混合动力车等三种。丰田不仅致力于氢动力汽车，更广泛地说，它致力于一个氢社会的实现。

2050 年挑战降低整体 CO_2 排放 90%，是以 2010 年的水平为基准。丰田 2030 年对自己的挑战是一半的汽车将会是电气化的（约 550 万辆汽车）。2025 年之前，它计划所有车型都提供电动式，主要将是混合动力车。这和特斯拉的愿景100%全电动汽车不同。丰田挑战在2020年代初期至少有10款全电动汽车上市，还将扩大氢燃料电池汽车的销售，不过公司预期550万辆车中的大多数将会是混合动力和充电式混合动力的车辆。换言之，如CAR的预期，丰田不认为汽油作为动力来源会在2030年以前消失。丰田动力系统总工程师山形光政（Mitsumasa Yamagata）预测，在2030年有90%的汽车仍然使用某种形式的汽油发动机。他解释道："使用汽油发动机和混合动力系统来开发最省油的动力系统，将是造成影响（减低排放）的最好方式，我们仍然致力于此……与此同时，我们能够将所开发的技术，应用在电动车和氢燃料电池车所需的动力系统之中。"

短期之内丰田认为大多数自动驾驶车辆的技术是帮助驾驶人的安全技术。截至2017年，大多数车辆已经有先进的安全设备安装在基本车型上（类似其他几家汽车制造商的汽车）。丰田的"安全感知"（Safety Sense）包括碰撞前警告驾驶人并实施制动以避免前端碰撞、探测偏离车道并提供方向控制的协助、自动远光灯、动态雷达巡航控制和行人探测。随着市场走向自动驾驶汽车的发展，这为丰田提供了大量使用这些技术的生产经验。

制订战略的一个重要部分是战略的组合管理。任何知名公司都有一系列的产品，有些产品是为了近期的市场需求，其他在研发阶段的产品是为了长期的发展。以目前的现金来源为长期研发提供资金支持。一些组织理论家认为，最成功的公司都是"左右开弓的"，组织的一部分聚焦于渐进改善现有的产品系列，其他部分则致力于长期技术的开发。有一项研究发现成功的公司的创新基金分配，平均70%在渐进的创新（短期），20%在邻近的创新（中期），10%在根本或突破性的创新方案（长期）。谷歌公司就是实现70-20-10的一个例子。一般公司采取这个组合平衡实现了10%~20%的价格收益溢价（price-earnings premium）。

当然，丰田作为一个非常成功而且成熟的汽车制造商和特斯拉所处的位置不同。初创公司如特斯拉没有富裕到可以用成熟的摇钱树产品来支持未来产品的开发。他们必须以对行业造成颠覆的许诺向外部筹措资本。从这个意义上说，马斯克做了极出色的工作。也许让投资者振奋的必要性是能够描绘突破性创新的景象，超越电动汽车和自动化制造领域的所有竞争对手。丰田多年来的巨额利润（2017财政年度约200亿美元）和大量现金允许它2017年花费93亿美元在研发上，这是世界上排第11位的预算。特斯拉在同时期花费约那个数字的十分之一，以特斯拉的收入来说这仍相当高了。

2. 丰田的运营理念

对我们来说，特斯拉的运营理念有些过于简单化——自动化，自动化，还是自动化。作为一种设计的做法，这是跳跃到结论的最好方法。丰田的理念经过了多年的提纯，则是更加细致入微。事实上，丰田运营的基本原则自从60年多前，丰田生产方式（TPS）由大野耐一和他的同事创建以来一直没有被改变过。它仍然是要有标准、稳定的运营来支持及时生产（JIT）以凸显问题，内建质量，并持续地改善。产品的开发也和制造一样。简短、快速的反馈循环是驱动PDCA的发动机，不断地给组织内人们的学习灌注活力，尝试一下，看看会发生什么，然后学习！

丰田组装工厂的愿景一直是一致的。目标不是快速的组装，也不是尽可能的自动化。准确地说，目标是根据顾客需求的速率来制造，达到安全、高质量、混合生产的弹性化（八种车型在同一条组装线上），生产量的弹性化（达到满负荷的70%即可有利润），以平稳无缝的运营和低资金成本来减少总成本。以弹性混合生产来平衡生产计划很重要，为每个工厂的健康创造稳定性（平准化）。因为不同车型的销售会有不同的波动，例如，乘用车和运动型多用途车同在一条生产线上生产，需求的变化会趋于平稳。单个车型中的大波动将平均到较小的波动。如果工厂能够调整产量的变化，降低到满负荷的70%，它甚至可以承受所有车型销售量更大幅度的下降。这是丰田一个承诺的关键——尊重人。尊重人始于工厂内员工的工作稳定性，包含供应商工厂的工作稳定性，以及丰田所在当地的社区经济。人不仅仅是丰田的附带费用，而是其价值体系的核心。

丰田的产品和流程开发系统和TPS一起并行成长，如本书所叙述，也是以高度发展的人为中心，他们花了多年时间深入了解自己的技术领域，并且通过团队合作学习如何应对突破性的设计挑战。许多方法经历了再精炼，例如大部屋，直到数十年的成熟之后，丰田才在《丰田模式2001》这本书中首次发表了它的理念。不像特斯拉只囤积技术，意图蛙跳一般超越所有汽车业竞争者，丰田囤积的是人们不断地追求改善，将尊重人置于最高价值的理念。

将人置于运营的中心至少可以追溯到大野耐一和TPS：技术为人服务；人不为技术服务。高度自动化的系统必须细心设计，试验，然后交由工厂内从事该作业的人来维护。关灯作业的工厂假设系统不需要维护或者能够自己维护——很糟糕的假设。积极的PDCA在自动系统中对识别和解决问题更为重要，因为自动化的能力不像人一样能够适应偏离标准的状况。偏离标准的状况必须被消除，才能使自动化能够稳定作业。

自我维护也不会假设自我改善：当你自动化生产时，改善不应该停止。

丰田也相信从自动化生产线消除浪费，要靠操作员从生产线的运营中研究和改善。丰田资深 TPS 专家河合满（Mitsuru Kawai）解释自动化机械加工和锻造生产线："材料将以我们销售产品的速度流动，并改变其形态，更多的都是浪费。在自动化生产线上，新进员工以为'你按一个红色按钮，一个零部件就会出来'。员工要学习 TPS 来改善自动化的流程。他们必须了解现场，学会身在流程之中看到浪费。"

丰田的生产设备的原则是"简单，苗条，灵活"。丰田是一个记忆力很强的学习型组织。1989 年，丰田开始生产雷克萨斯 LS400，位于日本田原市（Tahara）的工厂有着公司最先进的自动化，包含机器人在组装线做原本是人们的工作。当销售额低于预期时，工厂未得到充分利用。丰田的反省是：高资本成本是固定的，无法随着需求调整。丰田自豪它只按实际需求生产，当需求下滑时，公司希望能够弹性降低成本以保持有利可图。这只有人才有可能。丰田为正式的员工提供长期的工作保障，它使用可以在销售低迷时期释放的可变的中介劳力。它的计划性加班也可以被取消。大萧条时期，丰田为管理层减薪，限制生产员工每周 35 小时的工时。当不需要员工生产时，丰田总可以找到有帮助的事情让员工们做，但是机器人就得闲着。自从原田经验之后，丰田减少了一些厂区的自动化，而不是相反的增加。

特斯拉 – 丰田的对比延伸到物料配送。马斯克列举佛理蒙特工厂有"非常复杂的零部件输送系统……可能是全世界最复杂的。"去世界上任何一家丰田工厂，你会看到一些人驾驶电动牵引车拉动大型零部件（例如塑料保险杠）或小塑料箱的零部件的台车，频繁地配送到组装线上。你也会看到更多的零部件通过自动导引车（AGV）配送，每部车的配套组件（kits）依照顺序抵达。这些配套组件包含每部车所需准确的零部件——放在带轮的小车上，和装配操作员一起随着组装线移动。丰田曾使用过自动化输送线和长的输送带，它们的使用很僵硬，难以改善，造成过多的库存。丰田自制的 AGV 简单、苗条和灵活，可以根据需要重新定位。

约翰·舒克（John Shook）进一步阐释汽车复杂的后勤系统中人的重要性，很显然的，特斯拉正遭遇一个后勤的梦魇：

需要用来管理一个工厂运营的工具不仅仅是数学和工程，还有心理学和社会学。社会心理学和神经科学是组织的发展和系统动力——这里的"系统"指的不只是技术层面（埃隆·马斯克和他的团队将会弄清楚这些），还包含更复杂的社会层面。就其本身而言，社会层面很困难——增加策划运作执行的技术复杂性，时间点的掌握让成千上万的零部件聚集和组装，完美精确地准时抵达定点（以分钟计），让成千的员工以一丝不苟的韵律（以秒计）如舞蹈般的作业，这样所遭遇的社会-技术上的挑战是百年难遇的。

当丰田为 21 世纪开发一个愿景的时候，它并没有仓促地大步跨入，而是重复地工作，由普锐斯混合动力车开始。迭代学习是持续改善的心脏。使用 PDCA 快速学习周期，让丰田稳定地迈向挑战的突破口，以一种有序的方式保证内建质量。我们可以这样认为，每一代普锐斯代表一个大的 PDCA 循环，丰田所经历的这种学习的循环远多于其他汽车制造商。

让我们看看丰田的长期产品开发战略和运营理念如何在实践中运作，从普锐斯谈起。

8.4 普锐斯：开始为 21 世纪做准备

丰田在 20 世纪 80 年代开始它的黄金时代，1990 年销售量达到了 250 万辆，正值泡沫经济的巅峰。当销售和利润攀升到高峰的时候，丰田领袖们开始紧张——它还会持续多久？我们会成长为自鸣得意的公司吗？我们为经济衰退做好准备了吗？这是高层领导们制造一个老式危机的好时机。一如既往，1990 年丰田英二在董事会上抛出了挑战，他提到两个尖锐的问题："我们应该像往常一样继续制造汽车吗？"和"我们现在所从事的研发类型能够在 21 世纪真正地幸存下来吗？"这两个挑战带领了普锐斯的开发并使丰田领先其竞争者进入 21 世纪。

曾经有人说过第一部普锐斯开发的故事，包含杰夫的著作《丰田模式》(*The Toyota Way*)。其里程碑的摘要列于表 8.1。很明显，混合动力车很成功，到 2018 年 1 月，普锐斯累积的销售超过 600 万辆（包含所有车型），所有混合动力车合计超过 1100 万辆。在销售的数字之下我们发现从普锐斯的故事中有三个非常重要的教训：长期的战略愿景，渐进的学习来发展核心能力，以及实现突破性愿景的渐进式做法所带来的惊人好处。

表 8.1　普锐斯开发的里程碑

年　份	里　程　碑
1990	日本泡沫经济处于高峰；丰田英二宣布需要 21 世纪的汽车
1993 年 9 月	组成 G21 业务革新团队
1993 年 11 月	任命内山田竹志为 G21 总工程师
1994 年 1 月	成立概念开发团队
1995 年 6 月	G21 正式成立为项目，配置人员、预算及时间表
1997 年 12 月	第一辆普锐斯在日本上市

(续)

年 份	里 程 碑
2000	普锐斯在全球上市
2003	第二代普锐斯问世
2008	销售 100 万辆
2009	第三代普锐斯问世
2010	销售 200 万辆
2012	连续四年成为日本最佳销售车辆；成为加利福尼亚州最佳销售车辆
2013	销售 300 万辆
2015	第四代普锐斯问世
2017 年 1 月	普锐斯是全球丰田销售的 1000 万辆混合动力车中的 610 万辆

注：销售数量为累计值。

8.4.1 20 世纪的 21 世纪愿景

董事长丰田英二的挑战开启了后来普锐斯的成功故事，而且是很典型的丰田式流程。1993 年 9 月，一个高级别的事业革新团队称为 G21（21 世纪的汽车）成立，成员包含公司内一些最资深的执行官。丰田不会授权如此具战略性的重要事情给中级经理。资深主管们开始刻苦钻研，深入了解市场趋势——社会的趋势，还有技术的趋势，以及开发的初始概念。在这种情况下，这个团队由研发执行副总裁金原淑郎（Yoshiro Kimbara，当时主管 R/D 的副社长）领导，他挑选了来自研发各部门的 20 人作为工作小组。

金原的研发工作小组确认了两个主要的特征，为普锐斯在整体的开发流程中下了定义：

- 环保
- 小型车具有大客舱

表面上看第二个特征是相互矛盾的。一部小型车不会有大空间的客舱。但在丰田的精神中，一个挑战往往乍一看似乎是不可能的，或者至少是不大可能的。普锐斯那种宽敞的感觉，后座的腿部空间大，让它吸引人（甚至包含出租车司机），成为它的一个定义特征。

在丰田，提出一个重大计划，采用报告的字句或 PPT 的形式是很难令人满意的。对董事会的报告通常包含制造一部概念车，可以让董事们驾驶。G21 工作小组想制造车，但是受限于只有几个月的工作时间，他们最后展示了一个一半尺寸大小的概念车图纸，和高级别的规范列表，如改进燃油效率 50%。

将重点放在环保型汽车上，贴合丰田对整个公司的长期愿景。1996 年，总裁奥田硕（Hiroshi Okuda）提出 2005 年全球愿景，聚焦于"和谐发展"，包含促进与全球环境、世界经济、工业界、当地社区，以及股东们之间的和谐。紧接着总裁张富士夫（Fujio Cho）提出了目标，他在 2002 年介绍了全球愿景 2010，主题是"未来的创新"，以下有四个子题："善待地球""舒适的生活""对世界的激情"和"尊重所有人"。投资战略性未来愿景的长期思维是丰田常见的做法。

8.4.2 为长期成功创造基石的迭代学习

1994 年 7 月，后来被称为普锐斯之父的内山田竹志（Uchiyamada Takeshi）被任命为项目团队的领导。根据 G21 工作小组的概念设计，团队开发了一部真实的概念车。因为这个成果，他被任命为普锐斯开发团队的总工程师。从任何观点来看他的任命都是一个反常的选择，但没有人比内山田自己更惊讶。他的职业生涯始于研究实验室和车辆测试，不在产品开发。他从来没有准备成为总工程师，那不是他的职业生涯目标。

但是往深层探究，内山田的任命理由就很明晰了：他通过努力工作和坚持不懈屡次完成困难的挑战。他是一位前任总工程师的儿子，对这个角色的要求非常了解。自从公司创建了再设计产品开发的组织后，他一直肩挑着从头开始的责任。他熟知研发部门的人事，是一个杰出的领导者。因为他对组织的了解，需要在组织结构中将普锐斯定位，他曾经是最初的 G21 小组的成员，了解这个项目对公司的未来有多么重要。最后，丰田不只是要一部 21 世纪的车型，也要一条开发车辆的新途径。关于这个工作该怎么做，内山田没有先入为主的影响，因为他之前没有经验。

内山田有所保留地同意接受这个职位。他确实采取了一种不同的做法，并以今天仍然可见的方式影响了产品开发流程。2002 年他和杰夫会谈，回顾了这段经验：

按照传统的做法，总工程师提出概念，然后和设计组、规划组一起讨论，根据讨论制订出一个具体计划。对于普锐斯，我聚集了一个来自不同设计组和评审组的专家团队，他们一开始就参加，就坐在我的旁边。这些人都是真正的专家，我们坐在一起，实时地阐述想法。参加这个团队的除了设计工程经理外，还有生产工程经理一起共同讨论。我们在一间大部屋开会，现在称为"大部屋"。为了协调这些讨论，这间普锐斯会议室还装备了计算机辅助设计（CAD）终端机。在这之前开会都是使用打印文件，但是在普锐斯项目中我们第一次使用互联网和计算机。

内山田继续叙述许多把普锐斯推向市场的决定、挑战和成就。他知道普锐斯比其他项目更加复杂，它牵涉到崭新的技术并成立新的生产设施来制造电池和开关电路。他要求三年的开发时间，但是只获批了两年。

尽管有这些压力，内山田做出了关键的决定，由内部来开发所有组成普锐斯的核心技术，包含电动机、重型蓄电池、多开关电路在 AC 和 DC 之间切换的技术，采用计算机系统来优化汽油发动机和电动机的使用，还有制动系统将机械能量转换成电能储存在电池之中。这些技术的知识都可以在丰田之外分包的，但是这些技术都在内部开发。这是因为，这些技术是未来汽车真正的核心技术，丰田必须拥有这个专门技能。丰田很乐意与供应商合作，供应商被视为合作开发车辆的伙伴。但丰田希望内部拥有所有的开发核心竞争力，以便在需要时领导工程设计，并监督外部工程。

丰田在技术开发方面很成功，唯一的例外是电池技术，这部分需要一个合伙人。丰田和松下电器（Panasonic）为普锐斯的镍氢电池设立了一个丰田持有多数股权的合资企业。松下有数十年开发和制造电池的专门技能，但是从未涉及汽车电池。丰田和松下一起合作开发产品及其制造工艺。最后，松下将大部分的汽车电池事业的股份卖回给丰田。松下回到汽车电池业务和特斯拉合作。它又和丰田合伙学习如何制作固态电池，领导行业的突破。丰田很乐观，固态锂离子电池有足够的容量能够走更远的距离，比较目前的锂离子电池充电速度更快，成本更低。

第一辆普锐斯经历了英勇的努力终于如期推出。甚至在最后的测试阶段，电池会过热，车子自行熄火。事实上，在丰田总裁亲自试开一辆先期生产车的时候，电池被放进行李厢中来处理过热的问题。

当第一辆普锐斯在 1997 年 12 月问世的时候，以丰田的标准看它仍然有许多的小问题。一位参与的工程师说，它看起来像是一部先进的原型车，而不像量产车。许多评论者对它的外观不感冒。但是它超越了销售目标，深受早期接纳人们的喜爱。它是环保车的象征。车主们组织俱乐部。他们试验新的计算机芯片来增加燃油效率。几乎像是外部对公司产品的测试，狂热的顾客们帮助下一代的设计。

第二代在造型和功能上都有巨大的进步。普锐斯的销售达到 100 万辆，这款车奠定了普锐斯的成功。第三代更加精炼，丰田销售达到 300 万辆。到了第四代混合动力车才被认可是正常车辆。它们无缝地工作，顾客在加油站添加汽油，加油量较少因为油箱比较小，可以节省汽油钱，这在日本和德国这些汽油很昂贵的国家很重要。到了 2017 年，普锐斯被称为是自 T 型车以来最重要的汽车之一。

丰田为几乎每一个车型都增加了混合动力型号。目标是把成本降下来，让混合动力车和汽油车的车价格差异变得微不足道。2018 年凯美瑞混合动力型相比全汽油型要高 1000 美元。丰田在全球销售 1100 万辆混合动力车，远远超过其他汽车公司。其中普锐斯各种型式合计超过 600 万辆。纯电动车的销售依旧仅占总销售的微小比例，不过逐渐在增加。在 2017 年，美国汽车的总销售量 1700 万辆，其中有 20 万台（约 0.1%）是电动车，包含充电式普锐斯。

在媒体的鼓吹下，公众的看法是，一个全电动车的新时代来临，像特斯拉一样的车子将会迅速支配行业。这似乎很不切实际。2017 年，丰田被媒体责备太晚加入电动车的竞争，落后特斯拉、通用、日产等公司。一位记者写道："自从 2000 年代初期成为混合动力车的领导者以来，丰田几乎完全错过了电动车革命。市场上只有一款短续航里程的电动普锐斯，丰田没有任何车型具有像特斯拉 Model S 或通用雪佛兰 Bolt 一般的续航里程。

丰田从历史上而言一直是个保守的公司，同时也可以看成是一个非常务实的公司。关于战略的讨论，丰田高层相信汽车技术的"革命"将花费比许多人想象的还要更多的时间，而支配性的技术也还没有定论。有人愿意去找寻充电站，为大且昂贵的电池或电池组支付额外费用，并接受充电时的耐心等待。但是，更多的人只愿意继续停靠加油站，花几分钟将油箱加满油。混合动力车可以做到这一点。充电式混合动力车有更大的电力延续续航里程，也需要到加油站加油，就像我们早已经习惯了的一样。氢燃料电池也具有快速添加燃料的潜在利益，电池也相对小一些，但这还待开发添加燃料的基础设施来配合。

丰田选择一种渐进的做法来学习未来的新技术，并引用这些技术来量产车辆。它所拥有的能力和快速的产品流程开发系统，能够迅速地改变，将关注点转移到电动车、氢燃料电池汽车，或任何市场所需求的产品。

8.4.3 突破性计划的渐进方法的好处

很明显的是，丰田英二对丰田有一个大胆的愿景，即使当时并不需要以它来增加销售或者获利，但比起大多数公司这愿景是很先锋的。他要丰田在 20 世纪的时候就开始为 21 世纪做准备。这导致了经过艰苦的努力将第一款量产的混合动力车推向市场。它最终也带来了大量的销售和利润的数字，但是好处还不止于此。

（1）从试验中学习　丰田为21世纪建立它的内部能力来开发和逐渐强化许多核心技术——高效能电池、电动机、计算机优化算法、开关电路等。它以渐进的方式学习，而其他公司像通用汽车则是跨了一大步进入电动车领域。结果是，丰田拥有四代的普锐斯，用它们来试验这些技术，一步一步地学习。

（2）在高性能电池设计和生产方面处于领先地位　丰田尝试这个领域和松下一同发展，可能在固态锂离子电池商业化的突破中居于领先地位。根据东京工业大学菅野了次（Kanno Ryoji）教授所说，新电池和具有液体电解质的电池相比，可以储存将近两倍的能量，设计上不易燃，对温度不太敏感。"今天的电动车受限于热和冷的气候而缩短续航里程。爱达荷州国家实验室的研究人员发现，芝加哥电动车的续航里程在冬天减少四分之一。"

（3）重新设计开发流程　使用计算机通信和大部屋彻底改变了丰田的开发流程，公司要感谢第一个普锐斯开发团队。

（4）具有快速适应的灵活性　采用快速、渐进的做法开发普锐斯以任何标准来说都是大胆的。愿景是大胆的，当丰田销售大量环保车的时候，大多数的竞争对手还在实验室里研究它们。内山田开始的时候相信全电动车可能会太昂贵因为电池开发的进度跟不上，他后来了解电池技术的进步比他期待的要快。因为丰田探索和发展了多条路线，它很适应像这样意想不到的发展。多选择并行开发的途径是基础的务实，而不是固执己见根据有限的知识引导走向选择一条途径。混合动力车的开发采纳了不同技术中最好的，而不是坚持一个完美的解决方案，这是体现这个理念的一个实例。

（5）稳定地创新　丰田花费数十亿美金在氢燃料电池汽车、先进电池技术和自动驾驶车辆的技术（如人工智能、先进传感器系统和大数据能力）。丰田身为一个主要的颠覆者，通常并不总是在新闻中出现，但是它正在锻炼不可思议的能力，大部分是在内部，也在越来越多的外部合作伙伴处进行。

（6）发展公司生态系统　一位《福布斯》杂志的作者做了一个有趣的分析，比较丰田普锐斯和特斯拉电动车的"生态系统"。生态系统是影响商务的所有各工业领域和独立存在的实体。在汽车行业中，基础设施的一个重要组成部分包括车辆销售后的情况，包含零部件销售、汽车修理、二手车销售、废料和回收，大部分利润都来自这个售后市场。普锐斯的设计几乎没有影响丰田现有的生态系统。而另一方面，特斯拉决定建立自己的经销商网络，车辆设计和业务建立的方式几乎将会颠覆生态系统的每个部分。文章的作者并没有采取立场说明这种情况是否对特斯拉的业务极为有害，但是他给了这样的结论："丰田的盈利的试验（普锐斯）提高了全球性的 - 大多数生态系统成员的社会 - 商业价值，不要求系统中的任何部分失去价值或支付高昂的成本……特斯拉要求生态系统中的大部分改变他们正在做的事情，这可能不会为他们创造积极的价值。这是我们截至目前所知道的——特斯拉的'生产地狱'有可能随着扩张延伸到售后链的许多部分"。

丰田数十年在混合动力车技术上的经验，刚好也是电动车和燃料电池车的核心技术，对它的未来将有帮助。内山田相信电动车将在未来占据重要的地位，因为电池技术发展得很快，甚至比他原先想象的要快得多，他也相信氢动力车会有一个重要的地位（氢动力车也是一种混合动力车）。

8.5 氢气：铺平前进的道路

丰田的并行途径之一是氢燃料电池和氢能汽车的开发。马斯克称之为"傻瓜电池"（Fool cells）。丰田相信氢气是未来最环保的动力来源，同时也了解必要的燃料添加站的基础设施开发还需要几十年的时间。尽管如此，它依旧向前推进，建筑在目前所有能力的基础上，它已经花费超过 10 亿美元，开发出"未来"（Mirai）这款小批量生产的车型。丰田并不孤独，同时间在市场上的还有本田 Clarity 和现代 ix35 燃料电池电动车。

有趣的是，Mirai 是混合动力车，建筑在普锐斯的基础之上，以燃料电池取代汽油发动机。这是有必要的，因为氢气占据很大的空间，如果是独立的氢能汽车，这车会看起来像是只设计来装载氢气。所以，Mirai 和以后的氢能产品有可能结合电动和氢气技术。让我们思考 Mirai 的战略价值，和它是如何开发出来的。

8.5.1 Mirai 在日文中是"未来"的意思

Mirai 也许是长期战略思考和主要风险最好的例子，通常和创业公司而不是成熟的大型公司相关联。氢动力车未来的增长还是一个未知数，燃料电池本身不是新技术。它们已经被使用了几十年，在 20 世纪 50 年代的美国太空计划中获得了知名度。1992 年丰田才正式开始研究燃料电池（FuelCells），第一辆 FC 汽车在 2002 "推出"，是一部汉兰达（Highlander）研究车。丰田做了许多试验，收集了海量数据，做了许多改进，2013 年东京汽车展揭示了 FC 概念车。

2014 年洛杉矶汽车展中，丰田终于将 Mirai 介绍给美国。到了 2017 年底，丰田卖了 4000 辆 Mirai。它有一个雄心勃勃的目标，在 2020 年之前卖 3 万辆 Mirai，这数量几乎不足以来证明所花费的 10 亿多美元的费用是合理的。但是就像第一部普锐斯一样，第一部 Mirai 没有被预期是销售量的领导者或是摇钱树。实际上，在与计划中销售同步的同时，它是在日本自己生产的，一条为低产量而设计、非常小的手工组装线。"未来"就是要在前面引路。

FC 汽车有一个鸡和蛋的问题，几乎没有任何基础设施可以为氢能汽车补充燃料。在氢能汽车的销售足以证明基础设施的合理性之前，能源公司是不会投资的。但是，在没有燃料基础设施之前，氢能汽车的销量不会很大。所以丰田决定带头，在日本和加利福尼亚州的每一个目标地区都投资氢燃料站，学习并开始引导大众。

从一开始，Mirai 团队就知道它正在开发一种产品，这种产品在多年或几十年内，都不会得到广泛的接受。Mirai 的总工程师田中义和（Tanaka Yoshikazu）在日本的一次面谈中告诉我们："氢能是我们从未期待会突然传播的东西。氢能的使用不会由于这辆车突然扩散。我们的考虑非常的长远。事实上，我们经常使用 100 年后的说辞来为团队提供正确的形象。我们希望成为开启这个以氢能为基础的社会运动的先驱者。"

8.5.2 设计 Mirai

开始认真的开发 Mirai 始于 2008 年，当时正值大萧条。尽管财务上的显著约束，丰田高层领导决定继续投资 Mirai，就像我们看到执行长艾伦·R. 穆拉利在福特所做的那样。

该团队不仅开发了另一辆电动汽车，而且还承担了以前从未做过的事情，因此，该项目的产品和流程开发挑战都是艰巨的，这是对丰田能力的巨大且真正的考验。

设计方面的一个最困难的挑战是，如何使 FC 技术的体积更紧凑，同时又能诱发大功率输出。目前的这款 Mirai 的 FC 有着比 2008 年型号多 2.2 倍的能量密度，但即使是体积更小的型号，也必须将 370 个 1.34mm 厚的电芯组装成为 Mirai 的电池模组。

电芯的设计够困难了，还要高效率地制造它们，并且保持一贯的高质量和可能的高产能则是更大的挑战。当然，丰田决定自己来生产。丰田的设计团队和生产工程师团队在整个开发过程中密切合作。3D 细网薄膜是由丰田子公司丰田车体制造的，它在开发和生产中都扮演一个举足轻重的角色。组装 FC 系统和车辆需要极高端水平的精确度和内建质量。

Mirai 想要取得成功，必须提供的不仅仅是它的动力来源。田中完全了解这一点："Mirai 如果只有燃料电池，在市场上将不足以成功。它一定要能够吸引人，有驾驶的乐趣，最重要的是安全。"因为 Mirai 的发动机不像内燃机一样振动，丰田将发动机紧固在十字板上，不再需要橡胶减振支架。车辆组件也增加使用碳纤维材料，并且增加支撑的数量。综合这些改变，增加了 60% 的扭转强度（torsional stiffness），显著地改善了乘坐和操纵。我们有机会在丰田市的试车道上试开一辆 Mirai，可以肯定地说，它开起来很有乐趣！

因为是这项技术的新应用，团队必须建立安全和可靠的标准。田中告诉团队："设计和制造一辆你可以依赖的车子，可让你的家人乘坐其中。"团队成员采用高速撞车测试，一贯地发现它们比内燃机车辆安全。他们在最困难的条件下对汽车进行了严格的可靠性测试，以确保汽车不仅安全，而且将继续在高水平上运作。他们必须和许多地区和全球的主管当局合作，确认最终产品符合所有规定。

8.5.3 氢能源社会与基础设施

丰田知道，如果 FC 汽车有任何生存的机会，那么它必须创造一个可靠和可用的氢输送基础设施，并且增加至关紧要的大量使用案例。这给开发团队增加了额外的复杂性，更不用说困难度了。开发一个产品生态系统变得越来越普遍，但我们以前从未见过如此规模的生态系统。丰田正以同样有条理的小步骤来实现这一目标，取得的巨大成果，就如同大多数的产品和流程的开发。

需要大规模的基础设施投资才能使 FC 汽车成为多数人们可行的交通选择。全球规模化安全制造和输送氢气是一项看似不可能的挑战。显然，这远远超过了丰田自己的能力。因此，它已经开始与各政府机构及包括竞争对手在内的其他公司建立合作关系。例如，丰田正领导一个由 11 家日本公司组成的小组，其中包括日产和本田，就在日本建立 160 个氢燃料站达成合作协议，预计到 2020 财年将为 4 万辆使用中的 FC 汽车提供服务。丰田还公开与日本政府分享其专有技术，努力创造更进一步的基础设施，并向竞争对手开放其所有的氢燃料电池专利，以鼓励进一步的发展。丰田和荷兰皇家壳牌集团合伙在加利福尼亚州建造 7 个氢燃料添加站，进一步接近 2024 年之前在州内完成 100 个商业氢燃料添加站的运营目标。2017 年 12 月，丰田甚至宣布在加利福尼亚州投资建造一个世界上最大的FC发电厂，为家庭和建筑物提供电力，并与一个氢燃料站相结合。可以用生物垃圾来制造氢气。

单靠汽车不足以支持大规模基础设施的投资，以制造氢气并且让大众安全使用。所以，丰田正在开发以FC为动力的公共汽车，展望在2020年至少有100辆公共汽车奔驰在东京街头。此外，丰田和许多的政府机构合作以期获得支持，特别是在日本，在那里已经开始努力培育新兴的氢动力社会。

- 日本首相安倍成为燃料电池的支持者。尤其是自从日本在福岛灾难之后关闭了大多数的核能发电厂。许多大型机构，包含日本和美国的医院和大型建筑物，已经有氢气FC发电机，大部分是作为备用电源。
- 日本政府计划2020年之前完成140万家用燃料电池（ene-farm）的安装，提供家庭FC电源。2030年之前完成530万的安装。
- 东京市将在2020年大力投资建设一个"氢社会"。并且在2020年举行的东京奥运会中宣传。丰田是关键的合伙人。
- 许多以氢为基础的试点正在伦敦、中国和韩国的公共交通运输中进行。H2渡船已经在挪威使用，还有其他H2远洋航行使用的船只正在开发之中。
- 丰田是氢委员会（Hydrogen Council）的联合主席（与法国公司AirLiquid一起）。2017年成立时只有13家成员公司，它继续成长，截至2018年3月已经有39家公司加入。

8.5.4 挑战仍在继续

丰田很少满足于它当前的表现水平，持续改善是丰田模式的基本要义，所以Mirai的故事远远没有结束。一方面，公司承认一辆FC汽车的成本依然太高，没有竞争力，如果不能大幅度降成本，除去最早数千辆的销售外，不太可能进行下一步。因此，丰田承诺在2020年之前大幅度削减零排放组件的成本至少50%，到2025年，进一步降低成本25%，总的来说是将近削减成本三分之二。

尽管Mirai具有FC汽车中最长的续航里程和最高的效率等级，而且续航里程肯定比目前在道路上行驶的任何电池电动汽车都要长——丰田已经向所有参与者提出挑战，要求他们大幅度增加续航里程。作为这项努力的一部分，丰田已经开发并推出了一款FC概念车，它的续航里程是目前的未来（增加到1000km）的两倍。尽管它仍然是一款概念车，但它展示了其可能的艺术性，并且丰田愿意不断地接受各种困难的挑战，并推动当前理解的极限，以创造出更好的汽车。

田中向我们解释："我们知道我们只是大海里的一颗小石头。没有保证一定会成功，但是如果你不做任何事情，如果你不踏出第一步，那就什么也不会发生了。"

诺贝尔奖得主尼耳斯·玻尔（Niels Bohr）曾经说："预测是非常困难，特别是如果它是关于未来的。"同样的，我们不可能知道运输的未来。马斯克和他的追随者跳进电动汽车里可能打出本垒打。然而，丰田的做法是去探索和开发多种选择，无疑是比较安全的或者比较聪明的前进方向。在最糟糕的情况下，氢能不能成为汽车的主要动力来源，丰田将在设计和制造方面学到大量的知识，这些知识可以应用于整个公司，帮助丰田进一步完善其产品和流程开发系统，并继续设计行业的未来。同时，它也完全准备好把所有的鸡蛋转移到电动汽车的篮子里，如果那就是市场的需求。

8.6 展望未来

在这一章中我们示范了一个长期愿景和近期战略如何为产品和流程的开发提供方向。我们同意波特的说法，卓越运营不是一个战略，它的力量来自于一个经过深思熟虑的产品和服务的战略方向。丰田没有规避战略或者突破性的创新，来支持高效运营和持续改善。相反的，它打破了藩篱。还记得第3章中阴和阳的讨论吗？战略和执行之间的对比，可以说是一个来自西方的而且抽象的区分。丰田将两者放进搅拌机整合，只要合适就应用，无论是近期还是远期都这样做。

我们对比丰田和特斯拉的愿景、战略和运营哲学来说明这个道理。丰田的愿景比起特斯拉的更具前瞻性和细致入微。特斯拉将它所有的鸡蛋放在一个产品的篮子里——纯电动车和一个围绕着自动化的生产愿景，标榜着是21世纪的先进制造。另一方面，丰田的设计和生产流程都是以人为中心，开发了产品和流程，以及改善了快速响应时间，寻求多种途径方案，来因应未来市场瞬息万变的需求。丰田的氢能FC车辆，如同汽车业其他许多颠覆性的创新，丰田在开始的时候就在那里，定义了产品和创造它的工艺流程。

你的产品和流程开发可能不像丰田那样具有前瞻性，也没有颠覆性的创新。尽管如此，大部分在丰田发生的大规模应用，也能够发生在你的组织内部，我们将在第9章中解释。

8.7 你的反思

8.7.1 创造愿景

这一章对照丰田和特斯拉设计它们未来的做法，解释了战略和卓越运营之间紧密的关联。LPPD 是将杰出的价值交付给顾客的一种做法，它从对企业的一个问题开始——我们给顾客什么独特的价值定位？迈克尔·波特这位战略的权威，相信伟大的战略将打败卓越运营。他认为，价值定位意味着我们将模仿我们的竞争者，只是做的成本更低一些，这些公司将引发同类相食一样的竞争，因而减少了大家的利润。公司需要一些东西超越卓越运营，而把它们和竞争者分开。他也说，能够有独特的运营能力去实施战略很重要——它们密切相关。

在本章中，我们认为，丰田的做法是通过快速开发几代产品来学习，而通过迭代学习来实现长期愿景。例如，普锐斯混合动力技术，并将其与速度快、质量好和可靠性高的交付机制相结合，已成为公司的制胜之道。这很可能是丰田在未来持续竞争优势的根源。相反的，特斯拉大胆的但是狭隘的愿景主要来自企业家埃隆·马斯克，它仍旧需要结合一套独特的做法才会成为一个真正的颠覆者。马斯克似乎了解这一点，他以最先进的自动化工厂为赌注，意图将特斯拉从竞争者中区分出来。在他的愿景之中，人不是处在中心位置。到目前为止，特斯拉还没有能够始终如一地实现其愿景，尽管它是一家非常年轻的公司。

很难制订一个一般论的战略构想，因为战略需要对每个业务都非常具体。我们可以说伟大的公司具有以下特征：

1）发展一套精心策划的战略，过程中持续不断地修正，使他们在竞争中脱颖而出。

2）聚焦长期，心怀激情地追求战略的实施，甚至在困难时期也坚持不放弃。

3）连接愿景和一套独特的做法，追求卓越。

8.7.2 你目前的状况

1）丰田的愿景是成为未来运输的领导者，它有未来运输迎向 2050 年的具体战略。贵公司的愿景、战略是什么？它的规划有多远？

2）丰田一直坚持不懈地追求它的长期愿景，甚至处在经济不景气和危机时也不动摇。面对危机，贵组织在坚持自己的愿景方面有多稳定？

3）丰田车辆创新的进程——雷克萨斯、普锐斯、"未来"，显示出追求创新的文化，以及对自满的厌恶。贵公司能够在产品和流程开发的领域打破成规吗？

4）丰田有一系列非常独特的做法交付顾客价值，其中一项在全世界被广泛地学习，称为"精益管理"。它深入核心运营战略，自从创立后不断历经改善。贵公司与战略相关的独特活动是什么？

5）贵公司是否曾开发过你的客户和竞争对手会描述为具有颠覆性的产品或流程？为什么？或者为什么不呢？

6）你的战略和开发能力有多紧密一致？

7）你在等待一个大爆炸吗？你是否有一种渐进式的做法来快速学习引导你进入下一代技术？最重要的是，你是否将这些战略与卓越的执行相结合，从而在你的行业中引领前进？

8.7.3 采取行动

1）聚集一个小的来自跨职能部门的团队，然后回答两个问题："在我们的行业中，哪一个方面，甚至是最微小的可能性，会具有颠覆性？""我们要称为行业领袖的战略是什么？"

2）根据对这些问题的回答，决定你将如何试验以低成本、低风险的尝试去估计市场的兴趣，然后决定你必须取得或发展某种知识来进行下一步。

3）定义一系列独特活动的愿景，以实现战略。

参考文献

1. Jay Ramey, "Here's What a 'Teardown' Expert Has to Say About Tesla Model 3 Build Quality," *AutoWeek*, February 6, 2018.
2. Craig Trudell, "Musk's Spotty Predictions Muddle Tesla's Assurance on Cash," *Bloomberg News*, April 4, 2018.
3. Edward Niedermeyer, "Tesla Veterans Reveal Fires, Accidents, and Delays Inside Elon Musk's Company," *The Daily Beast*, June 5, 2018.
4. www.forbes.com/sites/joannmuller/2018/05/01/no-way-to-run-a-factory-teslas-hiring-binge-is-a-sign-of-trouble-not-progress/#58ebc6cf350d.
5. Jay Ramey, "Tesla Is Burning Through $8,000 a Minute as Model 3 Production Crawls Along, Report Says," *AutoWeek*, November 27, 2017.

6. https://www.cnbc.com/2018/04/13/tesla-sending-flawed-parts-from-suppliers-to-machine-shops-for-rework.html.
7. "Inside Tesla's Model 3 Factory," *Bloomberg Businessweek*, June 8, 2018.
8. Michael Porter, "What Is Strategy?" *Harvard Business Review*, November–December 1996.
9. Jeffrey K. Liker, *The Toyota Way: 14 Management Principles from the World's Greatest Manufacturer*, McGraw-Hill, New York, 2004.
10. For discussions of the development of the first Lexus and the first Prius, see Liker, *The Toyota Way*.
11. Csaba Csere, "It's All Your Fault: The DOT Renders Its Verdict on Toyota's Unintended-Acceleration Scare," *Car and Driver*, June 2011.
12. "Tesla in Fatal California Crash Was on Autopilot," BBC News, March 31, 2018, http://www.bbc.com/news/world-us-canada-43604440.
13. "Toyota to Halve Costs of Fuel Cell Cars' Core Components," *Nikkei Asian Review*, January 19, 2018.
14. Michael Martinez, "Electrification, Autonomy Won't Gain Widespread Adoption for Decades, CAR Study Says," *Automotive News*, February 21, 2018.
15. Jonathon Ramsey, "Toyota Creates World's Most Thermally Efficient 2.0 Liter Gas Engine," *Autoblog*, Yahoo! Finance, February 28, 2018.
16. Tesla (TSLA) Q4 2017 Results—Earnings Call Transcript, *Seeking Alpha*, February 7, 2018.
17. Joann Muller, "Musk Thinks Tesla Will School Toyota on Lean Manufacturing; Fixing Model 3 Launch Would Be a Start," *Forbes*, February 16, 2018.
18. Tesla (TSLA) Q4 2017 Results.
19. Ibid.
20. http://www.businessinsider.com/elon-musk-says-model-3-production-using-to-many-robots-2018-4.
21. https://www.cbs.com/shows/cbs_this_morning/video/FMN4XL5kYziyfOOgz_QcKARo7NWm0Gsf/tesla-ceo-elon-musk-offers-rare-look-inside-model-3-factory/.
22. https://www.bloomberg.com/news/articles/2018-02-04/toyota-s-way-changed-the-world-s-factories-now-comes-the-retool.
23. Toyota Environmental Challenge 2050, Toyota Motor Corporation.
24. Ibid.
25. Naomi Tajitsu, "Toyota Pursues Petrol but Sees Electric Potential in New Technology," Reuters, February 26, 2018.
26. Charles A. O Reilly III and Michael L. Tushman, "The

Ambidextrous Organization," *Harvard Business Review*, April 2004.
27. Bansi Nagji and Geoff Tuff, "Managing Your Innovation Portfolio," *Harvard Business Review*, May 2012.
28. Tesla (TSLA) Q4 2017 Results.
29. Jeffrey Liker, "Tesla vs. TPS: Seeking the Soul in the New Machine," The Lean Post, Lean Enterprise Institute, March 2, 2018.
30. Hideshi Itazaki, *The Prius That Shook the World*, Nikkan Kogyo Shimbun, Ltd., Tokyo, 1999.
31. Many of the details of the development process of the first Prius come from Itazaki, *The Prius That Shook the World*.
32. Norihiko Shirouzu, "Toyota Scrambles to Ready Game-Changer EV Battery for Mass Market," Reuters, October 27, 2107.
33. http://www.businessinsider.com/toyota-prius-is-most-important-car-last-20-years-2017-12.
34. Jonathan M. Gitlin, "2017 Was the Best Year Ever for Electric Vehicle Sales in the US," ARS Technica, January 4, 2018.
35. Travis Hoium, "Will 2018 Be Toyota Motor Company's Best Year Yet?," *The Motley Fool*, January 23, 2018.
36. Sean McClain, "Toyota's Cure for Electric-Vehicle Range Anxiety: A Better Battery," *Wall Street Journal*, July 27, 2017.
37. Marty Anderson, "Tesla Cars Are Great—Their Ecosystem Strategy Not So Much," *Forbes*, January 27, 2018.
38. Craig Trudell, Yuki Hagiwara, and John Lippert, "Shell and Toyota Partner on California Refueling Stations," *Bloomberg*, February 2017.
39. Yuichico Kanematsu, "Toyota Seeks Fuel Cell Breakthrough with California Hydrogen Plant," *Nikkei Asian Review*, December 2, 2017.
40. "Japan Is at Odds with Elon Musk," *Bloomberg*, February 2017.

第9章 设计你的未来——革新你的产品和流程开发能力

> 愿景不仅仅是对未来的描绘，它是对我们完善自我的一种吸引力，是一种成就伟大事业的呼吁。
>
> ——罗莎贝斯·莫斯·坎特

9.1 建立在变革管理基础上

自从一起出版了第一本书以来，我们通过与不同行业的许多不同公司合作，学到了很多关于实施 LPPD 的知识。尽管我们充满热情地分享我们所学到的东西，但却面临着一个难题。我们一开始就试图设想一个面向产品开发的变革管理模型，以补充许多已经发表过的内容。每当我们试图制定一个转型的标准流程时，都能看到它明显的弱点。每一个模型都隐射着一个比我们所经历的更为有序的流程。虽然有些精益工具是我们惯常使用的，但是每一家公司、每一种情况都不相同。提升开发能力可能有许多做法，就像工程师们对"完成"这个词有许多不同的定义一样。因此，我们并没有提供"改善开发的五个简单步骤"之类的模板。

如果你想在管理组织变革方面获得一些强有力的、一般性的建议，可以参考以下读物：约翰·科特（John Kotter）的《领导变革》，罗莎贝斯·莫斯·坎特（Rosabeth Moss Kanter）的《变革大师》，或者诺尔·蒂希（Neol Tichy）和玛丽·安妮·德凡纳（Mary Anne Devanna）的《变革领导者》，或者罗伯特·奎因（Robert Quinn）的《深度变革》。

因此，我们将分享与我们合作过的公司关于 LPPD 转型的故事，而不是开发另一种通用的变革管理模式。然后，我们将从这些案例中汲取经验教训，这些比我们在现有变革管理模式中看到的 LPPD 历程更具体。下一步，我们将分享一个新兴的由产品主导变革的协作学习模型，该模型将组织转型视为一个设计问题。最后，我们将强调从政治、文化和心理的综合角度思考变革的重要性。但首先，我们将讨论一个经常被忽视的重要变革要素——从组织的层面来主导变革。

9.2 领导参与的起始水平

"一个重大的企业转型最好由最高层来主导。"这与牛顿运动定律在物理学中的意义相当。所有的证据都支持这句话，许多模型也假设了它。我们在本书中分享的福特故事就是如此。不幸的是，在福特发生的事情很可能是例外，而不是常态。大多数公司的首席执行官和高层团队不具备足够的知识和参与度来领导 LPPD 转型。然而，如果首席执行官将以产品为主导的转型视为通往成功的唯一途径，则很少有公司会陷入危机。在大多数公司中，转型工作将从组织的较低层开始。

启动 LPPD 工作的组织级别将对你的做法和影响范围产生重大影响。从组织中较低级别开始的变革工作，不太可能具有从较高级别开始的对跨职能部门的影响。然而，这并不意味着无法产生显著的积极影响，从而带来更大的机会。你将在本章中看到各种各样的例子。

9.2.1 自高层管理而下

在引入 LPPD 时，让专门的高层管理人员来领导这项工作尤为重要，这是因为：① LPPD 本质上是跨职能部门的，这是吸引所有组织职能部门参与领导层的最佳方式；②新产品开发应与公司战略直接挂钩，最资深的高管应确定方向，并确保项目在开发过程中得到承诺和支持。

在这种情况下，转型的动机和最初的领导力是从首席执行官和高层团队开始的，他们了解什么是 LPPD，并将其纳入他们的战略计划中，然后他们积极领导转型。我们在图 9.1 中说明了这一点。

当丰田推出新的计划来加强管理时，他们总是使用相同的做法——从高层开始，培训在其组织中起带头作用的高层管理人员。例如，当丰田推出"丰田模式 2001"时，公司制订了一个初步的培训计划，随后才是项目。第一批

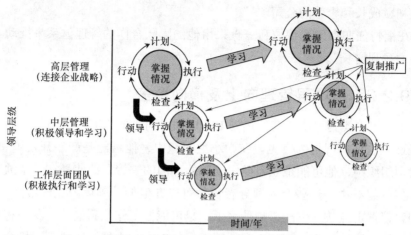

图9.1 高层领导企业级 LPPD 转型的理想状态

学员是副总裁,然后他们成为直接下属的教练,将理念逐级传递至组织的各个层级。随后很快又推出了"丰田工作实践"(Toyota Business Practices),以加强解决问题的能力,这也是自上而下的教学。每个领导者负责领导一个重大项目,以实现突破性目标。领导者会有一名教练被指派来指导他们完成整个过程,这些项目非常复杂,通常需要 8 个月的时间来完成。这些领导者向审查委员会汇报,经常被送回做一些返工。当他们通过时,就成为其下属的老师,也成为审查委员会的成员,以此类推。

正如我们所说,福特转型也是一个自上而下的案例,但根据我们的经验,这种情况并不经常发生。虽然高层领导可能会支持公司产品开发体系的转型,并批准该项目,但他/她往往会将责任下放给中层管理人员。

福特案例的另一个不寻常之处在于公司面临破产的危机,需要激励变革。公司高管经常会提出:缺乏变革的紧迫感是阻碍公司进步的一大障碍。我们听多了这个说法,所以我们对穆拉利如何看待危机在激励福特应对中的作用很感兴趣。于是我们问他,在危机中领导福特和波音与在危机后领导他们有什么不同。他的反应是耐人寻味、激烈而明确的:"改造一家陷入困境的公司和危机后的管理完全是一回事。"

"危机后的强度水平怎么样?"我们问。

"我认为,保持适当的强度水平是伟大公司和其他公司的重要区分。你看,在福特我们没有说,'嘿,让我们用这个强大的管理系统来拯救公司,然后一赚钱就放弃它。'没有,我们说,'我们要面对目前亏损 170 亿美元的现实,我们将制订一个计划,共同努力,不仅要拯救公司,而且要创造一个盈利、成长和繁荣的公司。'"

在福特任职期间，穆拉利一直采用他的团队合作的管理体系来推动"所有人的盈利增长"。

9.2.2 从中层管理向上及横向覆盖

在组织中找到一位或多位热爱 LPPD 理念而且成为充满激情的学生的工程经理，这种情况更为常见。在中小型组织中，他可能是产品开发副总裁；在大型组织中，他可能是业务部门或职能部门的主管。即使是在一个缺乏高层支持的组织中，这些个人领导者仍然可以在他们的领域内完成很多工作。我们建议把重点放在你能影响什么上，尽可能把工作做到最好，获得有目共睹的成果。这些成果是 LPPD 有效性的最佳广告。当然，还要创造机会来分享这些成果——在整个组织中向上及横向地分享。虽然从中层管理开始可能不是最佳选择，但是，我们合作过的一些公司都是从那里起步的，并且在公司内部产生了更广泛的影响。

其中一家这样的公司是索拉透平，我们在第 2 章中介绍了它，将在本章的下一节中进一步讨论。它是一家中型公司，在充满激情的一位总监和一位项目负责人的领导下让 LPPD 起步前进，继而影响了索拉透平整个公司。图 9.2 中说明了这一点。

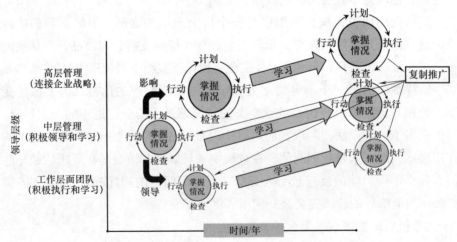

图 9.2 中层管理在控制范围内领导 LPPD 转型

9.2.3 从工作层面向上

对于某些人来说，自下而上的做法可能是理想的。授权已成为管理的流

第9章 设计你的未来——革新你的产品和流程开发能力

行语。丰田经常把它的组织结构图颠倒过来——团队成员位于顶部。但是，在工作层面引入精益开发是迄今为止最难成功的途径。

精益开发在本质上是一种企业转型，它不能只在一个工程部门蓬勃发展。高层领导通常决定哪些新产品将被开发，而这些领导也是分配资源的人。销售部门也参与其中，经常根据顾客所要的产品特征发号施令。制造部门也有自己的目标——通常从今天的生产任务开始，而不是在新产品启动中支持工程部门。那么身处一线的人如何才能改变这些呢？答案很简单：他们不能。

但如果你的情况是这样的话，其实一切都还好。虽然这需要努力的工作和不断的坚持，但从这个层面开始的精益开发，通过借鉴丰田生产系统支持中心（TSSC）的做法仍然可以取得成功。TSSC是丰田成立的一家非营利性公司，它与任何行业的组织合作，在其运营中实施TPS原则。TSSC采用的做法之一是从一条线开始。

示范线背后的理念是深入一个部门中，从一个非常具有挑战性的目标开始，在很长一段时间内逐步通过PDCA朝着目标的方向工作——在这种情况下可能是一年或数年的努力。在团队的控制范围内，引入了许多LPPD的核心要素，以便在公司中进行系统的现场演示，包括领导持续改善的人员。

示范线是用来教学的。它是为了培养公司内部的变革推动者和管理狂热者，让他们继续发挥传播的作用。在这个过程中，TSSC顾问不设计任何东西，也不实施任何东西，只是挑战、提问，并只教授公司内部人员采取下一步行动所需的东西。与此同时，TSSC与高层领导建立密切关系，鼓励他们参与示范线，并从中学习（见图9.3）。

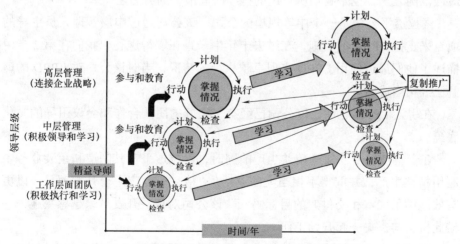

图9.3 精益变革推动者在工作层面领导LPPD项目

虽然这是一条漫长而艰难的道路，但它可以获得成功。TSSC 用这种方法取得了相当大的成功，因为尽管它的工作重点可能放在工作层面上，但实际上它让组织的所有三个层面都参与进来了。除非高层领导做出坚定承诺，否则 TSSC 不会接手客户。在示范线流程中，他们积极让该部门的高层和中层管理人员都参与到该领域的工作中来。并非所有经理人或顾问都有选择客户的权力，需要高层做出承诺。通常情况下，经理必须尽最大努力在自己的部门领导变革，这是一条非常具有挑战性的道路。有可能成功，而且可能需要几年的时间来等待一位支持 LPPD 的新高层主管接任。即使它没有传播到你所在部门之外的地方，你也将学到重要的技能，为你的下一份工作做准备。

9.3　LPPD 转型的案例

我们已经介绍了丰田以外的一些公司的 LPPD 活动：福特、赫曼米勒、通用电气（GE）、卡特彼勒、席林机器人、索拉透平和 TechnipFMC。在本节中，我们将主要关注 LPPD 倡议的早期，以及在涡轮机开发、医疗保健的临床流程、航空航天和建筑中不同做法，来进一步说明精益转型的多样性。每一个案例都使用了某种不同的转型方法，每种方法都取得了相当大的成功。

9.3.1　索拉透平公司的故事

我们在本书中曾多次提到卡特彼勒旗下的索拉透平公司。杰夫和我们的同事约翰·德罗戈斯（John Drogosz）已与索拉透平合作多年，吉姆也偶尔会与其高层管理团队接触。我们相信，索拉透平是中层管理人员主导变革的最佳范例之一，也是我们所见过的持续时间最长的努力之一。

索拉透平公司是一个中等规模的公司，该公司通过中层管理人员主导的项目来支持 LPPD 的实施，在过去十年中一直在取得进展。我们在第 2 章中描述了他们最近使用 LPPD 实现卓越执行的情况，当时该公司对 LPPD 的理解已经相当成熟。

在引入 LPPD 之前，该公司已经有了很好的团队合作和会议引导的文化底蕴。

在卡特彼勒专注实施精益生产的同时，索拉透平在其制造和组装业务中应用精益生产，并取得了相当大的成功。"精益可以应用于开发项目，以更有效地满足成本和交付期的目标吗？"该公司对精益开发越来越感兴趣，并借此机会与杰夫一起开始工作。

将重点聚焦于整体企业的领导力，以总工程师（CE）的价值观为先导，第一批试点项目之一聚焦于现有涡轮机的升级改造上。

董事会看到了一个紧急优先级。索拉透平在其历史上一贯以创新能力提供一流的产品,但是有一条产品线正面临着重大的挑战。将升级的产品快速推向市场对于维护公司的市场地位至关重要。问题是这个周期需要两年或两年以上才能完成。销售部门表示,这无法满足顾客的需求,实际上,销售已经向顾客承诺更快的周转速度。迫切地需要满足客户的需求,更快地将新产品推向市场。

杰夫于2008年5月主导了为期三天的产品开发价值流图(PDVSM)研讨会来启动该项目。房间里有20多人来自各个职能部门,还包括铸件供应商,他们在原型开发中起关键作用。这个小组虽然人数很多,但在整个过程中合作良好。

这个小组以前从未绘制过产品开发价值流图。他们首先到现场访问各部门(许多人第一次看到其他部门),然后热情地将当前状态详细描述为开发流程的前端、中间和后端的三个次小组。价值流图是由横向的泳道组成的,每条泳道代表一个职能,启动时间显示在顶部(见图9.4)。流程中的每一步骤都用一张便利贴表示。人们不羞于暴露问题。他们看到的是所有的职能如何影响彼此的工作,而这情形并不漂亮。当前状态是一个清晰的瀑布模型,从两部分同时开始,产品开发工程师将工作交给原型工程师,采购部门购买零部件并将工作交给生产准备部门。在概念阶段,这个流程相对简洁和简单,但随着它转移到其他的部门,必须更改先前决定的时候,它变得越来越复杂。当这个流程进入生产工程部门时,所有的泳道都充满了许多便利贴,它们几乎无法贴在纸上。这一切充满了混乱、困惑和灭火救急,显然是一个改善的好机会。

图9.4 索拉透平当前状态图:发电机升级项目

然后,他们以一个大组的方式集体制作了一个流程的未来状态图,来满足销售部门承诺顾客的时间表。这是团队希望项目如何进行的愿景(见图9.5)。团队有许多创新的想法,但最大的改变集中于当前状态图所暴露出的关键问题。

图9.5 索拉透平未来状态图:发电机升级项目

(1)前期加载 在当前状态下,高层管理和市场营销部门授权了一个项目,由一名项目经理组建团队,工程部门开始提出一个概念,来满足开发项目的目标,其他职能部门极少参与。随着详细的工程设计的进行,通常会从上级领导处得到设计重大变更的指示,管理层称之为"范围蔓延"。这导致了许多返工周期的产生。

在未来状态中,项目经理将更像是一名总工程师,负责制订一份概念报告。重点是,这是一份经过执行董事会批准的理由充分的概念报告,它将限制在项目后期进行需求更改。此外从最开始,总工程师就组建一个跨职能部门团队,包括采购、工具设计、包装、测试、销售、营销和制造。并且在概念阶段就使用同步工程。

(2)批量工作 目前开发项目中的一个主要瓶颈是加工模具的设计和制造。当前状态的产品开发价值流图显示,工具订单将累积成大批量,这超过了工具设计组的负荷。

在未来状态中,工具订单将提前及按顺序发布。这将允许工具设计组以单件流动的方式设计,并贯穿整个工具制造的流程,而不会因为批量工作而造成内在的等待和瓶颈周期。

（3）早期供应商参与　目前的开发流程中没有让制造部门和主要供应商参与设计流程。通常这些团体第一次参与项目是在详细图纸的发布期间，由于没有时间进行返工，所以他们对于成本和工艺性的改进意见通常都留给下一个项目。

在未来状态中，制造部门和主要供应商的成员从一开始就是开发团队的一员。在开发生产布局和细节设计时，他们将为设计工程师提供成本和工艺性的合理建议。把这些关键的信息带到设计流程的前期，因此可将其包含到设计之中。该过程被描述为在绘图桌上同时进行制造工程和设计工程，因此也同时创建工艺和设计。这种共同创造的流程带来巨大的成本节约和质量改进，同时维护强化的设计来满足客户的期望。

（4）快速原型测试　涡轮机内燃过程并不是完全可预测的，所以在开发中总是必须反复测试和重新设计。当前状态中测试设施（testing bays）是一个主要的瓶颈。

未来状态图要求使用精益概念重新设计测试流程，目的是实现单件流，并使用可视化管理来目视化需要测试的流动，以及其完成阶段的进度。

团队同意将所有上述这些做法付诸实践，每周在大部屋召开一次团队会议（见图9.6）。一旦会议开始，价值流图就切换到背景之中。高度投入的团队在工作进度截止日期和成本方面都达到或超过了目标，升级后的涡轮机在市场上获得了成功。项目并不是一帆风顺的，该小组高度专注和敬业，克服了许多障碍，其中包括几个月的挫折。

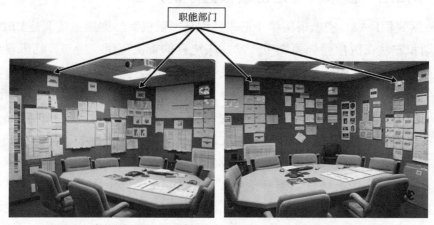

图9.6　索拉透平升级项目的大部屋（这个房间依照专业来组织：包装、工程、采购、制造、铸造供应商等）

与涡轮机项目并行的是，第二个团队正在领导一个 LPPD 试点项目重新设计燃油喷射器，这是内燃系统的关键部件。团队在大部屋使用相同的产品开发价值流图。燃油喷射器重新设计团队取得了同样显著的成果，实现了成本目标和时间目标。

多年来，大家已经习惯于不能履行对顾客的承诺，这些项目的成功令人振奋，现在有很多人支持 LPPD。所有的新项目很快就开始了价值流图工作坊，由公司内部自行辅导推动并成立大部屋管理。在产品开发过程中还产生了对控制在制品库存、联结流程及持续缩短交付期的创新想法。此外，在创建知识库的书籍、设计标准化、将缩短交付期延伸到顾客现场的维护工作等方面，都取得了进展。

在此我们乐于汇报，随着许多开发项目的成功和流程的改进，LPPD 继续以线性方式逐步发展，如图 9.2 所示。但不幸的是，前进的道路比这张图显示的要复杂得多。LPPD 的教育需要持续进行，普及到整个组织内。同时，主要的倡导者们发现，他们需要继续担任精益的先锋，以维护进步和收益。

由中层管理领导产品开发当然是一个挑战，但一直有进展，关键的精益领导者继续横向和向上促进 LPPD 的普及应用。如第 2 章所述，2016 年有一个突破，一位最早的 LPPD 项目领导人被授予气体压缩机产品系列的所有新开发的责任。2018 年，在经过 10 年的发展之后，索拉透平公司的 LPPD 仍然强劲地进步着。

9.3.2　临床流程是密歇根医学的产品

据我们所知，密歇根医学（正式名称是密歇根大学健康系统）是 LPPD 原则和方法在医疗保健领域中开发临床流程的首次应用。最初，临床设计和创新（CDI）团队的成员是有抵触情绪的，因为他们认为产品设计方法对他们不起作用，后来他们开始接受 LPPD 的实践，并成功地将它应用于自己独特的环境。关键是将流程视为产品，让它们经历像开发实体产品一样的严谨开发过程。尽管在撰写本文时，此转型仍在进行中，但是我们认为密歇根医学的经验可以作为医疗改善计划的强有力模型，展示 LPPD 模型对服务流程的有效性。当马伦特（Marentette）博士和吉姆开始向其他医疗机构分享密歇根医学的故事时，它引发了热烈反响。因此，请关注这个领域的未来，我们相信有更多的事情要发生。我们真诚地感谢我们的同事拉里·马伦特（Larry Marentette）博士，保罗·帕利亚尼（Paul

Paliani)、马特·扎科（Matt Zayko），以及密歇根 CDI 团队对以下这一段插曲的帮助。

吉姆在福特工作大约 9 年后，被诊断出患有肉瘤，并在密歇根医学接受治疗。这个诊断使他对医疗专业人员和患者面临的挑战有了新的认识。在与癌症的斗争中，他结识了许多了不起的人，还加入了密歇根以病人为中心的护理计划。他重新认识了一些老朋友。其中一位老朋友是密歇根医学负责医学事务的副总裁兼内科教授杰克·比利（Jack Billi）博士。他不仅是一位出色的医生和教师，而且还是长期以来致力于密歇根医学实施精益医疗的负责人。杰克和吉姆曾多次谈到 LPPD 在医疗保健中应用的可能性。比利博士分享了密歇根医学在精益管理方法方面取得的进展。然而，他也了解还有很多事情要做，觉得 LPPD 可能会有所帮助。吉姆正从他的治疗中复原，借此机会与比利博士和他的同事们一起花时间了解医院的现场。

比利博士向许多密歇根医学的人介绍了吉姆，其中包括首席质量官史蒂夫·伯恩斯坦（Steve Bernstein）博士，他建议他们与拉里·马伦特博士和保罗·帕利亚尼交谈，他们两位在临床设计和创新（CDI）小组中领导改善工作。CDI 团队已经成功地将精益工具和方法应用于许多临床流程中，例如，实施强化的复原计划以减少结肠直肠手术患者的重新入院，以及创建一个新的电生理（electrophysiology）快速跟踪访问诊所以减少患者入院。马伦特和帕利亚尼认为，这些早期的成功带来了更高的期望和更大的工作量。为了有效地应对这些新挑战，他们需要大幅度改进自己的流程。这次讨论开始了 CDI 团队，LPPD 教练马特·扎科和吉姆之间的精彩合作，他们探讨了 LPPD 原则在创建临床流程中的应用。

1. 高层领导参与

他们首先组建了一个由密歇根医学和精益企业研究所（LEI）的高层领导组成的指导团队，以持续支持 CDI 团队。指导团队的第一步是针对 LPPD 和"流程即产品"的概念建立一个共同的理解，以便于获得普遍的支持。他们同意一起尝试 LPPD 试验，来证明临床流程可以当作产品来对待。指导团队每季度召开一次会议，审查进展情况，帮助解决问题，并且在整个倡议过程中为小组提供反馈。这是一个重要的步骤，让密歇根医学超级忙碌的高层领导加入过程中，有助于激励 CDI 团队。

2. 产品开发价值流图——让工作目视化

CDI 团队由才华横溢、经验丰富的精益教练、工程师和项目经理组成，他们曾多次绘制价值流图；他们从未在临床流程开发中做过这件事。他们同意扎科和帕利亚尼主导产品开发价值流图（PDVSM）工作坊的实行，重点关注他们如何创造新的临床流程。他们从最近的一个头颈外科项目开始，确定了几个有待改进的部分。总体来说，这个项目比预期的要长六个月，而且只完成了最初设想的一半工作。产品开发价值流图工作坊凸显了一些具体的改进机会：

1）在项目早期，CDI 团队在采集数据，以及与关键的参与各方和流程负责人的会面经历了长时间的延迟。

2）他们没有与关键的参与各方协调项目的战略目标和工作目的，而且过早地投入工作。

3）他们缺乏快速识别和应对问题的方法。

好消息是，在实行工作坊的过程中，团队能够"真实地看到工作和延误"（见图 9.7）。

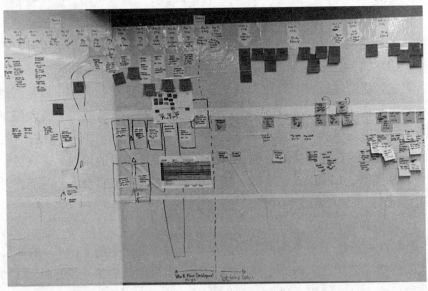

图 9.7　临床设计当前状态

经由产品开发价值流图获得对开发流程的新理解，LPPD 工具和做法获得成功的迹象，并有机会创建一个新的未来状态，这使 CDI 团队的成员们深受鼓舞（见图 9.8）。对于他们的未来状态，他们决定按职能部门（泳道）布置开发工作，并提出一个改进的模型，说明临床设计的参与应该是什么样的，以及设计方案需要多长时间。

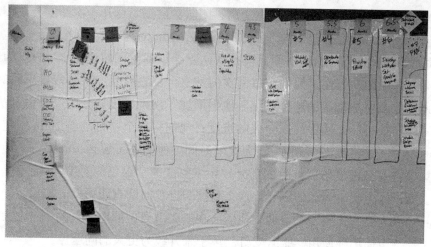

图 9.8　临床设计未来状态

为了实现他们未来状态的愿景，CDI 团队的成员同意尝试以下 LPPD 试验：

1）使用一个共同的大部屋管理系统和有效的里程碑来进行所有项目的运作，促进协作、沟通、学习和项目管理的有效性。

2）在他们的流程中前期加载一个"研究阶段"，加入参与各方的参与、试验和学习。

3）经由研究阶段的工作来创建概念报告，以便更好地协调团队和关键的参与各方。

4）通过有针对性的原型设计和更深入的"跨职能部门"参与，来整合设计评审和试验，改善问题解决并增强创新。

3. 你不能管理秘密——大部屋

与 CDI 团队产生共鸣的第一件事就是穆拉利的名言"你不能管理一个秘密"。工作进度表和其他重要信息通常被储存在项目负责人的笔记本计算机里，每个小组的改善都是独立作业的。团队成员迫切地需要更高的透明度、更多的跨项目学习，改进协作缩短交付时间，以便成功地管理增加的工作量。高的透明度可以帮助他们了解项目是超前还是落后，允许他们及时支持团队的工作。团队成员与扎科合作，为当前的项目创建项目工作进度表，以构建大部屋。

他们每周在大部屋开会，花了四周时间，列出了六个项目的工作进度表。在意识到他们是多么喜欢"看到"以这种方式显示工作之后，他们为四个更成熟的项目开发了工作进度表。这使他们能够"看到"他们整体的工作负荷。在完成了项目工作进度表之后,团队尝试每周召开一次站立会议,由各项目经理单独汇报他们的项目。目标是在 30min 内完成 10 个项目,他们为每个项目分配了 3min 时间。前几次站立会议的时间超过了 30min。为了提高大部屋的有效性,他们在每两次的站立会议之后添加了一段反思时间,让大家提出想法来帮助这个过程。他们增加了规则,比如分配一个引导员、计时员和抄写员来确保站立会议的进度;他们将每个项目的前 2min 指定为不间断时间,将最后 1min 指定为提问时间。他们还了解到,如果每个项目都只报告有关进度落后红色的部分,和恢复成为"绿色的对策",而不是将站立会议作为解决问题的场合,这会对控制会议时间有所帮助。最后,一个项目如果需要解决问题的协助,他们会在一张"要做的事情"的单子上表达需求,甚至还单独使用一张"安灯"单子来升级为更大的问题。

在使用大部屋一段时间之后,CDI 团队与吉姆审查了他们的进展。团队一部分人参访了位于马萨诸塞州剑桥的 LEI 总部,他们观察到 LEI 的大部屋不仅仅是工作进度表而已,其他关键信息也发布在上面。因此,团队成员应用目视化管理要素把工作的其他方面连成一个整体,例如 CDI 项目引入流程的六个步骤,方便他们能够展望新的工作。此外,还设置了一个展示区,展示开发患者路径的流程和当前创建中的路径状态,另外还展示每个项目"请求中"和"已提供"数据的摘要。最后,该团队决定在大部屋内尽可能地发布项目追踪和汇总的试算表。

团队反思了大部屋(见图 9.9):这是一个更好的流程,因为人们可以"看到"他们的工作,每周的站立会议比过去冗长的、坐下来的会议更快且更有效率。总体来说,该团队对"大部屋"感到满意,因为它使透明度大大提高,而且更具包容性,这增加了 CDI 团队内部,以及与其委托人的合作。

图 9.9　临床设计大部屋

4. 里程碑——从异常中恢复正常

为了了解项目是否真正按工作进度表进行,临床设计团队为每个里程碑创建了事件质量标准(QEC)。团队从每个里程碑明确的目的陈述开始,从中得出事件质量标准。该团队还为处于危险之中的里程碑，制订了早期预警关键指标。这是通过将里程碑分解为子步骤，在流程中对其进行监控（超前与滞后指标）来实现的。当整合成为大部屋管理评审时，这有助于团队更好地理解流程的关键要素，并且区分出异常状况与正常情况，并做出相关的反应。到目前为止，在大部屋管理和改进里程碑的使用之间，所有的项目都已步入正轨，再没有像以前那样偏离的现象。

5. 研究期间

团队成员发现的另一个问题是，他们有时在没有完全了解当前状态，或者在关键的参与各方加入之前，对项目做了太多的工作。为了解决这个问题，他们将临床设计流程重新组织为研究阶段和执行阶段，包括与医学术语相关的六个步骤（见图9.10）。在研究阶段团队专注于深入了解患者、流程负责人、环境，以及流程如何能够创造价值。

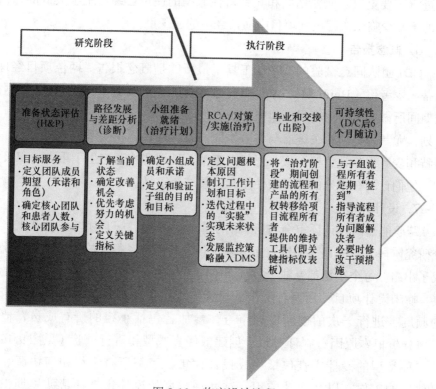

图9.10 临床设计流程

他们遵循了"慢就是快"（go slow to go fast）的格言。他们使用准备阶段来了解其他医疗机构在类似情况下可能会做些什么，与主要领导人会面以获得他们的支持，显著地增加了他们在开始工作之前进行"去看"（go and see）的次数、持续时间和质量，召集一个核心小组，让许多平常不互相交谈的成员，参与差距分析工作，使他们能够集中精力解决想要解决的问题。他们启动差距分析工作会议，让所有参与各方知道团队将与他们一起工作一年左右的时间，共同讨论临床设计流程。

团队成员还访问了门罗创新公司，并与高科技人类学家进行了交流，以提升他们的观察和同理心技能和工具。他们从 GE 家电的 "FirstBulid" 的创新平台中学习，并学习席林机器人的低保真原型的制作。这些都是 LEI 学习小组的公司成员。基于他们所学到的知识，他们开始创建自己的低保真原型（见图 9.11），利用他们新获得的观察技能和方法，与参与各方进行测试。早期具针对性原型的例子包括袖珍卡、患者护理概要、软件界面草图、流程图等。使用这些简单的原型使他们能够与用户密切合作，并且轻松快速地对原型进行重要更改。研究期间和具针对性原型的使用已经产生了关键的知识，有助于减少临床流程设计项目中通常经历的返工量。

6. 概念报告

CDI 团队同意试验的 LPPD 工具里最新的是概念报告。两位项目经理，海蒂·麦考伊（Heidi McCoy）和安迪·斯科特（Andy Scott）开始根据研究期间所做的工作为项目创建概念报告，改进其内部逻辑，完善更好的项目计划，尤其是与所有关键参与各方协同一致。尽管还在使用的早期阶段，斯科特和麦考伊都认为概念报告已经对理解、规划和协调产生了重大的积极影响，他们计划在未来的项目中使用和发展这个工具。

7. 设计评审

跨职能部门设计评审会与所有的小组一起举行。一旦团队成员结束了一个研究阶段，对问题、关键差距、参与各方等都有了很好的了解之后，就形成了小组。每个小组都专注于审查新临床流程的一个特定要素。

临床设计项目使用两种类型的设计审查：第一种是每个小组以每两周的频度，进行一次的创新设计审查，参加者包括小组的所有成员，他们着重分析根本原因、制订对策、创建低保真原型和进行试验（见图 9.12）。第二种类型的设计审查包括集成设计评审，了解所有小组如何协调和集成他们的工作，以及启动流程。这两种类型的设计审查都帮助早期识别问题，促进协作解决问题，但其更大的潜力在于临床流程设计方面的创新。

第9章
设计你的未来——革新你的产品和流程开发能力

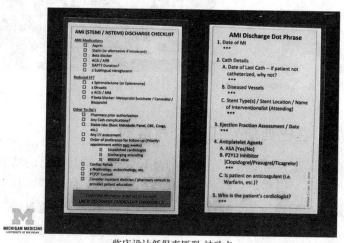

临床设计低保真原型-追踪板

临床设计低保真原型-袖珍卡

图9.11 临床设计低保真原型

在图 9.12 中，负责左上角方框的五个小组各自有一个他们负责的特定任务，这些任务源自研究期间。这些小组正进行原型制作，集成设计评审（在下面的框中）解释了各种原型及其用途。原型由患者、医生、护士、流程负责人等进行测试。

虽然密歇根医药 CDI 团队成员的 LPPD 旅程还不到一年时间，但是他们和参与各方对迄今为止的结果感到振奋。这些结果已经引起密歇根州医疗系统各方的注意，其他的团体已经开始研究 CDI 团队的工作内容，以期推广实践。

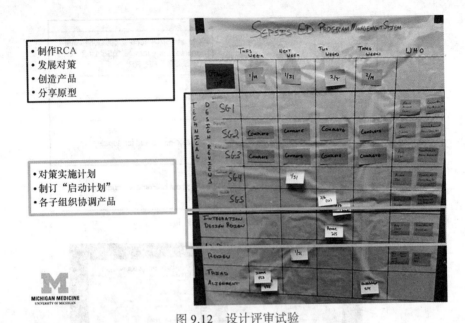

图9.12 设计评审试验

9.3.3 在巴西航空工业公司准时飞行

巴西航空工业公司不是在车间，而是在整个公司开始它的精益之旅。它的企业转型是公司最高层领导的，然而该团队的第一次快速胜利是在车间的现场经历的，他们启动了 LPPD 工作，尝试着将制造（快速改善）所使用的同样的工具和方法应用到开发中，但是一直无法使其适应工程环境。使转型最终成功的原因是那些参与的人们坚持不懈，获得了所需的知识，努力工作并继续学习。另一个成功因素是他们在每个项目团队中嵌入了一个 LPPD 教练，这是因为他们培养了非常有能力和受人尊敬的教练。我们非常感谢我们的同事和朋友约翰·德罗戈斯（John Drogosz）提供这个故事。

巴西航空工业公司是巴西的公务飞机、小型商用客机和国防飞机的设计者和制造商，年收入约 60 亿美元。巴西航空工业公司在 2007 年开始了精益之旅，在车间取得了显著的成功。高管们有足够的前瞻性思维，意识到如果没有产品开发组织的参与，公司将无法实现精益企业的全部潜力。总体公司的做法被称为巴西航空工业公司企业卓越计划（P3E），最初他们试图在产品开发中应用精益生产的工具和技术，但是成效很有限。正如你所料的，他们很难动员开发团队去参与。

巴西航空工业公司派出了几名最好的教练到密歇根大学的 LPPD 班上

课。这些课程是吉姆根据他对丰田产品开发体系的研究而开发的,向学员们介绍一套强有力的做法和工具提高产品开发能力。同时我们还向他们介绍同事约翰·德罗戈斯,他是 U of M 的讲师,将在未来五年支持他们的 LPPD 之旅。巴西航空工业公司的 LPPD 实施历程通过以下三个阶段演变而来:改善活动,试点项目的嵌入式教练,以及价值流管理。

1. 改善活动

巴西航空工业公司开始其精益之旅,在产品开发中举办改善活动解决了局部问题,就像在制造部门中一样。这些活动也被称为"快速改善工作坊",通常安排五天的周期。另外还有一些准备工作,例如选择项目主题和确定团队,然后由团队分析当前状况,设定目标,尝试尽可能快速地进行改变。工作坊运行良好,到周五结束时,参加者都已经筋疲力尽但是却精神振奋。他们向高级经理做最后总结,庆祝他们的成功。随着时间的推移,他们了解到可以通过较短的活动时间从工程中获得最大的好处,通常是为期三天的改善工作坊,有时甚至是一天的改善;若项目的范围有需要,也有超过五天的时候,这时不再安排团队成员全程参与,而是根据实际需要来定。

巴西航空工业公司的目标是启动产品开发转型——经由亲身体验 LPPD 解决具体问题的好处,学习一些基本的精益工具和技术,获得足够的兴趣以形成广阔的视野。他们接着成立了一个改善促进办公室(KPO)来引导改善活动和建立内部能力。KPO 团队对产品开发流程进行了初步评估,为其工作制订了指导方针和目标。KPO 团队利用这些指导方针和目标在接下来的一年中开展了许多改善活动,成功地向产品开发界展示了 LPPD 工具和方法的潜力。但是,他们很快就发现,仅仅是改善活动不能够充分发挥 LPPD 的潜能。这时团队已经准备好做更多的学习。

2. 试点项目

尽管改善活动取得了局部性的绩效,而且产生了对 LPPD 追随的热情,但是,项目的总体结果仍然不平衡,而且往往无法持续。短暂的学习和活动可以激发活力,但团队的成果和体验也受到了限制。KPO 团队决定通过向每个开发团队分配一个内部 LPPD 教练来集中其资源,并且每个团队分配一个主要的设计项目。

教练被嵌入到团队中进行与成员一起使用 LPPD 工具和技术解决特定项目的挑战。现在,教练不仅仅是改善活动的引导者——教练在现场工作,在整个开发流程中都是团队的一员。这意味着教练可以直接看到项目团队的挣扎,及时地提供帮助。教练还能够与项目领导建立更牢固的关系,作为真正的教练，帮助指导文化方面行为的变化。这种做法取得了比以往任何时候都更有效的项目整体绩效，这种帮助将 LPPD 原则更好地嵌入到工作团队中。

3. 价值流管理

随着巴西航空工业公司的 LPPD 之旅的继续进行，该公司发现了更广泛的挑战，这些挑战既不能通过改善活动的做法解决，也不能在单个项目的层面解决。高层领导认识到他们需要按照为客户创造价值的方式把自己组织起来。他们认为与过去相比，他们需要更全面地改善整个价值流，在各职能之间做出关键性的权衡决策。此外，衡量"成功"需要在整个企业内完成，而不是按职能或部门。因此，管理层按照价值流对组织进行了重组，并相应地调整了持续改善团队。为了管理每一个产品开发价值流，他们建立了"持续改善经理"的角色，帮助创建一个转型计划指导实施，并测量结果。

4. 创造流动，缩短交货时间，货机 KC 项目按时交付

KC 项目是第一批充分受益于巴西航空工业公司 LPPD 工作的项目之一。KC 项目是巴西航空工业公司开发的第一架多任务军用运输机。事实上，这是巴西航空工业公司的历史中所设计和制造的最大和最复杂的飞机。除了重大的技术挑战和需要快速学习曲线之外，团队还面临着非常具有挑战性的时间表。

KC-390 工程副总裁瓦尔迪·冈卡尔维斯（Waldir Goncalves）为其项目制订了一个非常全面的 LPPD 实施策略。他一直是 LPPD 的支持者，并认为产品开发是一个社会-技术系统，他在战略中有条不紊地解决了该系统中的所有三个支柱——人员、流程和工具。

作为第一步，瓦尔迪和他的领导团队共同创造了 KC-390 产品开发团队的目标。所有团队成员都有明确的目标和良好的沟通，他们对自己所做的事感到投入和自豪。在瓦尔迪看来，这一步的重点是项目管理的人性面，这对项目的成功至关重要。

第二个重要步骤是，为了充分利用巴西航空工业公司对 LPPD 原则的最佳理解以开发 KC-390，瓦尔迪请最有经验的 LPPD 教练马诺埃尔·圣多斯（Manoel Santos）担任 KC-390 卓越计划经理。他的职责是构建流程和管理 LPPD 工具的应用，以支持 KC-390 团队。

第三个重要步骤是，应用大部屋管理系统，它提供了一种有效的方法来监控项目的进度，并提供了一个有效沟通和协调的流程。

该团队被组织成跨职能部门的模块开发团队，负责产品的特定子系统。每个团队包括产品工程、制造工程、质量和供应链。根据他们在《丰田产品开发体系》中学到的知识，模块开发团队使用目视化管理和其他精益技术相结合的方式来管理他们的活动，从而在开发阶段快速地学习并精确地执行。每个项目团队使用大部屋来运行他们负责的部分。

项目级团队创建了包括前机身在内的几架飞机的低保真原型模型，以便在项目早期实现快速学习周期。项目团队请来顾客的飞行员和巴西航空工业公司经验丰富的工程师，以获得他们对设计的直接反馈。制造部门也能够经由有针对性的跨职能部门流程开发工作坊（生产准备流程，3P）提供比往常更多的意见。这项工作的结果是显著减少了零部件数量和制造复杂性。该团队还邀请了几家主要供应商提供意见，并确保供应商的设计能够更好地集成到整体 KC 设计之中。该团队在前期工作中使用了新的模拟技术和更早的证明概念，比任何其他项目更快地应用虚拟飞机"飞行"。回顾过去，团队认为协作和解决团队问题的水平是他们加入公司以来经历的最好水平。

5. E2 项目——有史以来最快：符合计划和预算，交付时比原始规格更好

E2 商用飞机项目是巴西航空工业公司在 2018 年中应用 LPPD 原则的最新项目。该项目在巴西航空工业公司商业飞机项目的历史中具有最积极的交付时间表，其预算小于其他航空公司类似的项目，并且它的规范将创造这类型飞机市场中最具竞争力的飞机。该项目的愿景是宏伟而富有挑战性的，包括与上一代系统相比较有 75% 的新系统和许多的新供应商。这是一个突破性的新产品，而不仅是一个 E-Jets 飞机（该公司飞机系列）的增量改进而已。

从一开始，E2 项目团队的领导，包括项目总监费尔南多·安东尼奥·奥利维拉（Fernando Antonio Oliveira），就与 KC 货机项目的人员会面，收集他们所有的经验和教训来应用在 E2 项目中。

以原始规范为基础，该项目创建了一个反映其竞争力的"顾客价值主张"，制订高层次需求的目标，在整个开发流程中使用特定的工具进行部署和监控，并且使用实体和虚拟的大部屋。

鉴于 E2 的时间表、预算和规格非常具有挑战性，团队需要密切关注整体价值流，以确定任何能够进一步前期加载学习和最大化的项目执行速度的机会。除了应用 KC 和其他项目的经验之外，该团队还多次举行价值流图规划会议，应用关键链方法，帮助他们优化项目级别的工作流量。还举办改善工作坊，进一步阐明价值主张和使用大部屋管理项目的方法。风险和预防性管理是绩效的关键，其驱动力来自价值主张的目标。

被选中执行该项目的团队成员均经验丰富。巴西航空工业公司在其直接

竞争对手中，拥有最快的产品开发速度，这使得其工程师们能够在同一时期参与更多的项目。例如，拥有15年经验的巴西航空工业公司工程师有机会通过之前三到四个项目的开发周期进行学习，而不是像其他飞机公司那样只学习两个项目。

该团队发现了几个机会来增加他们项目的前期加载，缩小一些关键的知识差距——仿真工具的使用加上低保真模型大大加快了他们的学习速度。他们还能够重复利用从以前的项目中获得的一些知识，以减少学习曲线。

对同步工程的关注也非常密切。主要供应商在项目早期参与，是设计的真正合作伙伴。前期加载允许团队在项目早期显著地改进设计界面和设计的制造可行性。

巴西航空工业公司在容易组装的设计方面做了大量的工作。它对组装线进行了改造，使其成为一条"混合线"，可以在不影响E1交付的情况下装配新的E2。它采用了几次"3P"工作坊（生产准备流程），来减少组装操作员的学习曲线，缩短量产时的上升时间。

2016年5月23日的第一次飞行（见图9.13）是迄今为止飞机项目中最全面的一次飞行，比原计划提前了几个月。重量达到目标，系统运行完美无缺。在该小组包括收回起落架和襟翼，并进行附加试验之后，它爬到了最大高度（12.5km），加速到最大速度（0.82马赫）（是航空航天领域的第一次）。飞行过程中，计算机操纵系统处于正常模式。它在起飞后200min后降落，这是窄体客机首次飞行的最长时间。仅仅在两天之后进行了第二次飞行。50天后，它完美地穿越了大西洋，在英国的法恩堡航空展览会上亮相。

根据巴西航空工业公司高管的介绍，E2飞机的整体表现是航空航天业的第一名。即使在第一次飞行的时候，飞机的表现也非常成熟。这让他们能够同时进行测试活动（飞行和静态/疲劳测试），使得测试活动的全球有效性提高了25%。同时，他们能够在不影响测试和工作进度的情况下，支持原型的销售活动。

在此行业中，很常见的是具有一年或更长时间的延迟交付，和数十亿美元的成本超支，而最终E2项目准时交付，交货期是有史以来最短的。从商业计划批准到认证总共花费56个月，而不是典型的90多个月（市场周期）。这架飞机按预算、按时起飞，规格实际上比原来要求的更好。

E190-E2获得巴西民航局（ANAC）、美国联邦航空管理局（FAA）和欧洲航空安全机构（EASA）的三重认证。根据巴西航空工业公司的说法，这是第一次像E2这样复杂的飞机项目同时获得三大全球认证机构的批准。

图 9.13　巴西航空工业公司 E190-E2 首航

巴西航空工业公司首席执行官保罗·塞萨尔（Paulo Cesar）说："我们的开发团队在创造力、奉献精神和能力方面再次表现出色。不仅实现了所有的开发目标，而且燃油消耗、性能、噪声，以及维护成本等几个重要指标都比原来的规格更好。"

9.3.4　产品是建筑物：建筑业中 LPPD 的应用

尽管 LPPD 的实践有时会有不同的名称，例如"精益设计""精益项目管理""生产准备流程（3P）"，但基本原则和做法是相同的。十多年来，建筑业一直在试验从 LPPD 衍生出的基本原则和做法。我们将分享一个简短的故事：俄亥俄州阿克伦（Akron）市医疗设施的建设。我们认为这个故事说明，与其他行业一样，你在新建筑开发过程中做出的决策会影响在其中工作或访问它的每个人的未来，而且 LPPD 原则和做法可以产生重大的积极影响。我们相信这是另一个还有很多工作要做的领域。

阿克伦儿童医院 Kay Jewelers Pavilion 建筑物。阿克伦儿童医院是越来越多利用新建筑来大幅提高其运营效率的医院之一。通过采纳用户和关键参与各方的意见，对设计流程进行前期加载，让开发人员能够进行试验、学习和改进，否则在设施建成后即不可能进行更改。这个例子基于 Catalysis 期刊（原 ThedaCare 医疗保健价值中心）的报告："建筑一家精益医院"。

这座七层高、占地 3.4 万 m² 的建筑物于 2013 年 5 月破土动工，两年后迎来了它的第一批患者。该设施设有新生儿重症监护室、急诊室、高危新生儿分娩室和门诊中心。Catalysis 期刊报告说，阿克伦儿童医院在大规模开发的所有阶段都应用了精益项目管理：从房地产收购、承包到设计和施工。当全部完成后，该项目比预定的开放日期提前了两个月，较预算节省 2000 万美元（依传统建筑估计为 6000 万美元），并实现了医院的质量目标。

阿克伦利用三个不同的设计阶段，专注于在流程早期邀请最重要的各方参与，根据 Catalysis 期刊所言，这些阶段如下：

1）概念设计。团队审查了当前条件（数量、流量、瓶颈等），设想了改进状态的特征，并使用小型模型和纸娃娃进行总体布局。

2）功能设计。使用一块 $5500m^2$ 的区域，团队用全尺寸纸板布局，并对 7 种医疗保健流程（患者、家庭、员工、药物、设备、供应品和信息）进行测试。鼓励团队反复试验——不接受他们的初步成效，要求继续改善。

3）细部设计。团队建模了他们的工作区域以确定最后的细节。模型由纸板房组成，工作人员在其中相关位置放置墙上插座、电灯开关、设备、纸巾分配器等的照片，并移动实际的床、家具和医疗设备来测试设置。在这个阶段，设计决策是根据想要与需要的标准来评估的。

团队在三个设计阶段中的每一个都花费大约一个月的时间来构建和测试这些原型。建筑师和工程师研究了原型并提供指导，确保符合建筑规范和结构要求。

除了让合适的人参与到设计的早期阶段之外，阿克伦还从合同开始，以集成项目交付的概念管理整个项目，并在整个项目设计流程中使用了精益工具，如目视化管理、A3 问题解决和集成团队会议。现在这座大楼深受员工和顾客的欢迎。

9.4 我们从产品主导的转型中学到了什么

我们描述的每个案例都有独特的经历。然而，当我们反思各种 LPPD 转型工作时，各组织的有效变革管理有一些共同的主题。

9.4.1 当自上而下与自下而上相遇时，能量就会释放出来

我们和许多人一样都强调穆拉利作为福特转型领导者充满了活力。根据本书的介绍，"福特的历史转折"中所显示的，是车身和冲压工程团队，以及在福特前线的许多人共同努力造成变革的结果。首席执行官的领导和整个组织的不懈执行共同促成了福特的成功。这种改变在整个组织中引起了

第9章
设计你的未来——革新你的产品和流程开发能力

共鸣。穆拉利没有细化到部署 LPPD，新产品是他的战略核心。他领导创造"一个福特"，以共同的目标改变了福特面对和解决问题的文化，从而提供了一个支持 LPPD 转型和释放团队能力的背景。正确的领导力、知识和能力三者结合起来，为产品主导的变革创造了强大的力量。

9.4.2 从你能获得最高级别的领导支持开始，但别期待更高的

穆拉利身为首席执行官，既以结果为导向，又以人为本，而且对产品卓越充满热情，像这样的领导者是很稀少的。我们的同事，前丰田老将格伦·乌米格（Glenn Uminger），在丰田的时候帮助许多供应商学习 TPS，现在身为退休人员仍然继续这么做。他考虑以嵌入式三角形模型来进行组织中的变革（见图 9.14）。

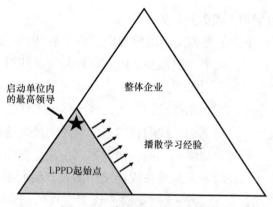

图 9.14　嵌入式三角形模型

理想情况下，乌米格会从一开始就得到最高管理层的强烈承诺——整个三角形，但他意识到这往往不会发生。所以他确定了他能得到真正承诺的最高层次——业务单位、部门、项目（焦点三角形）。这就是他集中注意力的地方。他追求成功，尽可能地得到高层领导的关注，这是向上和横向影响的基础。重要的是通过让他们参与实际的转型，使关键领导者进入该三角形，而且产生对公司有重要影响的成果。我们在索拉透平上看到了这一战略的实施。它之所以在那里起作用，是因为该公司在制造部门的精益方面取得了成功，在产品开发中有一些对 LPPD 充满热情的关键领导者，不断地推广先前获得的结果和后续步骤。

设计未来 DESIGNING THE FUTURE
——福特、丰田及其他世界顶级企业的创新和转型之道

1. 变革需要一个理由

让我们面对现实吧，改变是困难的，而大的改变是非常困难的。人的惰性很强，继续做我们正在做的事情是如此舒适，所以我们需要一个很好的理由来改变。福特的理由很简单：要么改变，要么破产。丰田一直非常善于制造急迫性，即使在最好的时候，一切似乎都进展顺利，但是当丰田英二强调需要为21世纪做准备时，导致了普锐斯的诞生。为开发团队设定具有挑战性的目标可以激励他们，前提是他们拥有有效的领导能力和成功的工具。TechnipFMC案例就是一个很好的例子。保罗·库托（Paulo Couto）用海底2.0项目挑战他的团队，团队用一种改变行业的产品做出了回应。这一点在巴西航空工业公司也很明显，每个飞机项目的目标都越来越积极。尽管公司整体没有陷入财务危机，但设计团队仍然热情洋溢地击败了先前项目的成果。围绕着创建突破性产品的挑战来构建你的转型，是成为精益组织的有效方法。

2. 最重要的学习（和改变）始于现场

本书中没有一个例子是侧重广泛的课堂培训来展开其转型的。虽然培训在巴西航空工业公司的故事中很重要，但它仅仅是为了获得人们开始所需的基本知识。我们已经看到太多的变革管理项目将人们从工作中拉出来，坐在大部屋里讨论"在他们回到工作后，将如何改变他们工作的方式。"但我们还没有看到这些努力走得很远。我们在本书中描述的所有这些案例，都是从真实的项目中，人们边做边学开始的。培训通常仅用于教授可立即使用的东西。教练们有足够的经验来教那些在现场工作的人，他们正在研究会产生结果的项目，所以抽象的概念很快就变成了现实。我们完全同意约翰·舒克（John Shook）的"以新的思维方式行事"的哲学，而不是"思考你的新行为方式"。

3. 快速学习周期至关重要

设计和建造伟大的产品需要试验、学习和改进。当团队成员通过快速的PDCA学习周期工作时，最佳解决方案也逐渐汇集。这些周期对发展中的学习至关重要，在产品导向的转型中也是必须进行的。正如我们将在本章后面讨论的，一个LPPD转型可以看作一个设计挑战，许多LPPD做法可以在成功的转型中发挥影响力，这包括快速学习周期。在产品开发中随着开发系统的发展，你需要进行试验、学习和改进。我们合作过的公司没有一家第一次做就完全正确的，但是他们继续坚持努力，他们学习，他们进步了。同样重要的是，这是他们自己完成的。他们通过学习什么是有效的，什么是无效

的，以合适的原则和做法来符合他们的情况和文化。他们适应有效的，拒绝无效的，并且通过PDCA学习周期添加了自己的独特之处。这是一个非常必要的过程。

4. 怀疑论者通过积极的经验来转化，并且成为你最坚强的拥护者

在每个案例中，我们都与至少一位怀疑论者合作，他们最后成为最有力的支持者之一。例如，在巴西航空工业公司，K2项目经理本来不相信LPPD可以提供帮助，直到他个人经历了一些好处，然后他在没有任何来自持续改进教练推动的情况下，充满激情地开始教授LPPD原则。席林机器人公司的双子座项目经理在他的笔记本计算机上有一个秘密的时间表，因为他不相信大部屋管理系统会起作用。尤其是工程师们似乎受过怀疑论的训练，或者可能是一种典型的性格特征。他们以技术为导向，习惯于技术性的解决方案，就像一个更好的计算机工具。对他们中的许多人来说，精益管理的所有"软东西"听起来都像是骗局。但他们也有从经验中快速学习的倾向。向他们展示，把他们放在一个可以体验好处的位置，把怀疑者转变为拥护者是可行的。最直言不讳的怀疑者往往成为最直言不讳的拥护者。

5. 要继续站出来

"我学到了一件事。"伍迪·艾伦（Woody Allen）说道。"80%的时候我都会站出来，而有时候我更容易躺在家里的床上。两件事我都可能做。"我们合作过的所有公司都曾经在奋斗的过程中挣扎过。或许他们有一个好的开始，但随后领导层被下一个闪亮的目标分散了注意力，或者只是忙于其他事情，精益转型的努力也就没落了。也有例子，一些公司正在大张旗鼓地开展LPPD，然后一位原本支持的高层领导换成了一位不相信LPPD的新领导；或者公司经历了一场财务危机，削减了支持LPPD的资源；或者一个重要的试验没有像人们想象的那样奏效，证明功效的压力正在增加。在第五章中，我们将"毅力"和情绪上的韧性描述为成功领导者的重要特征。这些特征对于成功的转型同样重要。

成功的公司有一个共同的特点是坚持不懈，他们只是不轻易放弃。条件改变了，他们的努力得到了新的支持，他们反省并重新启动LPPD的努力。甚至在丰田，重新激活TPS和丰田模式永远不会停止。执行副总裁友山茂树（Tomiyama Shigeki）宣布，随着丰田进入机动化的未来，会将TPS的基础应用于软件开发、乘车共享和机器人等新业务。友山解释说："如果我们想充分利用丰田在创造新商业模式方面的优势，就需要应用TPS。我们想

让公司内外的人知道，TPS 仍然是丰田的核心。"

6. LPPD 是一项长期的协作学习策略，不是个别的项目或活动

LPPD 不是一个改善活动，也不是一个流程再造计划。人们倾向通过成本-效益分析来判断每一项活动、每一项计划。产品开发的可衡量利益很少是立即得到的，而且往往不清楚。项目团队通常很快就意识到协作的定性效益和大部屋管理的透明度，他们能够使用里程碑更有效地管理项目。但是 LPPD 的主要效益将需要经历几个项目周期。产品是否按时发布？我们是否实现了绩效和成本目标？产品在市场上的表现如何？产品的盈利情况如何？另一个问题：如果没有 LPPD 会发生什么？由于大多数公司在对"设限"的项目中不会进行 LPPD 试验，我们只有根据历史数据来判断。我们报告了不同行业的公司引用 LPPD 的方法和工具取得的许多显著成果。但我们认为最重要的结果远远难以量化。也许以长期的成功来看，比任何一个项目的成本-效益分析更重要的，是对这些问题的答案——组织学习和成长的程度如何？下一个项目会更好吗？

9.5 一个产品主导转型的新兴协作模式

当吉姆从福特退休后开始考虑与 LEI 合作时，他并不是很热衷顾问的想法。他过去也没有最好的顾问经验。在穆拉利加入福特之前，福特已经引进了几家大型咨询公司来帮助解决公司遭遇到的困难，但是结果不太好。虽然他们的一些分析可能提供了信息，但在顾问们几乎还没有离开大门之前，吉姆的团队已经告诉他这是一堆垃圾——所有花费的时间和金钱，除了一套白色的活页夹报告之外什么也没有换到。

当福特团队谈到这方面的经验时，他们得出结论：尽管咨询报告中可能有一些好的想法，但顾问们并没有真正让福特团队参与这一过程。福特员工们没有在这项计划中建立起任何情感或智力上的投资，因为他们是最有知识和经验的人，而且最终必须执行计划，这是一个大问题。

吉姆最终决定与 LEI 合作，分享他对 LPPD 的学习，但是他希望采取一种不同以往的做法。他和他的 LEI 团队必须创建一个支持的模型，使伙伴公司充分参与这个过程。他认为公司能够发展出足够的情感和智力资产来感受对计划的所有权是至关重要的，因为最终他们必须执行这个计划。LEI 团队和公司必须成为工作中真正的伙伴——双方相互学习，LEI 学习客户的世界和独特的挑战；客户学习 LPPD 方法和工具。换句话说，目标是建立一个真正的学习伙伴关系。

9.5.1 开发一个学习伙伴模型

LEI 非常接受这种思维方式。事实上，多年来 LEI 一直与多个公司一起成功地使用一种学习伙伴模型。詹姆斯·沃马克（Jim Womack），LEI 创始人，和约翰·舒克（John Shook），LEI 首席执行官，完全同意吉姆对指导关系的看法。其挑战是创造一些有用的东西能够应用在产品和流程开发的独特和动态世界中。LEI 团队首先与几家公司合作，这些公司先期表示对该倡议的合作关系有兴趣。LEI 期待更深入地了解他们的挑战、关注点和观点。这几家公司同意尝试一些试验。

9.5.2 战略 A3 探索可能的伙伴关系

任何成功的伙伴关系的关键是，伙伴们致力于密切的通力合作，这是一条双向道路。我们的想法是不发布广告，或者接受任何愿意支付费用的公司。实际上，LEI 团队不接受每一个要求加入该团体的公司，而且如果哪个成员没有充分贡献，也会要求他们离开。每个合作关系都从现场观察和交谈开始，与潜在的伙伴公司共度时间，以便更好地了解他们的具体情况和机会。这是在任何一方做出任何承诺之前的探索阶段。它涉及到现场的学习，与各个职能部门的人交谈，查看数据或其他报告，努力达成对需要解决的问题的共同理解。LEI 团队分享方法，提供信息并回答问题。这次访问的结果通常是指派一位最合适的教练，并且以战略 A3 报告展开合作，其内容随着时间的推移而演变。重要的是，双方承诺通力合作，实现双方共同的计划。

9.5.3 组织转型是一个设计问题

一旦建立牢固伙伴关系的基础，吉姆希望建立一种新的、更有效的方法，以应对提升组织发展能力的挑战。他认为，从"LPPD 视角"来看，组织转型本质上是一个设计的挑战。但是与设计和制造新的智能手机或飞机不同的是，你面临的挑战是设计和创造一个更好的产品和流程开发系统。我们相信这是对组织转型本质的重要洞察，因为像新产品项目一样，你在复杂而充满活力、以人为本的环境中，开始有这么多未知数，而你的目标是创造出比任何先前的产品型式更有价值的东西。因此，你必须首先深入了解你当前的状态，你的顾客、挑战和风险，以及你所设想的新系统的关键特性。从这项"研究"工作中，你进行学习的试验，加深你的认知，创建和协调计划并执行，强调透明度，跨职能部门协作，和实践 PDCA 学习周期。

1. 从一个挑战开始

就像开发新产品一样，这项工作的展开可以从一个公认的绩效差距大而亟待解决的问题，或者一个创造竞争优势的机会开始。这就是你的"为什么"。但在你开始缩小差距之前，你必须先深刻地了解情况，这是早期评估工作的本质，也是前面讨论的战略 A3 报告的开始。建立由相关产品或职能部门的高层领导人组成的指导团队也很重要，该指导团队负责领导组织应对挑战，提供指导，打破障碍和保护资源。指导团队是让高层领导参与变革的一个很好的方式，他们扮演着积极的角色，期待着回答人们的问题，而且也需要像团队中的人一样一起学习。

2. 先期研究期间

在明确地定义挑战之后，任何良好的产品开发流程都会从了解客户和当前的状态开始着手。我们认为，个别组织的需求和蓝图比严格遵守任何特定系统要重要得多。我们不相信有一种通用的、规范的方法来提高开发能力。在开始实施工作之前，领导层和教练有责任了解组织的需求和挑战。所以要深入研究，一开始就要坚定不移地看待目前的情况。LEI 转型模型提供了一组有用的问题作为起点：

1）我们要解决什么问题？
2）我们将如何理解和改进工作？
3）我们将如何发展我们的员工？
4）我们应该如何改进我们的管理体系？
5）我们的基本思想是什么，我们对这个转型的基本假设是什么？

有许多工具和方法可以支持这个研究期的进行，例如举行产品开发价值流图工作坊、绩效数据深度挖掘、对角线访谈、技能和组织健康评估等。并且不要只是停留在你的组织内。最好的总工程师了解他们的竞争对手，以及他们的产品将会被使用的背景。因此，请广泛阅读，与你的行业内和行业外的其他组织对标，找一位教练，加入一个学习小组，参加研讨会，尽一切可能对情况有一个透彻的了解。

这样做的目的是深入了解你目前的状态以及可能的情况，以便制订可能的对策，引导试验和测试。一旦现场团队成员确定对策的优先顺序（他们"激发"出的想法比他们可以同时试验的更多），他们会为每个试验创建单独的 A3 报告，并制订计划来试验它们。和早期原型制作一样，你希望这些试点的试验能够提供所需的最低保真度来快速回答问题。你正在尝试创建快速的学习周期，获取可应用于实施阶段的知识。这一阶段的结果应该是一个与概念报告没有大不同的实施计划——一个令人信服的愿景，包括关键系统特征、目标、工作计划，以及负责的团队成员。

3. 概念报告

在你和一个跨职能部门的团队开始一个新的项目，特别是一个具有变革性质的项目时，有很大的机会可能因为模糊的甚至相互矛盾的方向，无法协调一致，导致严重的误解，最终阻碍了最好的意图。幸运的是，我们已经讨论了解决这个问题的对策。正如我们在第 1 章中所讨论的那样，概念报告是一个强有力的沟通工具，用于将你在研究期间学到的知识转化成为对未来状态的令人信服的愿景，确定新系统的关键特性，包括那些将被"固定"的部分（必须要做的）和"灵活"的部分（团队可以创新的），并创建一个可行的计划来实现这些要求。概念报告还可以作为一个关键的协调和参与的机制，这通常是在转型努力中缺失的。它还是一份"真北"的文件，该文件可由小组根据需要进行咨询和改进。概念报告既提供信息，又具启发性，它也应该为执行提供基础。

4. 执行的几个关键

工具利用大部屋管理系统作为信息和控制中心进行部署。和新产品项目一样，概念报告中的信息应公布在大部屋的墙上。A3 报告的关键信息、特性下滑路径（attribute glide path）和时间表里程碑张贴在墙上，决定适当的会议节奏（至少每周一次），团队成员参加站立评审。该团队确定关键里程碑，提供高级别的时间表，帮助从异常情况中确定正常情况。团队还使用设计评审来凸显和解决跨职能部门的"技术问题"。指导团队应定期指导以支持团队，实现最大的透明度和协作（见第 4 章）。

5. 反思和学习

随着团队经历了流程中的一轮演变，他们的学习进度（从自己的经验中学习和来自学习伙伴在其他公司的学习）是非常惊人的。很明显，将这种学习应用到他们当前的工作和下一轮的演变中是非常重要的。如果这只成为一个一次性的倡议，那就失败了。这种系统性做法的要点是开始去做，而不是做到哪儿结束。它应该为持续改进的旅程提供坚实的基础，改变整个组织作为企业的思维方式——组织如何发展竞争优势，实现过去似乎不可能实现的目标。这种做法的另一个优点是，它使人们习惯于在 LPPD 系统中工作的同时，也在创建该系统。

6. 开始吧

将组织变革作为一个设计问题来进行是相对比较新的,但是已经显示出一些令人鼓舞的结果,其中许多都是你在本书中读到的。LPPD做法为以产品为导向的转型提供了一个"固定和灵活"的框架。该框架识别和关注开发系统中的人员、流程和技术要素,以及相互依赖的关系。它通过在现场学习和试验,以及快速测试对策来努力加深理解。它通过透明和协作提供了明确的愿景、计划和无休止的执行。它通过不断学习和改进PDCA循环来追求完美。尽管早期结果可能令人鼓舞,但有更多关于组织改进的复杂和混乱的事务仍然有待学习,这是我们未来的使命。

9.5.4 还有一件事

一个学习社群的最后,传统咨询关系中经常缺少的另一个关键因素是向经历同样困难的其他公司学习的机会。大多数公司都将产品开发工作保密。大型研讨会往往侧重于成功故事,公司很少在这样的公共论坛上分享缺点。因此只能做较高级别的学习,通常不是很有帮助。

LEI团队决定召集一群彼此不竞争的公司,这些公司都签署了保密协议,目的是定期彼此分享他们的旅程。在这些活动中,公司分享他们最新的试验并分享结果,无论好坏,以及他们从中学到了什么。活动每年举行两次,每家公司都轮流主办一次。这些坦诚的交流不仅使参与者学到了更多的知识,而且加强了跨公司的关系,特别是在领导层方面。继而使得各公司能够在学习活动之间进行协作。

9.6 变革的政治、社会和心理层面

在许多方面,变革就是变革,类似动力学的应用。正如我们在本章开头提到的那样,有许多关于管理变革中人性面的书籍,我们不想重申所有这些模型。但值得一提的是,管理像LPPD这样的全面企业转型,需要一系列变革管理技能来管理变革的政治、社会和心理方面,这三个方面都是相互交织的。下面让我们简要地说明一下。

9.6.1 作为政治系统的组织

政治制度关注的是利益、权力和影响力。我们习惯于认为政府舞台上的政治和公司领域的都是坏事。"一切都是政治"意味着人们更关心的是为了个人利益而操纵系统,而不是投资对组织有益的东西。穆拉利加入福特时,他

面临的局面是一个糟糕政治的例子，几乎摧毁了公司。但穆拉利领导福特走出近乎破产局面的作为，实际上是通过一些政治手腕的。他有效地利用了他作为首席执行官的正式权力，以及他领导能力的影响，朝着"一个福特"的口号努力。

当我们谈论从组织高层获得承诺时，我们谈论的是政治。当我们谈论从可能的最高层次获得承诺，然后从那里向外扩大影响力时，我们谈论的是政治。如果不了解和有效利用政治，就不太可能发生重大的组织变革。

9.6.2　作为社会系统的组织

如果不讨论文化，就很难在组织中讨论任何严肃的变革。"这个组织中的人已经存在了几十年，习惯了冷漠的文化。" "这里没有纪律性执行的文化。" "文化是关于我的，不是我们的。"这些可能是真实的陈述，对文化方面的一个准确诊断，至少是最明显的表现。

组织文化专家艾德佳·沙因（Edgar Schein）要求我们更深入地研究。要破译文化，你需要从可见文物的表面往深处看，甚至超越人们所说的，去寻找隐含的基本假设。办公室布局是一个人为的结果，大部屋是一种不同类型的人为结果。当人们似乎把注意力集中在自己身上时，这是一种更深层文化的表现。例如，穆拉利之前福特的一个潜在信念是："承认一个问题意味着我成了问题，我会受到惩罚。"恐惧文化在很多方面都表现出来，例如隐藏问题和为抵御外部威胁而"筑墙"，这意味着外部的部门应该进行协作。

穆拉利的"团队合作管理系统"提供了一种新文化的愿景。但文化的一个棘手问题是，新的人为结果、新的口号，甚至慷慨激昂的演讲都没有办法渗透到人们的基本信仰中。换句话说，文化似乎在表面上发生了变化，但核心并没有改变。在文化方面，行动肯定胜于雄辩。其中一部分是关键领导者的行动，这些行动需要慎重并且与新文化的信念和价值观保持一致，但更强大的是领导者试图改变的行动。换句话说，告诉我我们将共同努力实现共同的目标是很吸引人的，向我展示你很认真的支持团队努力实现更高的目标则更是强有力的，但是，让我参与工作成为团队的一部分，来实现共同目标却是变革性的。

我们在本书中讨论的 LPPD 技术和做法旨在让人们参与协作，实现超级目标——通过向人们提供卓越的产品和服务，成为一家伟大的公司。通过让跨职能部门团队可以看到问题，让他们有机会合作克服成功的最大障碍。这样做的反复经验是我们深刻地改变文化的唯一途径。

9.6.3 作为有个人需求系统的组织

我们已经数不清楚被问过多少次这样一个问题："但是，我们将如何回答这个'我能够从中得到什么好处呢？'的问题？"根本的文化假设是，人们只有在看到以新的方式工作获得具体报酬的时候才会改变。他们似乎采取了"人们就像巴甫洛夫的狗"的观点。他们需要一块多汁的牛排来激励他们坐下、站起来或去取物。

动机理论的一个简单观点是，有两种类型的动机——外在动机和内在动机。外在动机回答"我能够从中得到什么好处"的问题，如果你这样做，你会得到这个。这可能是金钱，也可能是升级，或两者兼得，但它必须具体而有形的。我们当然有这方面的倾向，用好东西来满足我们的私利是有激励作用的，至少在短期内是这样。但是，人类还有另一个面向——来自内在的动力朝着一个使命努力，感觉自己在进步和成长。自我效能（self-efficacy）是非常重要的——我们的信念是"我们可以做出改变"，而且，我们经常地做出改变，而不是偶尔如此。

有许多研究工作围绕着题目"使工作丰富多彩，做这项工作会有它自身的奖励"。在丹尼尔·平克（Daniel Pink）的书《激励》中，他总结了一项研究，该研究表明，外在动机对于简单、重复性的工作非常有用，结果清晰，例如重复地切割木材成为相同的形状。但是，内在动机则对需要创造力和思想的复杂工作更有利。当然，我们期望开发是属于创造性的工作，工作的结果经得起很长一段时间的考验。

我们在这本书中所谈论的一切都是诉诸内在动机的。使工作变得有趣，体验与他人合作的乐趣，并且完成一些有利他人的重要事情，即有所作为。一个简单的方法如大部屋允许每个参与者定期体验这一点，他们的工作至少每周都得到认可，而不再等待几个月后的重大里程碑评审会，在众多问题中，你的贡献显得微不足道，而这些问题很快被评审为绿色、黄色或红色。

9.7 这是一个创造你的未来的旅程

我们再三强调 LPPD 开发的历程将会对所有相关人员产生深远的影响。

经过几次反复改进之后，人们会说："这真是令人振奋。""它改变了我看待工作和生活中可能性的方式。""我不知道如果没有它，我们的组织将如何生存。"我们的最爱是这一句话："最后，上班再次充满乐趣。"

毫不夸张地说，产品-流程开发是你的未来。你可以做许多事情并希望未来是光明的，或者你可以掌控并且创造你的未来。我们建议你尽一切可能去掌控。

9.8 你的反思

9.8.1 创造愿景

管理变革很复杂，我们不相信有任何标准顺序的步骤可以遵循。相反我们使用了各种组织的案例来介绍LPPD，从中汲取了一些经验教训。这些教训如下：

1）当自上而下与自下而上相遇时，能量就会释放出来。
2）从你能获得的最高级别的领导支持开始，但别期待更高的。
3）变革需要一个理由。
4）最重要的学习（和改变）始于现场。
5）快速学习周期至关重要。
6）怀疑论者通过正面体验以最好的方式转换成为你最坚强的拥护者。
7）要持续。
8）LPPD是一种长期的协作学习策略，不是一项倡议。
9）跨公司协作的学习策略有很多好处。
10）战略A3报告是一个有用的工具，可用于规划和建立有关战略部署的共识。
11）越来越多的证据表明，使用LPPD的原理和做法可以将产品主导的组织转型视为一个设计问题。
12）价值流图的使用、大部屋管理系统和"精益"设计评审是强有力工具的例子，用目视化和交付成果的方式展开工作。

你将如何根据你的经验，或从本书中描述的案例中获得的信息，来添加或修改上述这些变革管理的经验教训？

9.8.2 初步规划

与其试图了解当前的情况,在这种情况下,思考如何起步似乎更有价值。我们建议你思考一下我们在 LEI 中使用的问题:

1)你想解决什么问题?
2)你将如何理解和改进工作?
3)你将如何发展员工?
4)你应该如何改进你的管理体系?
5)你的基本思想是什么,你对这个转型的基本假设是什么?

9.8.3 采取行动

开始吧!是做点什么的时候了——做承诺!在尽可能高的层次上组建一个跨职能部门团队,选定一个项目,在这个项目上像我们看到的索拉透平例子一样,使用 LPPD 进行试验。你和你的同事将能够直接体验它的好处,解决实际问题,学习基本的精益工具和技术,并获得足够的激励来扩展 LPPD。参考从本书中学到的变更管理的经验教训,为第一年将如何启动和想要完成的事项制订一个粗略的计划。在这里谈论的是你的未来,你已经通过本书阅读了其他组织正在做的伟大事情,现在轮到你了,追上它!

参考文献

1. John P. Kotter, *Leading Change*, Harvard Business School Press, Boston, 1996.
2. Rosabeth Moss Kanter, *The Change Masters: Innovation for Productivity in the American Corporation*, Simon & Schuster, New York, 1983.
3. Noel Tichy and Mary Anne Devanna, *The Transformational Leader*, Wiley, New York, 1986.
4. Robert E. Quinn, *Deep Change: Discovering the Leader Within*, Jossey-Bass, New York, 1996.
5. http://www.tssc.com.
6. This case was provided to us by our colleague and talented LPPD coach John Drogosz, who worked with Solar Turbines.
7. This case was provided to us by our colleague and talented LPPD coach John Drogosz, who worked with Embraer for five years.

8. James. M. Morgan and Jeffrey K. Liker, *The Toyota Product Development System*, Productivity Press, New York, 2006.
9. "Building a Lean Hospital," Catalysis, August 2016.
10. Kevin Buckland and Nao San, "Toyota's Way Changed the World's Factories. Now the Retool," *Bloomberg*, February 4, 2018.
11. Edgar Schein, *Organizational Culture and Leadership*, Wiley, 2016.
12. Frederick Herzberg, "One More Time: How Do You Motivate Employees?" *Harvard Business Review Classics*, July 14, 2008.
13. Daniel Pink, *Drive: The Surprising Truth About What Motivates Us*, Riverhead Books, 2001.

James M. Morgan, Jeffrey K. Liker

Designing the future: How Ford, Toyota, and other world-class organizations use lean product development to drive innovation and transform their business

ISBN: 978-1-260-12878-9

Copyright © 2019 by James M. Morgan, Jeffrey K. Liker, and the Lean Enterprise Institute by McGraw-Hill Education.

All Rights reserved. No part of this publication may be reproduced or transmitted in any form or by any means, electronic or mechanical, including without limitation photocopying, recording, taping, or any database, information or retrieval system, without the prior written permission of the publisher.

This authorized Chinese translation edition is jointly published by McGraw-Hill Education and China Machine Press. This edition is authorized for sale in the People's Republic of China only, excluding Hong Kong, Macao SAR and Taiwan.

Translation Copyright ©2021 by McGraw-Hill Education and China Machine Press.

版权所有。未经出版人事先书面许可，本出版物的任何部分不得以任何方式或途径复制传播，包括但不限于复印、录制、录音，或通过任何数据库、信息或可检索的系统。

本授权中文简体字翻译版由麦格劳-希尔教育出版公司和机械工业出版社合作出版。此版本经授权仅限在中华人民共和国境内（不包括香港特别行政区、澳门特别行政区和台湾）销售。

翻译版权 ©2021 由麦格劳-希尔教育出版公司与机械工业出版社所有。

本书封面贴有 McGraw-Hill Education 公司防伪标签，无标签者不得销售。

北京市版权局著作权合同登记图字：01-2019-4497 号。

图书在版编目（CIP）数据

设计未来：福特、丰田及其他世界顶级企业的创新和转型之道/（美）詹姆斯·M.摩根（James M. Morgan），（美）杰弗瑞·K.莱克（Jeffrey K. Liker）著；张炯煜，李志芳，洪郁修译. —北京：机械工业出版社，2021.7

（经典精益管理译丛）

书名原文：Designing the Future：How Ford，Toyota，and other world-class organizations use lean product development to drive innovation and transform their business

ISBN 978-7-111-67825-0

Ⅰ.①设… Ⅱ.①詹… ②杰… ③张… ④李… ⑤洪… Ⅲ.①企业管理 - 经验 - 世界 Ⅳ.①F279.12

中国版本图书馆CIP数据核字（2021）第054799号

机械工业出版社（北京市百万庄大街22号 邮政编码100037）
策划编辑：孔 劲 责任编辑：孔 劲 高依楠
责任校对：郑 婕 封面设计：鞠 杨
责任印制：郜 敏
三河市宏达印刷有限公司印刷
2021年8月第1版第1次印刷
169mm×239mm·19.5印张·331千字
标准书号：ISBN 978-7-111-67825-0
定价：98.00元

电话服务 网络服务
客服电话：010-88361066 机 工 官 网：www.cmpbook.com
　　　　　010-88379833 机 工 官 博：weibo.com/cmp1952
　　　　　010-68326294 金 书 网：www.golden-book.com
封底无防伪标均为盗版 机工教育服务网：www.cmpedu.com